Waldemar Pelz

Kompetent führen

Waldemar Pelz

# Kompetent führen

Wirksam kommunizieren,
Mitarbeiter motivieren

Bibliografische Information Der Deutschen Bibliothek
Die Deutsche Bibliothek verzeichnet diese Publikation in der Deutschen
Nationalbibliografie; detaillierte bibliografische Daten sind im Internet über
<http://dnb.ddb.de> abrufbar.

1. Auflage 2004

Alle Rechte vorbehalten
© Betriebswirtschaftlicher Verlag Dr. Th. Gabler/GWV Fachverlage GmbH,
Wiesbaden 2004

Lektorat: Ulrike M. Vetter

Der Gabler Verlag ist ein Unternehmen von Springer Science+Business Media.
www.gabler.de

Das Werk einschließlich aller seiner Teile ist urheberrechtlich geschützt. Jede Verwertung außerhalb der engen Grenzen des Urheberrechtsgesetzes ist ohne Zustimmung des Verlags unzulässig und strafbar. Das gilt insbesondere für Vervielfältigungen, Übersetzungen, Mikroverfilmungen und die Einspeicherung und Verarbeitung in elektronischen Systemen.

Die Wiedergabe von Gebrauchsnamen, Handelsnamen, Warenbezeichnungen usw. in diesem Werk berechtigt auch ohne besondere Kennzeichnung nicht zu der Annahme, dass solche Namen im Sinne der Warenzeichen- und Markenschutz-Gesetzgebung als frei zu betrachten wären und daher von jedermann benutzt werden dürften.

Umschlaggestaltung: Nina Faber de.sign, Wiesbaden
Gedruckt auf säurefreiem und chlorfrei gebleichtem Papier
ISBN-13: 978-3-322-84545-0       e-ISBN-13: 978-3-322-84544-3
DOI: 10.1007/978-3-322-84544-3

# Vorwort

Qualifizierte Führung ist die wertvollste Ressource der Zukunft. Technologie lässt sich kopieren, Innovation und Kapital kann man „kaufen" – Führung dagegen nicht.

Ob Sie das Talent zu einer charismatischen Führungspersönlichkeit haben oder ob Sie als erfolgreicher Fachmann in die Führungslaufbahn wechseln möchten – in beiden Fällen ist es wichtig, dass Sie zunächst das solide Handwerk der Führungstechniken beherrschen.

In diesem Buch gibt Ihnen der ehemalige Leiter der Managementausbildung eines erfolgreichen Industrieunternehmens einen Einblick in die Theorie und Praxis der Führung.

Die zweite, neu bearbeitete Auflage enthält die neuesten wissenschaftlichen Entwicklungen sowie zahlreiche Anregungen von Lesern und Trainern. Ferner sind die Erfahrungen aus der nunmehr achtjährigen Tätigkeit des Autors als Berater, Trainer und Coach von Führungskräften namhafter Unternehmen eingeflossen.

Einige Beispiele für neue Themen sind:

> Die Bestimmung eines persönlichen Motivationsprofils mit den grundlegenden Lebensmotiven – basierend auf einer neuen empirischen Untersuchung von 7000 Versuchspersonen

> Wie verblüffend Selbstbild und Fremdbild verschiedener Motivationsprofile voneinander abweichen können

> Ein Workshop zur Festlegung Ihrer persönlichen Perspektiven und Ihres Mission Statements – aufbauend auf Ihrer Karriereplanung

- Der Zusammenhang von Persönlichkeitsmerkmalen und Führungskompetenzen

- Erweiterung des Workshops für Ihre Karriere-Perspektiven

- Beispiele für die praktische Anwendung überzeugender Argumentationspläne

- Das Verhandlungs- und Konfliktmodell der New Yorker Polizei und dessen Anwendung auf die Führungspraxis

- Übung und Checkliste zur Verbesserung Ihrer Selbstpräsentation.


Bad Soden am Taunus                    Waldemar Pelz

# Inhaltverzeichnis

**Einführung** . . . . . . . . . . . . . . . . . . . . . . . . . . . . . . . . 9
Qualifizieren Sie sich . . . . . . . . . . . . . . . . . . . . . 9
Wie wichtig ist Führungskompetenz? . . . . . . . . . . . 12
Lösen Sie Führungsprobleme leichter . . . . . . . . . . 15
Kurzbeschreibung der Kapitel . . . . . . . . . . . . . . . 17

**1. Theorie und Praxis verbinden** . . . . . . . . . . . . . . . 21
Von Führungsmodellen lernen . . . . . . . . . . . . . . . 21
Ist Führungsfähigkeit angeboren? . . . . . . . . . . . . 25
Welchen Führungsstil haben Sie? . . . . . . . . . . . . 28
Wie erreicht man Ziele? . . . . . . . . . . . . . . . . . . . 33
Wie viel Politik gehört zur Führung? . . . . . . . . . . . 36
Was tun Führungskräfte wirklich? . . . . . . . . . . . . . 46
Ergebnis . . . . . . . . . . . . . . . . . . . . . . . . . . . . . 48

**2. Sich selbst führen** . . . . . . . . . . . . . . . . . . . . . . 51
Erwartungen der Unternehmen . . . . . . . . . . . . . . 51
Ihre Optimierungsaufgabe . . . . . . . . . . . . . . . . . 54
So entwickeln Sie Ihre beruflichen Perspektiven . . . 55
So entwickeln Sie Ihre persönlichen Perspektiven . . 71
Die wichtigsten Auswahlverfahren . . . . . . . . . . . . 80
Zeitmanagement . . . . . . . . . . . . . . . . . . . . . . . . 84

**3. Motivation** . . . . . . . . . . . . . . . . . . . . . . . . . . . 101
Was bedeutet Motivation? . . . . . . . . . . . . . . . . . 101
Wachstums- und Defizitmotive . . . . . . . . . . . . . . 106
Motivations- und Demotivationsstrategien . . . . . . . 109
Motivieren mit Zielen . . . . . . . . . . . . . . . . . . . . . 116
So motivieren Sie richtig . . . . . . . . . . . . . . . . . . 119

Die Bedeutung der Empathie . . . . . . . . . . . . . . . . . 121
Ihr persönliches Motivationsprofil . . . . . . . . . . . . . . 123

**4. Wirksam kommunizieren** . . . . . . . . . . . . . . . . . . 127
Basiskompetenz . . . . . . . . . . . . . . . . . . . . . . . . . . 127
Prinzipien und Störungen in der Kommunikation . . . 128
Der „vierohrige" Empfänger . . . . . . . . . . . . . . . . . . 131
So wird Kommunikation erfolgreich . . . . . . . . . . . . 135
Verständlichkeit, Klarheit und Glaubwürdigkeit . . . . 140

**5. Überzeugend argumentieren** . . . . . . . . . . . . . . . . 147
Überzeugen statt manipulieren . . . . . . . . . . . . . . . 147
Funktionen und Gestaltung der Einleitung . . . . . . . . 148
Aufbau des Hauptteils . . . . . . . . . . . . . . . . . . . . . 152
Die Message . . . . . . . . . . . . . . . . . . . . . . . . . . . . 160
Argumentation im Tagesgeschäft . . . . . . . . . . . . . . 161

**6. Ansprechend präsentieren** . . . . . . . . . . . . . . . . . 165
Können Sie Ideen „verkaufen"? . . . . . . . . . . . . . . . 165
Analyse der Zielgruppe . . . . . . . . . . . . . . . . . . . . . 169
Aufbau und Ablauf der Präsentation . . . . . . . . . . . . 170
Visualisierung . . . . . . . . . . . . . . . . . . . . . . . . . . . 173
Visuelle Hilfsmittel . . . . . . . . . . . . . . . . . . . . . . . . 175
Umgang mit Lampenfieber . . . . . . . . . . . . . . . . . . 183

**7. Mit Teamgeist moderieren** . . . . . . . . . . . . . . . . . 187
Die Vorteile der Moderationsmethode . . . . . . . . . . . 187
Aufgaben des Moderators . . . . . . . . . . . . . . . . . . . 190
Steuerung der Gruppenprozesse . . . . . . . . . . . . . . 193
Technische Hilfsmittel . . . . . . . . . . . . . . . . . . . . . . 199
Die wichtigsten Methoden . . . . . . . . . . . . . . . . . . . 200
Ablaufpläne . . . . . . . . . . . . . . . . . . . . . . . . . . . . . 209

**8. Führungsaufgaben optimieren** ............... 217

Planung setzt Erfolgsmaßstäbe ............... 217

Durch Zielvereinbarungen Leistung steigern ...... 219

Problemlösung und Entscheidung rationalisieren ... 227

Effektiv delegieren ......................... 235

Motivierend kontrollieren .................... 245

Konfliktmanagement und Verhandlungen ......... 260

**Literaturverzeichnis** ......................... 277

**Quellennachweis der Karikaturen** ............... 281

**Verzeichnis der Abbildungen** .................. 282

**Stichwortverzeichnis** ........................ 284

**Der Autor** ................................. 291

# Einführung

## Qualifizieren Sie sich

Nachdem die Unternehmen schlanker geworden sind, steigt nun der Anspruch an die fachlichen, sozialen und methodischen Fähigkeiten der Führungskräfte. Zu diesem Thema gibt es unzählige empirische Untersuchungen. Ein Beispiel ist die Umfrage des Instituts der Deutschen Wirtschaft in Köln sowie eine eigene Studie (siehe Literaturverzeichnis). Die Untersuchungen fördern regelmäßig folgende zukunftsweisende Schlüsselqualifikationen zu Tage:

- Mitarbeiterführung
- Gesprächsführung/Kommunikation
- Engagement/Kreativität
- Konfliktmanagement
- Persönlichkeitsentwicklung
- Projektmanagement
- Präsentationstechniken
- Moderationstechniken

Diese Qualifikationen haben einen gemeinsamen Nenner, und der heißt: Kommunikations- und Teamfähigkeit. In Unternehmen mit schlanker Produktion und Verwaltung, dezentralen Entscheidungen, flachen Hierarchien und hoher Verantwortung jedes Einzelnen scheint die Zeit der Einzelkämpfer endgültig vorbei zu sein. Auf den

Märkten der Zukunft werden nur die Unternehmen erfolgreich sein, denen es gelingt, radikale Änderungen in der Einstellung und im Verhalten aller Mitarbeiter zu erreichen. Dieser Prozess beginnt bereits bei der systematischen Auswahl neuer Mitarbeiter.

Aus diesen Tatsachen ergibt sich eine der größten Herausforderungen für das Management der Zukunft: Nur diejenigen Unternehmen, denen es gelingt, diese ungenutzten Reserven auszuschöpfen, können hoffen, im internationalen Wettbewerb erfolgreich zu sein. Es geht also um die Mobilisierung der Intelligenz, der Einsatzbereitschaft und der Kreativität aller Beschäftigten. Und das ist in erster Linie eine Führungsaufgabe. Die steigenden Anforderungen an die Qualität der Führung stehen in einem krassen Missverhältnis zur derzeitigen Praxis der Führung in den Unternehmen und zu der Ausbildung an den Hochschulen.

Die zahlreichen Untersuchungen zur Praxis der Führung und Kommunikation in den Unternehmen kommen regelmäßig zu den gleichen katastrophalen Ergebnissen. Ob Arzt, Rechtsanwalt, Apotheker, Metzger, Bäcker oder Lehrer – alle müssen objektiv prüfbare *fachliche* Qualifikationen nachweisen, bevor sie ihren Beruf ausüben dürfen. Führungskraft kann dagegen jeder werden – auch ohne jegliche menschliche, ethische oder soziale Kompetenz. Das werden sich die Unternehmen in Zukunft kaum noch leisten können.

An den Hochschulen kommen die Themen Führung und Kommunikation bei den Naturwissenschaftlern praktisch gar nicht vor – obwohl sich aus ihren Reihen der größte Teil der Führungskräfte rekrutiert. Die Wirtschaftswissenschaftler an den meisten Universitäten können diese Themen in überfüllten Vorlesungen gar nicht vernünftig behandeln – geschweige denn trainieren. Somit haben die Führungskräfte der Zukunft kaum eine Chance, ihre kommunikativen Fähigkeiten zu entwickeln.

Unter diesen Rahmenbedingungen dürfte der Bedarf an Wissen und Training zum Thema Führung und Kommunikation weiter steigen. Unterstützt wird dieser Trend durch die Tatsache, dass eine wachsende Zahl von Unternehmen eine systematische Personalentwicklung aufbaut. Dadurch kommen zunehmend jüngere Führungskräfte in verantwortliche Positionen. Es gibt viele Anzeichen dafür, dass der Begriff „Karriere" den Beigeschmack des Wirkens unsichtbarer Kräfte oder „grauer Eminenzen" im Hintergrund verliert. Die Mitarbeiter erwarten ein transparentes und möglichst „gerechtes" Verhältnis von Leistung und Gegenleistung in Form einer persönlichen und beruflichen Weiterentwicklung. Beim Aufbau derartiger Systeme der Personalentwicklung waren Großunternehmen Vorreiter.

Wegen der guten Erfahrungen dürfte nun die Mehrzahl der Klein- und Mittelbetriebe folgen. Das Gleiche gilt für die öffentliche Verwaltung, die noch völlig am Anfang steht. Schließlich darf man auch die Politik nicht vergessen. Wir haben es zunehmend mit Berufspolitikern zu tun, die zum Teil große Verantwortung tragen. Hier spielt die Medienwirksamkeit der äußeren Erscheinung eine viel zu große Rolle. Zahlreiche – wenn nicht die meisten – führenden Politiker hätten nach heutigen Maßstäben, wie sie zum Beispiel in einem Assessment-Center angelegt werden, nicht die geringste Chance, einen qualifizierten Job in einem seriösen Unternehmen zu bekommen. Die Wirtschaft hat frühzeitig erkannt, welchen unermesslichen materiellen und menschlichen Schaden unfähige Führungskräfte anrichten können. Es bleibt zu hoffen, dass auch andere gesellschaftliche Organisationen und das politische System dieses Problem aufgreifen.

# Wie wichtig ist Führungskompetenz?

Das Buch wendet sich sowohl an jüngere Nachwuchskräfte als auch an erfahrene Führungskräfte sowie an ihre Trainer. Die typischen jüngeren Nachwuchskräfte haben eine naturwissenschaftliche, juristische oder ökonomische Ausbildung und einige Jahre Berufserfahrung. Sie haben in der Regel an einigen Aufgaben oder Projekten in Technik und Verwaltung erfolgreich mitgewirkt und möchten nun ihre Fähigkeiten als Führungskräfte entwickeln. Diese Bestrebungen resultieren im Wesentlichen aus den folgenden Erfahrungen:

Die Aufstiegsmöglichkeiten in Technik und Verwaltung sind äußerst begrenzt. Es gibt nur wenige Beispiele für attraktive „Fachlaufbahnen". Einerseits ist alles, was Spaß macht (Einkommen, Einfluss, Ansehen und Verantwortung), in der Regel mit der „Führungslaufbahn" verbunden. Andererseits erscheint die Perspektive abschreckend, nach etwa 30 Jahren im Beruf, ohne interessante Erfahrungen und Erfolgserlebnisse pensioniert zu werden. Viele Kollegen (und Vorgesetzte) haben einige Stufen auf der Karriereleiter bereits erklommen. Das steigert die Neugier und führt zu der Überlegung: „Was der kann, das kann ich auch."

Es wäre allerdings falsch, die Führungslaufbahn um jeden Preis anzustreben. In der Praxis übernehmen sehr häufig die besten Fachleute Führungsaufgaben im Rahmen einer Beförderung. Wenn man allerdings den besten Forscher zum Forschungsleiter oder den besten Verkäufer zum Vertriebsleiter macht, erweist man weder dem Unternehmen noch dem Mitarbeiter einen guten Dienst. Deshalb stellt sich die Frage, welche *anderen Möglichkeiten* sonst noch in Frage kommen, um beruflich erfolgreich zu sein. Mit anderen Worten: Welche anderen interessanten „Karrieren" stehen dem Betroffenen noch offen? Derartige Möglichkeiten existieren gewöhnlich nur in den Köpfen erfahrener Führungskräfte und werden in diesem Buch vorgestellt.

Die nach wie vor hohe Attraktivität der Führungslaufbahn veranlasst viele Führungskräfte, sich intensiv mit den folgenden Fragen zu beschäftigen:

- Bin ich als Führungskraft überhaupt geeignet?
- Welche Eigenschaften hat eine erfolgreiche Führungskraft?
- Was muss sie können und wissen?
- Was kann ich tun, um mich für die Übernahme von Führungsverantwortung zu qualifizieren?
- Wie kann ich meine beruflichen mit meinen persönlichen Perspektiven harmonisieren?

Neben den Nachwuchskräften in Wirtschaft, Verwaltung und Politik wendet sich dieses Buch auch an Trainer und Ausbildungsverantwortliche in den Unternehmen. Sie stehen oftmals vor dem Problem,

- die „richtigen", für die Praxis relevanten Themen und Inhalte für ihre Seminare und Trainings zusammenzustellen,
- für Präsentationen schnell die notwendigen Übersichten und Schaubilder zu erstellen und
- einem wissenschaftlich fundierten Anspruch gerecht zu werden, ohne dem verbreiteten Zunftjargon mit Worthülsen und unwiderlegbaren Edelvokabeln zu folgen.

Schließlich wendet sich das Buch auch an die erfahrene Führungskraft. Sie bekommen mit diesem Buch die Möglichkeit zur Selbstreflexion. Typische Fragen sind:

- Wie weit liegen Selbst- und Fremdbild auseinander?
- Führe ich wie ein Unternehmer, wie ein Abenteurer, wie ein Bürokrat oder wie ein Führertyp?

➤ Steht das, was ich den ganzen Tag über mache, im Einklang mit meinen persönlichen Zielen und Wertvorstellungen?

➤ Wie effektiv ist mein Führungsverhalten?

➤ Welche anderen Führungsstile kann ich ausprobieren?

➤ Wie erhöhe ich meine Überzeugungskraft und Glaubwürdigkeit in der täglichen Kommunikation?

➤ Wie erhöhe ich die Leistungsbereitschaft meiner Mitarbeiter, zum Beispiel durch sinnvolle Zielvereinbarungen, effektive Delegation und Kontrolle sowie konstruktive Konfliktlösung?

Zum einen wird Ihr Erfolg als Führungskraft künftig auch daran gemessen, ob und wie viel jüngere Führungskräfte Sie „entwickelt" haben. Entwickeln heißt nicht, seinem Mitarbeiter einen interessanten neuen Job oder einen Vorteil zu verschaffen, sondern ihn in seiner Persönlichkeit und seinen Fähigkeiten voranzubringen.

Die Erwartungen an Sie als „etablierte" Führungskraft steigen auch dadurch, dass immer mehr Unternehmen dazu übergehen, das Verhalten der Vorgesetzten von ihren Mitarbeitern beurteilen zu lassen. Das geschieht als so genanntes 360-Grad-Feedback, bei dem die Führungskraft nicht nur von ihren Mitarbeitern, sondern auch von Kollegen, Vorgesetzten, externen und internen Kunden beurteilt wird. Hinzu kommt die Einschätzung des „Marktwertes" in einem Gespräch mit einem so genannten Headhunter. Das lässt sich allerdings auch wesentlich einfacher durchführen. Richten Sie einmal folgende Fragen (anonym oder offen) an Ihre Mitarbeiter:

➤ Werde ich in meiner fachlichen und persönlichen Entwicklung aktiv gefördert?

➤ Geht mein Vorgesetzter auf Unzufriedenheit und Probleme konstruktiv ein?

➤ Motiviert er mich zu eigenständigem Handeln?

> Interessiert er sich für Verbesserungsmöglichkeiten meiner Arbeitsergebnisse?

> Spricht er Fehlverhalten und Mängel taktvoll und sachlich an?

> Ist er in seiner Vorbildfunktion glaubwürdig und überzeugend?

## Lösen Sie Führungsprobleme leichter

Führen wird immer wichtiger und zugleich immer schwieriger. Die typische Situation lässt sich durch die folgenden Fragen umreißen:

> Wie ist ein Mitarbeiter zu motivieren, der aufgrund der Arbeitsgesetzgebung praktisch unkündbar ist und wegen tariflicher Vereinbarungen keine Gehaltserhöhung oder Beförderung erwarten kann, die sich an seiner Leistung orientiert?

> Wie soll man einen viel versprechenden Mitarbeiter „bei der Stange halten", wenn in einer schlanken Organisation auf absehbare Zeit keine Planstelle für eine Beförderung in Sicht ist?

> Was soll eine Führungskraft gegen Fehlzeiten, Fluktuation, Alkoholmissbrauch, Qualitätsmängel oder Verstöße gegen Sicherheitsvorschriften tun, wenn die klassischen Instrumente zur Disziplinierung entweder nicht greifen oder nicht zur Verfügung stehen?

Dieses Buch will Ihnen ein praxiserprobtes Basis- und Hintergrundwissen für die Weiterentwicklung Ihrer Führungskompetenz bereitstellen. Dabei geht es unter anderem um die folgenden Fragen:

> Welche Ergebnisse und Erkenntnisse der Führungsforschung sind in der Praxis brauchbar und umsetzbar?

> Was versteht man unter sozialer, personaler und fachlicher Kompetenz?

> Wie werden diese Fähigkeiten von Seiten der Unternehmen „gemessen" und beurteilt?

➢ Wie kann ich mir durch ein effizientes Zeitmanagement Freiräume für anspruchsvollere Aufgaben schaffen?

➢ Wie kann ich Gespräche und Sitzungen effizienter gestalten?

➢ Was sind die Regeln und Erfolgskriterien einer Präsentation?

➢ Wie definiere ich sinnvolle (herausfordernde und zugleich realistische) Ziele für meine Mitarbeiter?

➢ Welche Methoden der Problemlösung und Entscheidung gibt es, und wie setze ich sie ein?

➢ Wie etabliere ich Regeln und Standards für die Leistung und das Verhalten meiner Mitarbeiter?

➢ Wie kann ich das Geschehen in moderierten Gruppen analysieren und steuern?

➢ Worauf muss ich bei Zielvereinbarungen, Delegation und Kontrolle besonders achten?

➢ Wie funktioniert ein konstruktives Konfliktmanagement?

Das Buch soll eine nützliche und praktische Hilfe sein, die auf einem soliden wissenschaftlichen Fundament steht.

# Kurzbeschreibung der Kapitel

In acht Kapiteln dieses Buches finden Sie Ihr Handwerkszeug zur Verbesserung Ihrer persönlichen Führungskompetenz.

## Kapitel 1: Theorie und Praxis verbinden

Warum praktizieren Sie seit Jahren den gleichen Führungsstil? Probieren Sie doch einmal einen anderen aus, der vielleicht besser zu Ihnen passt und effektiver ist! Dabei können Ihnen Modelle helfen. Sie haben die gleiche Funktion wie der Flugsimulator für den Piloten. Üben Sie, bis Sie Ihren idealen Stil gefunden haben!

## Kapitel 2: Sich selbst führen

Haben Sie „das Zeug" für den Erfolg als Führungskraft oder eher als Fachmann in einer Fachlaufbahn oder als Unternehmer? Es muss nicht immer Hierarchie sein. Entwickeln Sie Ihre persönlichen Perspektiven. Acht verschiedene empirisch ermittelte Laufbahnbilder können dabei als Kompass dienen. Lassen Sie sich nicht zum Spielball anderer machen. Seien sie nicht reaktiv, sondern proaktiv! Entscheidend ist außerdem die Fähigkeit, Wichtiges von Unwichtigem zu unterscheiden. Nehmen Sie sich mehr Zeit für das Wesentliche. Eine wichtige Voraussetzung dafür ist ein effizientes Selbst- und Zeitmanagement. Vermeiden Sie einen Arbeitsstil, der mit viel Aufwand, aber wenig Leistung verbunden ist. Nicht der Arbeitsaufwand, den Sie treiben, ist entscheidend: Es sind die Resultate. Was nutzt es einer Fußballmannschaft, wenn sie zwar gut gespielt, das Aufstiegsspiel aber trotzdem verloren hat?

## Kapitel 3: Motivation

Welches sind Ihre vorherrschenden Motive, die Ihr Handeln lenken? Entwickeln Sie Ihre persönliche Bedürfnispyramide. Sie hilft Ihnen, Wesentliches vom Unwesentlichen klarer zu unterscheiden und entsprechend Prioritäten zu setzen. Mit emotionaler Intelligenz und Empathie können Sie die Motive anderer verstehen. Können Sie die drei wichtigsten Motive Ihrer Mitarbeiter, Ihrer Vorgesetzten und Ihrer Kollegen nennen? Das nachempfindende Verstehen dieser Motive ist eine wesentliche Voraussetzung dafür, dass Sie andere inspirieren oder begeistern können.

## Kapitel 4: Wirksam kommunizieren

Kommunikation ist das Schmiermittel zwischenmenschlicher Beziehungen. Oftmals klaffen allerdings Selbstbild und Fremdbild weit auseinander. Häufig sagt Ihre Körpersprache etwas anderes als Ihre Worte. Die Glaubwürdigkeit einer Aussage ist zu etwa 80 Prozent von der Gestik und Mimik abhängig. Diese sind willentlich nur schwer beeinflussbar. Stellen Sie daher Ihre Prinzipien der Kommunikation auf die Säulen der Echtheit, Klarheit und Glaubwürdigkeit. Sie müssen nicht immer alles sagen, was Sie meinen; aber das, was Sie sagen, sollten Sie auch meinen!

## Kapitel 5: Überzeugend argumentieren

Außer mit Zwang, Täuschung und anderen Tricks können Sie nur mit Argumenten das erreichen, was Sie wollen. Die beste Idee oder Absicht nutzt Ihnen nicht viel, wenn Sie diese nicht richtig an den Mann/die Frau bringen. In diesem Kapitel lernen Sie, wie man etwas „verkauft".

## Kapitel 6: Ansprechend präsentieren

Die Wirkung Ihrer Argumente können Sie durch bewährte Hilfsmittel einer Präsentation erhöhen. Es gilt das alte chinesische Sprichwort: „Ein Bild sagt mehr als tausend Worte." Damit Sie dies auch tatsächlich erreichen, sollten Sie die wichtigsten Regeln im Umgang mit Flip-Chart, Overhead-Projektor, Pinnwand oder Beamer kennen.

## Kapitel 7: Mit Teamgeist moderieren

Machen Sie Schluss mit unproduktiven Sitzungen, die sich dauernd im Kreis drehen! Verhindern Sie die ständig gleichen Monologe! Mit der Moderationsmethode erzielen Sie die gewünschten Ergebnisse wesentlich schneller, zuverlässiger und auch angenehmer. Das gilt für einfache Besprechungen genauso wie für die Entwicklung einer Abteilungskultur oder einer Strategie.

## Kapitel 8: Führungsaufgaben optimieren

Erhöhen Sie die Leistungsbereitschaft Ihrer Mitarbeiter durch:

➤ passende Erfolgsmaßstäbe

➤ anspruchsvolle Zielvereinbarungen

➤ konstruktive Kontrolle

➤ „gerechte" Leistungsbewertung

➤ effektives Delegieren

➤ umsichtiges Entscheidungsverhalten

➤ kreative Konfliktlösung

Kompetent führen heißt: begeistern, befähigen und bestärken.

# 1. Theorie und Praxis verbinden

## Von Führungsmodellen lernen

Eines der wichtigsten Ziele der Führungsforschung ist die Suche nach dem idealen Führungsverhalten. Es geht um die Frage: Was muss ich tun, damit ich meine Mitarbeiter motivieren kann, die Unternehmens- oder Abteilungsziele möglichst effizient und engagiert zu erreichen? Kritiker in Forschung und Praxis sehen in der Suche nach dem optimalen Führungsverhalten die Jagd nach einem Phantom, weil das Phänomen Führung und Führungserfolg wesentlich komplexer ist, als es die meisten Modelle abbilden können.

Die Kunst oder das Handwerk des Führens – so eine verbreitete Meinung – erlernt man am besten durch direkte Übernahme von Führungsverantwortung (on the job). Die neue Führungskraft springt ins kalte Wasser und beginnt mit den Schwimmbewegungen. Diese, gerade bei „erfahrenen" Praktikern sehr beliebte Methode bezieht ihre Faszination aus der Analogie zum Sport. Ein junger Tennisspieler erlernt diese Sportart nicht durch Modelle – etwa die Berechnung der Flugbahnen der Bälle, sondern durch ständiges Üben. Im Laufe der Zeit sieht man dann, wie weit das Talent reicht: entweder zum Vereinsmeister des TC Michelstadt e. V. oder zum Sieg in Wimbledon. Als Konsequenz verzichten viele Unternehmen auf eine systematische Personalentwicklung. So plausibel diese „Methode" der Auswahl und Ausbildung von Führungskräften auch sein mag, so problematisch hat sie sich in der Praxis erwiesen. Richtig daran erscheint lediglich die Überlegung, dass ausgesprochene Talente und charismatische Persönlichkeiten auch ohne systematische Vorbereitung auf

Führungsaufgaben ihren Weg machen werden. Menschen, die – nicht nur in ihrer subjektiven Wahrnehmung – diese Eigenschaften besitzen, zählen leider zu den äußerst seltenen Ausnahmen.

Die überwältigende Mehrzahl der Führungskräfte betreibt ihr Tagesgeschäft wie ein gewöhnliches Handwerk: planen, informieren, entscheiden, delegieren, kontrollieren, überzeugen, Konflikte lösen, Sitzungen leiten usw. Die Qualität dieser Führungsarbeit lässt sich nach zahlreichen empirischen Untersuchungen nicht anders als katastrophal bezeichnen. Eine wesentliche Ursache ist der Verzicht auf eine systematische Ausbildung und Entwicklung der (potenziellen) Führungskräfte. Damit überlassen viele Unternehmen die Karriere Ihrer Mitarbeiter im besten Falle dem Zufall; im schlimmsten Falle Machtkämpfen, Intrigen, Seilschaften und der offenen oder verdeckten Korruption. Damit ist die „Qualität" der Führungsarbeit und folglich der Unternehmenserfolg vorprogrammiert.

Eine systematische Personalentwicklung begreift das Phänomen Führung zunächst einmal als ein solides Handwerk mit klar definierbaren Qualitätsmaßstäben. Darauf aufbauend kann die Suche nach (herausragenden) Talenten beginnen. Vor diesem Hintergrund erhalten Modelle der Führungsforschung eine ähnliche Funktion wie der Flugsimulator bei der Ausbildung von Piloten: Wie der Pilot die Bedienung der Instrumente oder einzelne Flugmanöver gefahrlos ausprobiert, genauso kann die Führungskraft verschiedene Verhaltensweisen und Strategien im Gedankenexperiment testen.

Die Auseinandersetzung mit Führungsmodellen kann helfen, die eigenen Erwartungen, Vorstellungen und Ziele zu reflektieren und zu konkretisieren. Der „Schüler" kann auch erste Anhaltspunkte dafür bekommen, was auf ihn als Führungskraft zukommt und somit seine Entscheidung sorgfältiger planen. In Verbindung mit einem Verhaltenstraining bekommt die potenzielle Führungskraft erste Hinweise darauf, wie ihr Verhalten auf andere wirkt und wo ihre besonderen Stärken und Schwächen liegen.

Der Vorwurf, Führungsmodelle könnten die Wirklichkeit nicht richtig darstellen, ist genauso wenig stichhaltig wie der Vorwurf, Flugsimulatoren könnten nicht richtig fliegen. Allerdings gibt es mehr oder weniger nützliche Simulatoren wie auch Modelle. Damit stellt sich die Frage: Welche Ergebnisse und Erkenntnisse der Führungsforschung sind für die Praxis brauchbar?

Den Begriff „Führung" definiert die Führungslehre als zielbezogene Einflussnahme, bei der die Geführten dazu bewegt (motiviert) werden sollen, bestimmte Ziele zu erreichen (v. Rosenstiel). Die Ziele resultieren aus den Unternehmenszielen. Dazu gehören:

- Wachstumsziele (Umsatz, Marktanteil),

- Produktivitätsziele (Arbeits-, Kapital- und Materialproduktivität),

- Einkommensziele (Gewinn, Dividende, Löhne und Gehälter),

- Rentabilitätsziele (Vermögensrendite, Umsatzrendite),

- soziale Ziele (Zufriedenheit, Sozialleistungen, Betriebsklima),

- ökologische Ziele (umweltschonende Produkte und Verfahren),

- Kommunikationsziele (Image, Bekanntheitsgrad) oder

- „Überleben" des Unternehmens (Arbeitsplatzsicherung).

Diese Ziele sind Indikatoren für den Erfolg des Unternehmens. Man kann vereinfachend den Führungserfolg mit dem Unternehmenserfolg gleichsetzen. Damit stellen sich folgende Kernfragen: (1) Wie führt man erfolgreich? (Methoden und Techniken der Führung) und (2) Wer führt erfolgreich? (Eigenschaften und Fähigkeiten der Führungskräfte). Zur Beantwortung dieser Fragen hat die Führungsforschung eine Fülle von Führungsmodellen entwickelt. Die bekanntesten seien im folgenden Kapitel vorgestellt.

Eines der ältesten „Modelle" ist die Einteilung der Führungsstile in „autoritär", „demokratisch" und „laissez faire" nach Lewin. Eine Weiterentwicklung stammt von Tannenbaum und Schmidt (siehe

Abbildung 1/1). Dieses Modell beschreibt die vielen „Grautöne" der Führung im Tagesgeschäft. Allerdings berücksichtigt es gar nicht oder nur am Rande die übrigen Variablen wie zum Beispiel die Führungssituation (Arbeitsbelastung, Positionsmacht) oder die persönliche (emotionale) Beziehung zwischen dem Vorgesetzten und seinen Mitarbeitern.

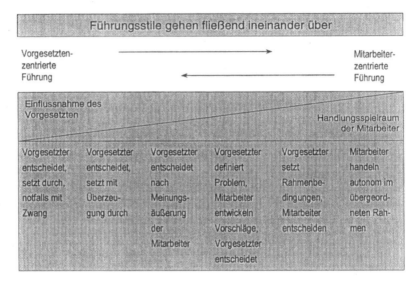

Abbildung 1/1: Führungsmodell von Tannenbaum und Schmidt

Was kann man als Führungskraft daraus lernen? Stellen Sie fest (Selbstbild und Fremdbild), ob Ihr Führungsstil eher vorgesetzten- oder eher mitarbeiterzentriert ist. Prüfen Sie ferner, ob Sie in allen Situationen den gleichen Stil bevorzugen, oder ob es besser wäre, je nach Aufgabe und Persönlichkeit des Mitarbeiters einen anderen Stil auszuprobieren. Damit können Sie schon aufgrund dieses äußerst einfachen Modells deutlich an Flexibilität im Verhalten gewinnen. Entscheidend ist dabei der Vergleich von Selbst- und Fremdbild und die

Diskussion der Ergebnisse. Dies kann in einem Coaching-Gespräch erfolgen.

## Ist Führungsfähigkeit angeboren?

Eigenschaftstheoretische Ansätze gehen von der Vorstellung aus, dass Führung im Wesentlichen nicht lernbar ist, sondern auf bestimmten „angeborenen" Eigenschaften beruht. Um die entscheidenden Charaktereigenschaften herauszufinden, hat die Führungsforschung – wie Bennis und Nanus bemerken – in den letzten 75 Jahren Tausende von Führungspersönlichkeiten untersucht. Trotzdem sei bis heute unklar geblieben, was einen Führenden von einem Nichtführenden unterscheidet. Außer einem schwachen Zusammenhang von Führungserfolg und Eigenschaften wie Intelligenz, Selbstvertrauen, Verantwortlichkeit und Körpergröße konnten die Forscher nichts Prägnantes feststellen.

Damit scheint bis heute eine Feststellung von Hofstätter aus den frühen 50er Jahren zu gelten: „Die Suche (nach typischen Eigenschaften, die eine Führungspersönlichkeit ausmachen, d. V.) beginnt, aber sie kommt zu keinem Ende. Manchmal ist der 'Führer' älter als seine Gefolgsleute, manchmal auch wieder jünger. Schon glaubt man bei ihm eine besonders robuste Gesundheit zu finden, die man geheimnistuerisch als ‚vitale Energie' bezeichnet, dann stößt man aber auf Gebrechliche, Epileptiker, Krüppel und Morphinisten, die als Führer anerkannt werden. Nicht viel besser steht es um die Intelligenz und um das Ausmaß des Wissens. Nicht einmal mit der Redegewandtheit klappt es, da selbst Sprachfehler sich mit der Prominenz vertragen." Neuere Forschungsergebnisse stellen diese These allerdings in Frage, wie es am Ende des Kapitels noch zu erläutern sein wird.

Ganz wesentlich ist die Tatsache, dass jemand erst dann als „Führer" anerkannt und akzeptiert ist, wenn die Geführten die Führungsfähigkeit in ihn hineininterpretieren (Projektion). Es sind also in erster Linie nicht bestimmte Eigenschaften, die eine Führungspersönlichkeit ausmachen, sondern die Vorstellungen der Geführten (ihre Illusionen und ihre Bereitschaft zu folgen). Diesen Umstand hat bereits die deutsche Reichswehr um 1930 genutzt und das so genannte „Rundgespräch" eingeführt. Dabei setzen sich einige Kandidaten, die sich kaum kennen, zusammen und diskutieren ein beliebiges aktuelles Thema, ohne dass vorher ein Diskussionsleiter bestimmt wird. Schon nach kurzer Zeit zeigt sich – so Hofstätter – die unterschiedliche „Prominenz" der Partner. Heute ist dieses „Rundgespräch" eine der am häufigsten eingesetzten Übungen im Assessment-Center und firmiert unter dem Namen „Führerlose Gruppendiskussion".

Der große Erfolg des Assessment-Centers in der Praxis erlaubt allerdings nicht die Schlussfolgerung, dass die Eigenschaftstheorie der Führung wieder Hochkonjunktur hat. Heute interessieren weniger die charakterlichen Eigenschaften, sondern vielmehr bestimmte Fähigkeiten der (potenziellen) Führungskräfte. Solche Fähigkeiten oder Kompetenzen können sein:

➢ fachliche (Sachwissen, Erfahrungen und Kenntnisse von Arbeitsmethoden),

➢ soziale (Team- und Konfliktverhalten, Überzeugungskraft),

➢ konzeptionelle (analytisches Denken, Problemlösung, Kreativität, Ergebnisorientierung) sowie

➢ politische (Interessenlagen erkunden, artikulieren und kanalisieren, Beziehungen aufbauen).

Das Assessment-Center simuliert künftige Führungssituationen mit typischen Aufgaben und Problemen aus dem Tagesgeschäft. Dabei zeigt sich, dass Menschen mit äußerst unterschiedlichen charakterlichen Eigenschaften regelmäßig zu gleich guten Ergebnissen kommen. Das unterstreicht die These, dass Fähigkeiten wichtiger sind als charakterliche Merkmale. Es geht also um das systematische „Herausfiltern" von Mitarbeitern, die bestimmte Führungsaufgaben besser bewältigen können. Deswegen gilt das Assessment-Center als eine der

26

besten heute zur Verfügung stehenden Methoden der Auswahl von Nachwuchskräften. Allerdings muss man stets im Auge behalten, dass sich die „echte" Führungspraxis ganz wesentlich von der Situation in einem Assessment-Center unterscheidet.

Trotz dieser Argumente kann man die Persönlichkeit nicht außer Acht lassen. Peter Drucker bemerkte dazu: „... (but there is) one qualification that the manager cannot acquire but must bring with him. It is not genius; it is character" (Drucker 1993, S. 402). Das bezieht sich zwar auf die ethische Dimension, ist aber auch auf andere charakterliche Merkmale der Persönlichkeit anwendbar. Diese gelten als Voraussetzungen der Führungsfähigkeit und firmieren unter dem Namen „Big Five" (Goldberg, 1990). Damit sind die folgenden fünf Persönlichkeitsmerkmale gemeint:

- Extroversion

- Kontaktstärke im Sinne von Kooperationsfähigkeit

- Gewissenhaftigkeit im Sinne von Verantwortungsbereitschaft

- Emotionale Stabilität

- Lernfähigkeit und -bereitschaft

Diese fünf Faktoren wurden in den vergangenen Jahren durch zahlreiche empirische Studien erhärtet. Als Beispiele seien folgende Untersuchungen aufgeführt:

- Daniel Cable and Timothy Judge: The role of manager personality and superior leadership style, in: Journal of Organizational Behavior, 24/2003

- Colin Silverthorne: Leadership effectiveness and personality: a cross cultural evaluation, in: Personality and Individual Differences, 30/2001

- Luke McCormack and David Mellor: The role of personality in leadership, an application of the five-factor model in the Australian military, in: Military Psychology, 14/2002

Wenn man bestimmte Persönlichkeitsmerkmale mit beobachtbaren Verhaltensweisen und Gewohnheiten von Führungskräften kombiniert, erhält man eine andere Art von Modellen, nämlich der verhaltenstheoretischen Ansätze.

# Welchen Führungsstil haben Sie?

Die besondere Stärke der verhaltenstheoretischen Modelle ist die Vielzahl empirischer Untersuchungen, die ihnen zugrunde liegen. Das beobachtbare Führungsverhalten eines Menschen zeigt in verschiedenen Situationen und über längere Zeiträume relativ konstante Merkmale. Diese Merkmale kann der Forscher durch die Befragung von Kollegen, Mitarbeitern und Vorgesetzten erheben. Das Ergebnis ist meist ein durchgängiger *Stil,* also eine relativ stabile Art und Weise, in der Führungsaufgaben erledigt werden.

Das Zentrum der Untersuchungen zum Führungsverhalten liegt an den Universitäten von Michigan und Ohio. Zahlreiche, voneinander unabhängige Studien, kamen zu überraschend ähnlichen Ergebnissen. Demnach lassen sich erfolgreiche Führungskräfte in zwei Gruppen einteilen. Die eine Gruppe interessiert sich vor allem für die Aufgaben und die Sachziele. Diese Führungskräfte wollen organisieren, planen, koordinieren und Probleme lösen. Ihre besonderen Stärken liegen in der Strukturierung von Aufgaben sowie in der Festlegung sinnvoller Ziele und der Analyse effizienter Wege dorthin. Sie bevorzugen effektive Zielvorgaben und Leistungskontrollen.

Zur zweiten Gruppe gehören die personen- oder mitarbeiterorientierten Führungskräfte. Sie haben einen besonderen Blick für die persönlichen Beweggründe, Probleme, Bedürfnisse und Erwartungen ihrer

Mitarbeiter. Sie bevorzugen die Wertschätzung, Ermutigung und Anerkennung als Führungsinstrumente. Sie sind offen und zugänglich, fördern die zweiseitige Kommunikation und das Engagement ihrer Mitarbeiter. Eines der bekanntesten Modelle, die auf diesen Erkenntnissen aufbauen, ist das so genannte Verhaltensgitter von Blake & Mouton. Die Autoren unterscheiden zwei kritische Dimensionen für effektive Führung:

1. Interesse des Führenden für Personen und ihre Bedürfnisse sowie

2. Interesse des Führenden für das Erreichen der Arbeitsziele.

Was kann man daraus lernen? Blake & Mouton empfehlen, die Führungskraft solle beide Dimensionen gleichermaßen beherrschen. Die Abstufung auf beiden Dimensionen ergibt 81 verschiedene Führungsstile. Es sind Mischformen der folgenden fünf „Ankerpunkte" (siehe Abbildung 1/2):

**Führungsstil 1/1**

Diese Führungskraft geht den Weg des geringsten Widerstandes. Sie möchte möglichst nicht auffallen (weder positiv noch negativ). Eigentlich interessiert sie sich weder für die sachlichen Arbeitsergebnisse noch für die Menschen oder die Ziele des Unternehmens. Die Führungsverantwortung wird als lästige Pflicht empfunden. Bei Schwierigkeiten taucht sie einfach unter und ist nur selten bereit, ihren Mitarbeitern in schwierigen Situationen zu helfen. Sie ist anwesend und doch abwesend.

**Führungsstil 9/1**

Das oberste Gebot dieser Führungskraft heißt Leistung. Was zählt, sind nur Ergebnisse. Der Weg dorthin gründet meistens auf Autorität und Druck. Die Führungskraft ist sehr darauf bedacht, über die dazu notwendigen Machtinstrumente zu verfügen. Persönliche Beziehungen sind nach diesem Modell eher unerwünscht, weil sie bei der Arbeit eher stören. Der Mensch gilt nur als Mittel zum Erreichen der Ziele des Unternehmens oder zur Stärkung der eigenen Machtbasis.

Die Führungskraft interessiert sich nur am Rande für die menschlichen Aspekte ihrer Mitarbeiter.

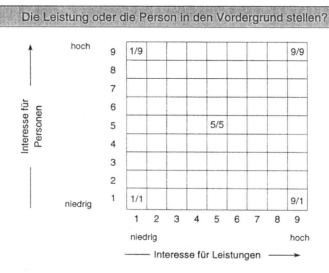

Abbildung 1/2: Führungsverhaltensgitter von Blake & Mouton

**Führungsstil 1/9**

Diese Führungskraft ist sehr auf ein gutes Arbeitsklima, eine angenehme Atmosphäre und freundliche Kontakte bedacht. Probleme mit unzureichenden Leistungen und Fehlverhalten der Mitarbeiter sowie damit verbundene Konflikte werden tendenziell vermieden oder übergangen. In einer eher negativen Variante dieses Stils beschäftigen sich die Beteiligten sehr intensiv mit sich selbst, pflegen die Gerüchteküche und betreiben politische Spiele. Die sachlichen Ziele und Interessen des Unternehmens kommen häufig zu kurz.

**Führungsstil 5/5**

Im positiven Sinne bemüht sich dieser Führungsstil um ein Gleichgewicht zwischen guter Stimmung und Leistung. In der negativen Variante möchte man möglichst nichts verändern. Es ist häufig der ideale Nährboden für Killerphrasen („Das haben wir schon immer so gemacht ..."").

**Führungsstil 9/9**

Eine Führungskraft mit diesem Stil versteht es, die Mitarbeiter zu extrem hohen Leistungen anzuregen und gleichzeitig die persönlichen Beziehungen zu stärken. Meistens gelingt es, die Bedürfnisse der Mitarbeiter in Einklang mit den Zielen und Aufgaben des Unternehmens zu bringen. Konflikte werden nicht vermieden, sondern konstruktiv ausgehandelt.

Obwohl dieses Modell von Blake & Mouton zum Teil heftig kritisiert wurde, ist es in der Managementausbildung sehr beliebt. Das dürfte an seiner großen Plausibilität und am Bezug zu Erfahrungen im Alltag liegen. Schon in der Schule gab es auf der einen Seite den Tüchtigen. Es war der eher sachliche, fleißige und leistungsorientierte Klassenprimus. Auf der anderen Seite gab es den Beliebten, der üblicherweise zum Klassensprecher gewählt wurde.

Ein wichtiger Kritikpunkt am Modell von Blake & Mouton ist die Tatsache, dass es das Umfeld nicht berücksichtigt. Damit sind folgende Aspekte gemeint:

- Organisatorische Rahmenbedingungen. So ist der Führungsstil (9/1 oder 1/9) bei Fließbandarbeit oder bei detaillierten bürokratischen Vorschriften weitgehend irrelevant.

- Die persönliche Beziehung zwischen dem Vorgesetztem und seinen Mitarbeitern (Akzeptanz, Sympathie) spielt eine wesentliche Rolle, bleibt aber unberücksichtigt.

- Entscheidend ist schließlich auch die Reife der Mitarbeiter.

Besonders den letzten Aspekt greifen Hersey und Blanchard in ihrem Modell auf. Sie meinen, dass je nach „Reifegrad" der Mitarbeiter verschiedene Führungsstile anzuwenden seien.

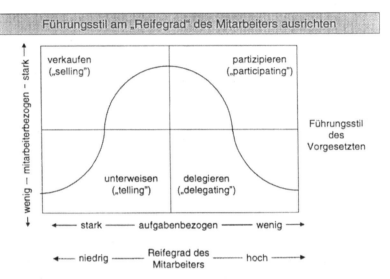

Abbildung 1/3: Reifegradmodell von Hersey & Blanchard

Der Reifegrad umfasst die folgenden Stufen:

➢ hohe Reife (Engagement, Motivation, Wissen und Fähigkeiten vorhanden),

➢ mäßige bis hohe Reife (Fähigkeiten vorhanden, aber fehlende Motivation),

➢ geringe bis mäßige Reife (Motivation vorhanden, aber fehlende Fähigkeiten),

➢ geringe Reife (Motivation, Wissen und Fähigkeiten fehlen).

Je nach Reifegrad der Mitarbeiter sollte der Vorgesetzte „unterweisen", „verkaufen", „partizipieren lassen" oder „delegieren" (siehe Abbildung 1/3).

Ein wesentlicher Nachteil aller Modelle, die auf beobachtbarem Verhaltensweisen beruhen und Regelmäßigkeiten im tatsächlichen Führungsverhalten suchen (Führungsstile), besteht darin, dass sie auf Erfahrungen gründen. Dadurch sind sie methodisch mit einem Blick in den Rückspiegel vergleichbar. Sicherlich kann man aus Erfahrungen (anderer) lernen, so zum Beispiel, dass man verschiedene Führungsstile ausprobieren sollte. Insofern können sie das Verhaltensspektrum erweitern. Sie vernachlässigen allerdings die Persönlichkeit und die Motivation der Mitarbeiter. Diesen zusätzlichen Aspekt wollen die so genannten Weg-Ziel-Modelle berücksichtigen.

# Wie erreicht man Ziele?

Die Weg-Ziel-Theorie der Führung beruht auf der Grundannahme, dass die Menschen sich in erster Linie an ihrem individuellen Nutzen und persönlichen Vorteil orientieren. Deshalb rückt die Motivationslage der Geführten in den Vordergrund sowie die Frage nach den Beeinflussungsmöglichkeiten der menschlichen Antriebskräfte. Ein Vorgesetzter hat im Wesentlichen folgende Möglichkeiten der Führung:

> Er hilft dem Mitarbeiter, seine oft diffusen Ziele und Wertvorstellungen klar zu formulieren. Das gilt für intrinsische wie extrinsische Ziele gleichermaßen.

> Er sorgt dafür, dass die Ziele eine große Bedeutung bekommen und dass diese Bedeutung erhalten bleibt. Es geht also darum, dem Mitarbeiter „Sinn" zu vermitteln.

➢ Der Vorgesetzte zeigt dem Mitarbeiter Wege auf, diese Ziele zu erreichen. Er hilft ihm bei der Realisierung der Ziele und erhöht somit die Erfolgswahrscheinlichkeit.

„Weg-Ziel-Ansatz"

➢ Er hat Vertrauen in die Integrität, die Fähigkeiten und die Leistungsfreude seiner Mitarbeiter, ist meistens großzügig und selten misstrauisch.

➢ Er sorgt dafür, dass jeder Mitarbeiter für seine Aufgaben gut vorbereitet wird, und bemüht sich regelmäßig um Beförderungen und sonstige Vergünstigungen.

➢ Führung besteht also darin, den Mitarbeitern den Weg zur Erreichung ihrer Ziele zu ebnen. Neben dieser Grundeinstellung schlägt die Weg-Ziel-Theorie eine Reihe pragmatischer Regeln vor. Dazu einige Beispiele:

- Mitarbeiter mit einem ausgeprägten Kontaktbedürfnis steigern ihre Leistung, wenn der Vorgesetzte sie stärker beachtet und rücksichtsvoll ist.
- Mitarbeiter mit starkem Selbstvertrauen sind zufriedener, wenn man sie an den Entscheidungen beteiligt.
- Mitarbeiter mit einem großen Interesse an extrinsischen Belohnungen (Gehaltserhöhung, Vergünstigungen, Status) sind zufriedener, wenn der Vorgesetzte direktiv führt und klare Anweisungen gibt.
- Direktives Verhalten des Vorgesetzten kann bei Routineaufgaben seine Akzeptanz vermindern und die Arbeitszufriedenheit senken.
- Bekommen die Mitarbeiter mehr Möglichkeiten der Mitsprache, so glauben sie, dass auch ihr Vorgesetzter mehr Einfluss hat.

Den Mitarbeitern den Weg zu Erfolgserlebnissen zu ebnen wird dann schwierig, wenn in großem Umfang langweilige Routineaufgaben zu bewältigen sind. Zu diesem, in der Praxis weit verbreiteten Problem schlagen House & Evans ein Modell vor, das einen Zusammenhang zwischen Führungsstil, Arbeitszufriedenheit und Aufgabenstruktur beschreibt (siehe Abbildung 1/4).

Ist eine komplexe (unstrukturierte) Aufgabe zu bewältigen, sollte der Chef einen direkten, engen Führungsstil mit möglichst eindeutigen und detaillierten Anweisungen praktizieren. Auf diese Weise kann er die Arbeitszufriedenheit erhöhen. Mitarbeiter sind bei schwierigen Problemen unsicher und erwarten klare Zielvorgaben, genaue Pläne und Anweisungen. Dadurch ebnet der Vorgesetzte den Weg und verhilft schließlich seinen Mitarbeitern zum Erfolg.

Umgekehrt ist die Situation im Falle eher langweiliger Routinetätigkeiten (strukturierte Aufgaben). Hier sollte die Führungskraft darauf verzichten, die Mitarbeiter anzuweisen und zu kontrollieren. Wichtig ist vielmehr ein offener und unterstützender Führungsstil. Dadurch lässt sich die Unzufriedenheit mit der Aufgabe zu einem erheblichen Teil ausgleichen. Andernfalls, also bei einem engen

Stil, muss die Führungskraft damit rechnen, dass ihre Mitarbeiter sie ablehnen und dass die Arbeitszufriedenheit sinkt.

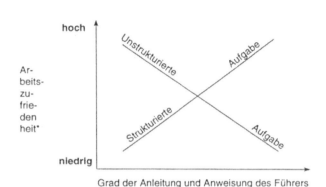

Abbildung 1/4: Weg-Ziel-Führungsmodell von House & Evans

# Wie viel Politik gehört zur Führung?

Im Gegensatz zur Politik im Sinne der strategischen Ausrichtung des Gesamtunternehmens oder von Teilbereichen wie Personalpolitik, Forschungspolitik oder Marketingpolitik geht es bei der so genannten Mikropolitik um alltägliche Einflussversuche wie „politisches" Taktieren, Täuschen und Verbergen, unter Druck setzen, Informationen lenken usw. Mit diesem Modell möchte Neuberger den Bauchladen (oder Supermarkt) von Modellen nicht um ein weiteres Angebot erweitern. Sein Produkt soll das Sortiment abrunden. Es sei schon immer – ähnlich wie bei Pornos – unter der Theke gehandelt worden. Nun sei es an der Zeit, dieses Produkt auf den Tisch zu legen. Es geht um die „dunkle Seite" der Macht.

Ein wesentlicher Grund für die Existenz „politischen" Verhaltens besteht in der Schwierigkeit, Führungserfolg zu messen. Daraus resultiert das Bestreben, eigene Handlungen als Erfolg zu „verkaufen" und Fehlschläge den anderen oder den Umständen zuzuschreiben. Besonders anfällig für eine derartige Kultur sind Unternehmen, Abteilungen und Organisationen, in denen es schwierig ist, Ergebnisse einigermaßen objektiv zu erheben. Und noch schwieriger wird es dann, wenn die Verantwortlichen für Fehler nicht geradestehen müssen. Ganz typisch ist hierfür das politische System mit seiner Staatsbürokratie.

In Unternehmen und anderen Systemen ohne klare Leistungskriterien und ohne „Haftung" für Fehler wird die Macht und die Verfügungsgewalt über Ressourcen wie Mitarbeiter, Investitionsmittel, Budgets oder „Posten" zum zentralen Lebensinhalt der Betroffenen. Der Grund für die Begehrlichkeit scheint klar: Man kann viel gewinnen, ohne im Ernstfall zur Verantwortung gezogen zu werden. Es ist ein idealer Nährboden für die Pflege von Neurosen und Eitelkeiten, für Täuschungsmanöver und das Frisieren von Zahlen. In diesem Klima kann man Fehler verschleiern, sich auf Machtspiele konzentrieren, Seilschaften pflegen und sein Image mit medienwirksamen Auftritten gestalten. Dass die Sachaufgaben dabei auf der Strecke bleiben, ist – trotz gegenteiliger öffentlicher Beteuerungen – meist zweitrangig.

Nach Neuberger hat politisches Handeln folgende Merkmale:

➢ Wie in einem Wettkampf oder Spiel treten Akteure mit Absichten, Plänen und Taktiken gegeneinander an.

➢ Die Konkurrenten kämpfen um knappe Güter und wollen ihre Interessen durchsetzen.

➤ Es geht darum, durch eigenes Handeln Fakten zu schaffen, zu gestalten und interessengebunden zu interpretieren (als Erfolg „verkaufen").

„Gerüchteküche"

➤ Es besteht eine Dialektik von Gegnerschaft und Abhängigkeit: Die Beteiligten rivalisieren miteinander, sind aber aufeinander angewiesen und profitieren voneinander. Wenn die Macht annähernd gleich verteilt ist, kommt das gezielte Schüren von Gerüchten als „strategischer Erfolgsfaktor" hinzu.

➤ Entscheidend ist ferner das richtige „Timing" (eine Initiative dann ergreifen, wenn die Zeit dafür reif ist – oder wenn die ausgestreuten Gerüchte Wirkung zeigen).

➤ Politik ist nicht ein regelloser Kampf aller gegen alle. Das Ergebnis der Politik ist eine Ordnung mit offenen und heimlichen Spielregeln und Normen. Sie zu nutzen und zu gestalten ist die eigentliche Kunst der Politik.

Ein politisiertes System mit diesen Merkmalen ist auf passende Techniken und Instrumente zur Stärkung der eigenen und Schwächung der gegnerischen Position angewiesen. Dazu zählen:

- Informationskontrolle: Tatsachen beschönigen; Informationen filtern, zurückhalten oder durchsickern lassen; Gerüchte verbreiten; „geheime" oder „vertrauliche" Informationskanäle aufbauen und pflegen.

- Kontrolle von Verfahren, Regeln und Normen: Schwachstellen in Entscheidungsprozessen aufspüren und nutzen; Präzedenzfälle schaffen, passende Kriterien im Vorfeld etablieren.

- Beziehungspflege: Netzwerke und Bündnisse – also Seilschaften – bilden, unbequeme Gegner isolieren, Loyalität und Gefälligkeit belohnen, Vetternwirtschaft etablieren.

- Selbstdarstellung: Die eigene Sichtbarkeit erhöhen, „richtige" Kulissen wählen, „Auftritte" sorgfältig planen, Kleidung und Automarke passend auswählen.

- Situationskontrolle, Sachzwang: Konkurrierende Lösungen sabotieren, vollendete Tatsachen schaffen, Fakten vertuschen und verschleiern, Entscheidungen im Vorfeld herbeiführen.

- Handlungsdruck erzeugen: Probleme dramatisieren, emotionalisieren, einschüchtern, pokern, bluffen, Termine „geschickt" setzen, überrumpeln, „Kuhhandel" betreiben.

- Timing: Zum „richtigen" Zeitpunkt die „richtige" Lösung parat haben und verfügbar sein, Überraschungseffekte planen, aber bei Problemen rechtzeitig abtauchen.

Was bedeutet nun das politische Verhalten für die unternehmerische Praxis? Offenbar ist dieses Phänomen ein fester Bestandteil des betrieblichen Alltags, auch wenn es gern tabuisiert wird. Jemand, der überwiegend oder ausschließlich politisch handelt, kann sich sehr schnell unglaubwürdig machen. Vorgesetzte, Kollegen und Mitarbeiter durchschauen früher oder später dieses „Spiel", so dass die Erfolgsaussichten gegen Null tendieren. Das weiß der „Politiker" und wird einen ihm angemessen erscheinenden Politisierungsgrad wählen.

Der Grad der Politisierung kann von Unternehmen zu Unternehmen sehr unterschiedlich sein. Selbst innerhalb eines Unternehmens gibt es eine große Bandbreite. Entscheidend sind die bereits diskutierte Messbarkeit von Leistungen einerseits und die Haftung für Misswirtschaft andererseits. Viele Unternehmen haben entsprechende Konsequenzen bereits gezogen und Kennzahlensysteme für nahezu alle Unternehmensbereiche eingeführt. Beispiele sind: Zufriedenheit von Kunden und Mitarbeitern, Fehlerquote, Kostenbewusstsein, Reklamationsrate, Vorgesetztenbeurteilung, Innovationsrate, Marktzyklus, Kundenqualität usw. Dieses Thema wird vor allem im Zusammenhang mit der Balanced Scorecard diskutiert. Zur Vertiefung seien die Artikel von Kaplan und Norton in der Harvard Business Review und deren Bücher empfohlen (siehe Literaturverzeichnis).

Das Zentrum der „Politik" liegt häufig in der Mitte der Pyramide. Manche sprechen auch von einer „Lehmschicht", an der typischerweise Mitarbeiter mit der Geisteshaltung von so genannten „Industriebeamten" beteiligt sind. Die Lehmschicht ist nach unten wie nach oben weitgehend undurchlässig für wahrheitsgemäße Informationen, neue Ideen, talentierte Mitarbeiter, innovative Konzepte oder wichtige Marktsignale. Als Symptom hört man zahlreiche Klagen über „ständige" Umstrukturierungen und neue Organisationsmaßnahmen sowie über „falsche" Vorschläge und Konzepte, die von Unternehmensberatungen eingebracht werden, die von den „wirklichen" Problemen „keine Ahnung" haben.

In der Mitte der Pyramide kann man mit relativ geringem Aufwand große Vorteile einfahren. Beispiel: Der Geschäftsführer bekommt die Nachricht, der Marktanteil einer Produktgruppe sei trotz eines schrumpfenden Marktes deutlich gestiegen – also eine Erfolgsmeldung. Das stimmt – aber nur, wenn man die Entwicklung in Mengeneinheiten (Tonnen und Stück) betrachtet und den Begriff „Marktanteil" entsprechend „definiert" (zurechtbiegt). In Werteinheiten – und das ist entscheidend – hat diese Abteilung eindeutig versagt. Es ist dann schon peinlich, wenn der Geschäftsführer die „Erfolgsmeldung" an andere Gremien weitergibt. Derjenige, der diese

„Erfolgsmeldung" produziert hat, weiß, dass kaum eine Möglichkeit besteht, die Aussagen zu überprüfen. Und wenn der „Schwindel" trotzdem auffliegt, ist der Verantwortliche auf der Karriereleiter bereits eine Sprosse höher.

Politisches Verhalten tritt in verschiedenen Spielarten auf. Die einfachste Form ist die zwiespältige:

- authentisch gegenüber den eigenen Vorgesetzten und politisch gegenüber den Mitarbeitern – oder umgekehrt;

- authentisch im Unternehmen und politisch in der Öffentlichkeit – oder umgekehrt;

- authentisch im Privatleben und politisch im Unternehmen – oder umgekehrt.

Die schwierigeren Formen treten dann auf, wenn jemand in fast jeder Situation einen anderen Grad der Politisierung wählt und längerfristig einigermaßen glaubwürdig bleiben will. Dadurch wächst die Gefahr, sich in Widersprüche zu verwickeln, und das steigert den Stress, weil der Betroffene nicht mehr weiß, wem er was erzählt hat. Im besten Falle leidet darunter „nur" die physische Gesundheit; im schlimmsten Falle auch die persönliche Identität.

Man könnte politisches Verhalten als notwendiges Übel ansehen und sich einfach damit abfinden. Das Problem besteht aber darin, dass es enorme Schäden in Form von Effizienzverlusten, verpassten Chancen und Fehlentwicklungen im Unternehmen verursacht. Die Schäden und Kosten der Fehlerbeseitigung erscheinen auf keinem Konto und kommen nur bei seltenen Gelegenheiten ans Tageslicht. Eine solche Gelegenheit bietet zum Beispiel eine Organisationsuntersuchung oder eine einfache Gemeinkosten-Wert-Analyse. In einem Unternehmen waren die reinen Beschaffungskosten eines alltäglichen Laborgerätes höher als der Wert dieses Gerätes. In einem anderen Falle konnte ein externer Anbieter eine vergleichbare Leistung zu einem Zehntel des internen Verrechnungspreises durchführen. Die Liste derartiger Fälle lässt sich nahezu beliebig verlängern. Immer wieder stellt man fest, dass die Probleme den Verantwortlichen mehr oder weniger bewusst sind. Trotzdem ändern sie nichts, weil sie mit anderen Dingen beschäftigt sind.

Der Grad der Politisierung steigt, sobald die Beteiligten einen persönlichen Vorteil bei geringem Risiko wahrnehmen. Verstärkend wirken Anreizsysteme mit irreversiblen Erfolgsbeteiligungen, Regelbeförderungen und Gehaltsregulierungen ohne unmittelbaren Bezug zur Leistung. Wenn sich die Betroffenen auch noch aus der Verantwortung „stehlen" können, sind dem Missbrauch Tür und Tor geöffnet. Das geht nicht nur zu Lasten des Unternehmens, sondern auch zu Lasten der gesamten Gesellschaft. Dies ist – das sei am Rande bemerkt – eine berechtigte Kritik an den derzeitigen Gewerkschaftsfunktionären. Sie üben Macht aus, haben eine äußerst fragwürdige demokratische Legitimation und tragen keinerlei persönliche Verantwortung (im Sinne von Haftung).

Das jahrelange Verharren erwiesenermaßen inkompetenter oder „politischer" Führungskräfte auf der gleichen Stelle kann eine fatale Signalwirkung haben. Die Mitarbeiter richten ihr Verhalten danach aus und kümmern sich kaum noch um ihre Sachaufgaben oder die Probleme des Unternehmens.

Die Logik des politischen Handelns kann man vereinfachend in einem „Politik-Portfolio" veranschaulichen (Abbildung 1/5).

Im Unternehmen A hat politisches Handeln einen hohen tatsächlichen oder subjektiv wahrgenommenen Nutzen für die Beteiligten (Belohnung) – richtet aber relativ geringen Schaden an. Ein Beispiel wäre ein schnell wachsendes Unternehmen, bei dem die faktischen Qualifikationsunterschiede der Mitarbeiter nicht sehr groß sind. Sie können daher mit relativ geringem (politischem) Aufwand schnell ihren Weg machen. Der Aufstieg lässt sich – durchaus glaubwürdig – als „Glück" interpretieren. Das Verhalten gleicht dem eines Haifisches: bei günstigen Gelegenheiten sofort kräftig zuschnappen.

Beim Unternehmen B sind Schaden und Nutzen relativ gering. Das dürfte der Idealfall sein.

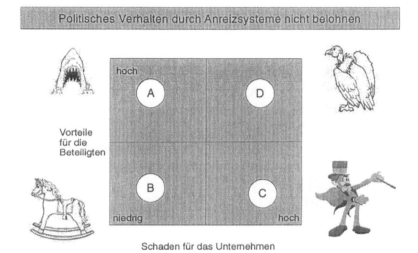

Abbildung 1/5: Portfolio Politischen Verhaltens

Im Unternehmen C kann bereits ein geringer Politisierungsgrad großen Schaden anrichten. Das gilt in erster Linie für kleinere, kundennahe Unternehmen des Dienstleistungsbereichs. Ihr Kapital besteht nicht aus technisch anspruchsvollen, aufwendigen Maschinen und Anlagen, sondern aus Kommunikation, Know-how und Kooperation. Wenn Leistungsdruck und eine autoritäre Führung hinzukommen, können schon relativ harmlose politische Maßnahmen eine Kettenreaktion auslösen, die sehr bald nicht mehr überschaubar oder beherrschbar ist. Häufig besteht eine regelrechte „Kultur" der Pflege von Gerüchten, Mythen und Anekdoten über „die da oben" und ihre „Machenschaften". Das Bild gleicht der Situation eines Zauberlehrlings, dem die Gerüchteküche außer Kontrolle gerät.

Das Unternehmen D dürfte in seiner Existenz substanziell gefährdet sein: Die Politisierung richtet großen Schaden an, gleichzeitig hat kaum jemand ein Interesse daran, diesen Zustand zu ändern. Die „Politiker" stürzen sich wie die Geier auf alles, was es zu verteilen gibt. Leistung, Ehrlichkeit, Gradlinigkeit und Authentizität werden nicht belohnt, sondern – im Gegenteil – eher bestraft. Das ist ein häufiger Zustand bei Unternehmen im staatlichen oder öffentlichen (bürokratischen) Bereich. Sie können wegen der fehlenden persönlichen Verantwortung der Eigentümer politisches Verhalten systematisch „pflegen". Oftmals kommen parteipolitische und ideologische Interessen noch hinzu.

Man kann in solchen Fällen jungen Menschen nur dringend davon abraten, sich bei öffentlichen, kommunalen und halbstaatlichen Organisationen oder stark bürokratischen Unternehmen zu bewerben. Diese enge Verquickung (partei)politischer und wirtschaftlicher Interessen mit persönlichen Vorteilen führt in der Regel dazu, dass Engagement und Leistung nicht honoriert werden und gleichzeitig niemand für Fehlentscheidungen und schlechte Leistungen haftet. Das verdirbt den Charakter junger Menschen und belastet die Gesellschaft sowohl in materieller als auch in ethischer Hinsicht.

Sollten Sie dennoch einmal in eine hochgradig „politisierte" Organisation geraten, dann könnte es hilfreich sein, die folgenden „Spiele" zu kennen:

**10 Tipps für Ihre Karriere als „Politiker"**
Wie Sie nach ganz oben kommen – banale, brutale und brauchbare Ratschläge.
1. Worum es wirklich geht
Lernen Sie Niccolò Machiavellli (1496 – 1527) auswendig: „Il Principe" („Der Fürst"). Damals wie heute finden sich Fans seiner Philosophie: „Erfolg, Erfolg und noch einmal Erfolg" ist die „einzig sichere Basis dieses Lebens".
2. Unverzichtbar: Seilschaften

Investieren Sie täglich mindestens 30 Minuten, um ein persönliches Netzwerk aufzubauen – mit Kollegen und Bekannten, die Ihnen nutzen könnten. Aber niemals mit Partnern, die klüger als Sie sind! Am (Zwischen-)Ziel angekommen, trennen Sie sich unbedingt von alten Freunden – die könnten zuviel über Sie wissen.

3. Mehr Schein als sein
Ständige Präsenz ist viel karrierefördernder, als tatsächlich zu arbeiten. Taktik: Morgens früher kommen und abends später gehen, ohne dabei einen Tropfen Schweiß zu verlieren. Schließlich können Sie zum Beispiel Ihre Zeitung auch im Dienst lesen oder die „Tagesschau" vorm Bürofernseher verfolgen.

4. Planung beginnt im Bett
Selbstverständlich suchen Sie Ihre/n Lebenspartner/in nur unter Karrieregesichtspunkten aus (leidensfähig, repräsentativ, voller Bewunderung für Sie).

5. Erst dienen, dann delegieren
Machen Sie Ihrem Boss klar, dass Sie für alle Aufgaben bereitstehen. Notfalls auch für die Dreckarbeit. Immer „hier!" brüllen.

6. Stets neugierig sein
Kundschaften Sie alles und jeden aus – auch die Gepflogenheiten Ihres Chefs. Stecken Sie dafür ruhig Ihre Nase in die Unterlagen seiner Sekretärin, wenn die gerade ihren Platz verlässt. Für Gehaltsverhandlungen tauchen Sie überraschend vermeintlich zufällig in seiner Lieblingssauna auf.

7. Der Chef ist Ihr Komplize
Ihr Chef ist Verbündeter, nicht Feind. Also keineswegs seine Schwachstellen attackieren. Besser in seinem Windschatten mitlaufen und zu erkennen geben, welche seiner Stärken Sie bewundern.

8. Lieber Florett als Säbel
Kleine gezielte Angriffe sind besser als eine große gewagte Schlacht, zum Beispiel den Namen Ihres Kollegen absichtlich falsch aussprechen (nagt an seinem Selbstbewusstsein), in Konferenzen wortlos den Kopf schütteln, nachdem Ihr Gegner referiert hat. Oder: „Ich muss schon wieder die Arbeit vom Meier

übernehmen, der ist aber auch dauernd krank. Na ja, ich will mal nicht so sein."

9. Machtinstrument Telefon

Alles läuft heutzutage übers Telefon – dem wichtigsten Instrument in der heutigen Kommunikation. Üben Sie deshalb unter anderem, entspannt und im Stehen (gibt Ihnen Selbstsicherheit) in die Muschel zu sprechen.

10. Der raffinierte Seelenklau

Konkurrent im schwachen Moment erwischen (z. B. angetrunken auf der Betriebsfete). Als verständnisvoller Freund entlocken Sie ihm jedes Geheimnis.

Quelle: Focus Nr. 34/1995

# Was tun Führungskräfte wirklich?

Die Einteilung der verschiedenen Rollen stammt von einer Forschungstradition, die sich als Alternative zur funktionalen Betrachtung versteht. In den 50er und 70er Jahren geriet die Lehre von den Managementfunktionen zunehmend ins Kreuzfeuer der Kritik. Wesentliche Vorwürfe waren vor allem mangelnde Realitätsnähe und fehlende Fundierung durch empirische Untersuchungen. In den Vordergrund rückte die Frage: Was tun Führungskräfte in Wirklichkeit? Zu den bekanntesten Untersuchungen zählen die von Carlson und Mintzberg.

Mintzberg möchte manche Mythen über die Aufgaben von Führungskräften überwinden und stellt die schlichte Frage: Was machen Manager tatsächlich? Mintzberg findet zehn typische Rollen, die er unter den drei Oberbegriffen personenbezogene, informationsbezogene und entscheidungsbezogene Rollen zusammenfasst.

Zu den personenbezogenen Rollen gehören:

- Repräsentant (einer Organisationseinheit),

- Führer (mit formaler Autorität und Verantwortung für seine Mitarbeiter) und

- Verbindungsmann (nach innen und außen).

Die informationsbezogenen Rollen sind:

- Monitor (Suche und Filterung von Informationen),

- Informations-Verteiler und

- Sprecher.

Hinzu kommen vier entscheidungsbezogene Rollen:

- Unternehmer,

- Ressourcen-Zuteiler,

- Verhandlungsführer und

- Konfliktlöser oder Krisenmanager.

Je nachdem, ob es darum geht, einzelne Mitarbeiter, ein Projektteam, eine Abteilung oder ein ganzes Unternehmen zu führen, ergeben sich unterschiedliche Schwerpunkte bei den Anforderungen an Führungsprozesse und Führungsrollen. Die skizzierten Rollen deuten auf Kernkompetenzen hin, die notwendig sind, um Führungsprozesse erfolgreich zu gestalten. Dazu gehören soziale und kommunikative Fähigkeiten. Sie sind Gegenstand der nachfolgenden Kapitel. Zusammenfassend lässt sich die Führung als Kombination von Rollen, Prozessen und kommunikativen Fähigkeiten wie in Abbildung 1/6 darstellen.

Planung, Steuerung und Kontrolle haben die Aufgabe, die Ressourcen so einzusetzen, dass das Unternehmen seine Ziele erreicht. Dazu benötigen Führungskräfte bestimmte Eigenschaften und Fähigkeiten. Es sind im Wesentlichen soziale und kommunikative Kompetenzen, wie sie im Kapitel 2 beschrieben sind. Darüber hinaus sollte die Führungskraft wichtige Führungsmodelle kennen und auf ihr Tagesgeschäft beziehen können (Kapitel 1). Die anderen Kapitel behandeln wesentliche kommunikative Fähigkeiten, wie sie zur Gestaltung von Führungsprozessen notwendig sind. Dazu zählen hauptsächlich Kommunikation, Argumentation, Präsentation und Moderation.

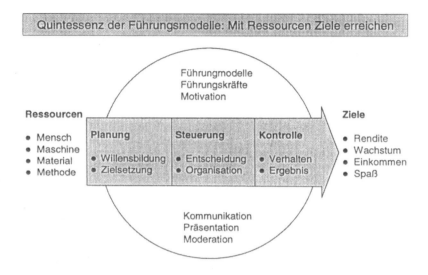

Abbildung 1/6: Führungsprozess und -funktionen

# Ergebnis

Am nachhaltigsten dürfte das unausgesprochene „Modell" der „erfahrenen Praktiker" gescheitert sein. Manche Argumente erinnern an „alte Ölbarone", die sich seinerzeit strikt weigerten, mit Geologen zusammenzuarbeiten. Um ein Ölfeld zu finden, müsse man das „richtige Gespür" haben – so die gängige Überzeugung damals. Was empfehlen aber die Führungstheoretiker? Welches Modell ist das beste?

Blake & Mouton verwenden nur zwei Variablen (Mitarbeiterorientierung und Aufgabenorientierung) mit einer Skala von 1 bis 9. Das ergibt 81 Führungsstile. Nimmt man zwei weitere Variablen hinzu, erhält man bereits 6561 Führungsstile. Das Beispiel zeigt, dass es wenig sinnvoll ist, von der Führungsforschung eine Antwort auf die Frage nach dem „optimalen" Führungsstil zu erwarten. Viel wichtiger ist die Funktion der Führungsmodelle in der Aus- und Weiterbildung von Führungskräften. Hier können die Modelle eine ähnliche Funktion übernehmen wie der Flugsimulator in der Ausbildung von Piloten. Ausgangspunkt sollte in jedem Falle eine solide Ausbildung der „handwerklichen" Fähigkeiten der Nachwuchskräfte sein.

Die Qualität der Führung wird umso besser, je mehr junge Menschen Führungsverantwortung übernehmen. Deswegen sollten Hochschulen wie auch Unternehmen das Thema Führung von seinem mystischen Beigeschmack befreien und eine entkrampfte Einstellung dazu fördern. Außerdem kommt es darauf an, das „handwerkliche" Basiswissen, also Führungstechniken, möglichst früh und breit zu streuen. Genauso wichtig ist es, Kriterien für die Auswahl möglichst transparent, nachvollziehbar und „gerecht" zu gestalten. Schon mit diesen einfachen Mitteln verbessern sich die Chancen, den Einfluss von „Politikern" zurückzudrängen.

Kompetente Führung entwickelt sich zum wichtigsten Erfolgsfaktor unserer Zeit. Das gilt für den Steuerberater mit seinen Mitarbeitern genauso wie für den Zahnarzt, den Mittelständler oder den Direktor eines Konzerns. Ein großer Teil der Demotivation und Frustration am Arbeitsplatz ist völlig unnötig. Er entsteht durch recht einfache Führungsfehler, weil viele Manager das grundlegende Handwerk der Führung häufig nicht beherrschen. Ihre Mitarbeiter werden immer selbstbewusster und lassen sich eine inkompetente Führung immer weniger gefallen. Formale Macht, Hierarchie, Druckmittel greifen immer weniger. Notwendig ist, was Mitarbeiter erwarten: kompetente Führung.

# 2. Sich selbst führen

## Erwartungen der Unternehmen

Der Erfolg eines Unternehmens geht von den dort tätigen Mitarbeitern und Führungskräften aus. Ihr geistiges Potenzial und ihre Bereitschaft, sich voll für die Ziele des Unternehmens einzusetzen, sind die wohl wichtigsten strategischen Erfolgsfaktoren. Weil das Führungsverhalten nur sehr schwer und langfristig änderbar ist, stehen viele Unternehmen vor dem Problem, schon heute Anforderungsprofile für kommende Generationen von Führungskräften zu erstellen.

Zur Lösung dieses Problems ist ein Prozess der Abstimmung und Koordination notwendig, und zwar der Kompetenzen oder Fähigkeiten der Führungskräfte einerseits und der Erwartungen oder Qualifikationen des Unternehmens andererseits. Die Verantwortung für das Gelingen liegt auf beiden Seiten (Unternehmen und Mitarbeiter). Das ist für manche Berufsanfänger schwierig. Dennoch erwartet man auch von ihnen, dass sie in etwa wissen, was sie wollen. Damit ist in der Regel eine möglichst realistische Einschätzung der eigenen Stärken und Schwächen gemeint.

Der Begriff „Qualifikation" beschreibt die Leistungsnachfrage – also die Anforderungen eines Unternehmens oder einer Stelle an einen Mitarbeiter. Der Begriff „Kompetenz" beschreibt als Pendant das Leistungsangebot eines Mitarbeiters. Das sind im Wesentlichen seine Fähigkeiten, Eigenschaften und Einstellungen. Die Kernaufgabe besteht darin, die Kompetenzen und die Qualifikationen möglichst weitgehend anzugleichen. Die Abbildung 2/1 soll dies veranschaulichen.

In diesem Falle passt beides nicht zusammen – zum Nachteil des Unternehmens und des Mitarbeiters.

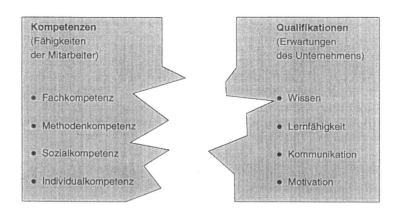

Abbildung 2/1: Kompetenzen und Qualifikationen

Die wichtigsten Kompetenzen sind:

➢ Fachkompetenz (Sach- und Fachwissen). Dazu zählen die fachlichen Fertigkeiten und Kenntnisse zur Bewältigung konkreter beruflicher Aufgaben wie betriebswirtschaftliche oder technische Fachkenntnisse, Produkt-, Branchen- und Marktkenntnisse.

➢ Methodenkompetenz. Das ist die Fähigkeit, sich selbständig neue Kenntnisse und Fertigkeiten anzueignen. Hinzu kommt die Fähigkeit, eigenständig Lern- und Lösungswege zu finden und anzuwenden.

➢ Sozialkompetenz. Darunter versteht man die Fähigkeit, mit anderen Menschen (Kollegen, Vorgesetzten, Mitarbeitern, Kunden) konstruktiv und kooperativ zusammenzuleben und zusammenzuarbeiten.

➢ Individualkompetenz. Dazu zählen intellektuelle Fähigkeiten wie analytisches Denkvermögen, unternehmerischer Antrieb sowie persönliche Merkmale wie Selbstmotivation, Loyalität, Verantwortungsbereitschaft, Initiative und Belastbarkeit.

Aus der Sicht des Unternehmens reduziert sich das Abstimmungsproblem zwischen Qualifikationen und Kompetenzen häufig auf ein Auswahlproblem: Schon bei der Einstellung filtert das Unternehmen Menschen mit den gewünschten Eigenschaften heraus. Das gilt insbesondere für so grundlegende Merkmale wie Eigeninitiative, Teamfähigkeit, Verantwortungsbereitschaft und Motivation. Sie sind nur schwer und nur langfristig veränderbar. Es wäre unökonomisch und wahrscheinlich gar nicht möglich, einen Menschen in diesen „Basisqualifikationen" zu verändern.

In der Praxis der Personalarbeit gilt die Regel, dass die Anpassung der Kompetenzen (Angebot) an die geforderten Qualifikationen (Nachfrage) zu etwa 80 Prozent über Auswahlprozesse erfolgt; die restlichen 20 Prozent können die Mitarbeiter in Seminaren, Trainings oder anderen Maßnahmen der Personalentwicklung „nachbessern".

Sowohl aus der Sicht des Mitarbeiters als auch aus der Sicht der Führungskraft ist das Problem der Abstimmung von Qualifikationen und Kompetenzen ein Problem der Persönlichkeitsentwicklung. In der Praxis kann man oft zwei Varianten des Abstimmungsverhaltens beobachten. Im ersten Fall lässt sich der Mitarbeiter von den Umständen oder vom Tagesgeschäft treiben. Nicht selten entwickelt er sich dadurch zum Instrument übergeordneter Interessen und wird zum Spielball anderer Kräfte. Im günstigsten Falle schwimmt er mit dem Strom mit, und im schlimmsten Falle geht er in die innere Kündigung. In der zweiten Variante wartet der Mitarbeiter nicht, bis jemand seine besonderen „Talente" und Fähigkeiten entdeckt. Vielmehr nimmt er seine Entwicklung selbst in die Hand und betreibt ein aktives Selbstmanagement. Er entwickelt zielorientiert seine

Persönlichkeit im Sinne einer Abstimmung seiner Bedürfnisse, Motive und Fähigkeiten mit den Erwartungen und Möglichkeiten des Unternehmens. Er erwirbt ständig neue Qualifikationen, steigert gezielt seine Leistungsfähigkeit und bringt dem Unternehmen einen Nutzen. Es ist eine so genannte Win-Win-Situation, bei der beide Seiten einen Vorteil haben. Diese Haltung ist zugleich eine der wichtigsten Voraussetzungen für die Fähigkeit, Mitarbeiter erfolgreich zu motivieren. Mit anderen Worten: Die Führungskraft muss wissen, was sie will. Nur dann kann sie die richtigen Prioritäten setzen und somit Wesentliches von Unwesentlichem unterscheiden.

# Ihre Optimierungsaufgabe

Sich auf die authentischen und politischen Rahmenbedingungen und Erwartungen des Unternehmens einzustellen, ist nur ein Aspekt einer umfangreichen „Optimierungsaufgabe". Als weitere Faktoren kommen hinzu:

- Erwartungen der unmittelbaren Vorgesetzten

- Erwartungen der Mitarbeiter und Kollegen

- Persönliche Werte und Ziele

- Persönliche Stärken und Schwächen (Kompetenzen) sowie

- die Familie oder die privaten Partner.

Die Fähigkeit, Prioritäten zu setzen, Wichtiges von Unwichtigem zu trennen, ist eine wesentliche Voraussetzung für persönlichen und beruflichen Erfolg. Nur wenn die Führungskraft weiß, was sie will und was sie kann, ist sie in der Lage, ihren Beitrag zum Unternehmenserfolg einzuschätzen. Die Komplexität dieser Optimierungsaufgabe hindert viele Führungskräfte daran, ein aktives Selbstmanagement zu betreiben. Die Folge ist in der Regel Stress, der sich in

Gereiztheit, Arbeitsüberlastung, Ängstlichkeit oder Depressivität bis hin zu psychosomatischen Beschwerden äußern kann.

Die Abstimmung der persönlichen Werte und Ziele mit den Herausforderungen und Problemen des Unternehmens ist nicht nur wegen der hohen Komplexität ein schwieriges Problem. Ferner ist zu beachten, dass die „offiziellen" Anforderungsprofile und Führungsrichtlinien mit der Praxis im Unternehmen häufig nicht übereinstimmen. Der unmittelbare Vorgesetzte hat oftmals nicht den notwendigen, funktionsübergreifenden Überblick. Außerdem kann es sein, dass er an der Weiterentwicklung seiner Mitarbeiter nicht sonderlich interessiert ist. Das ist häufig dann der Fall, wenn er gute Mitarbeiter bei sich „halten" möchte. Geeignete „Laufbahnbilder" sind meistens nur den erfahrenen Managern oder „Insidern" bekannt. Leider sind sie für junge Nachwuchskräfte nicht nachvollziehbar – entweder weil sie hierarchisch mehrere Stufen tiefer stehen, oder weil im Unternehmen ein solcher Wissenstransfer gar nicht vorhanden ist.

Die junge Führungskraft bringt in der Regel viel Engagement mit. Sie hat aber noch nicht die notwendigen Erfahrungen, um verschiedene Entwicklungsmöglichkeiten oder „Laufbahnen" zu kennen oder vergleichen zu können. Ist die Führungskraft dagegen älter, ist es häufig schon zu spät, um bestimmte Qualifikationen erwerben und interessante Chancen wahrnehmen zu können. Aus diesen Gründen erscheint es so wichtig, dass junge Führungskräfte sich frühzeitig mit verschiedenen Laufbahnbildern befassen und diese mit ihren persönlichen Kompetenzen und Lebenszielen abgleichen.

# So entwickeln Sie Ihre beruflichen Perspektiven

In der Praxis existieren derartige Laufbahnbilder meistens nur in den Köpfen erfahrener und erfolgreicher Führungskräfte. Eines der wenigen Forschungsvorhaben, die den Versuch unternommen haben, dieses Wissen explizit herauszuarbeiten, stammt von Edgar Schein. Im Rahmen dieses Forschungsvorhabens wird seit den frühen 60er Jahren die tatsächliche berufliche Entwicklung (Karriere) von Absolventen der Sloan School of Management des Massachusetts Institute of Technology untersucht.

Abbildung 2/2: Verhaltenstypen und Laufbahnen

Das Ergebnis ist eine Typologie von acht Laufbahnbildern. Somit kommt man zu einer sehr praxisnahen Weiterentwicklung der üblichen Einteilung in eine Fach-, Projekt- oder Führungslaufbahn. Edgar Schein nennt diese Laufbahnbilder Karriere-Anker (career anchors). Sie geben Orientierung und Halt in dem Sinne, dass Führungskräfte ihre persönlichen Kompetenzen daran ausrichten können. Die acht Laufbahnbilder lassen sich mit den folgenden Verhaltenstypen charakterisieren:

# I. Der Fachmann

Fachleute haben in der Regel eine ausgeprägte Vorliebe für das Lösen von Fach- und Sachproblemen: Der Ingenieur freut sich über das Funktionieren einer möglichst komplexen technischen Anlage; der Verkäufer läuft zur Hochform auf, sobald er bei einem schwierigen Kunden seine Chance wittert; der Controller ist begeistert, wenn er die Prozesskostenrechnung oder die siebenstufige Deckungsbeitragsrechnung erfolgreich zum Laufen bringt. Der Marktforscher ist besonders stolz darauf, dass er mit der Conjoint-Analyse die verborgenen Kaufmotive herausgefunden hat oder das Marktpotenzial für ein neues Produkt zutreffend eingeschätzt hat.

Das Bewältigen von Aufgaben mit Fachkenntnissen, Intelligenz und Engagement ist die wichtigste Basis des Selbstwertgefühls der Fachleute. Fehlt es an solchen Herausforderungen, werden sie regelmäßig unzufrieden und fühlen sich nicht ausgelastet. Probleme mit den typischen Fachleuten gibt es auch, sobald man ihre Budgets kürzt, die gewünschten Ressourcen beschneidet oder nach dem Termin für die Markteinführung fragt.

Fachleute erwarten, dass ihr Gehalt eine Belohnung für ihr Fachwissen darstellt. Sie vergleichen ihr Einkommensniveau gern mit Kollegen in anderen Unternehmen und wollen das Gefühl haben, fair entlohnt zu sein. Besonders wertvoll ist für Fachleute die Anerkennung durch andere Experten auf ähnlichen Arbeitsgebieten. Das hat eine weitaus größere Wirkung als die Anerkennung durch den Vorgesetzten, der – nach ihrer Meinung – ohnehin den Wert ihrer Arbeit nicht adäquat würdigen kann. Karriere ist für den typischen Fachmann gleichbedeutend mit einem Zugewinn an Fachkompetenz.

Die meisten Karrieren beginnen im technischen oder funktionalen Bereich, also mit dem Ausbau des Fachwissens. Oft machen sowohl die Unternehmen als auch die Mitarbeiter den Fehler, dass der beste Ingenieur oder der beste Verkäufer zuerst auf der (hierarchischen) Karriereleiter nach oben klettert. Wenn der Aufsteiger die dazu notwendigen Kompetenzen nicht hat oder nicht rechtzeitig entwickeln kann, ist das Scheitern vorprogrammiert. Ein Zurück kommt kaum in Frage, und eine Fachlaufbahn ist bei den meisten Unternehmen gar nicht vorhanden. Fachleute werden wegen ihrer großen Sachkompetenz bei wichtigen Entscheidungen um ihren Rat gebeten, erwerben rasch Vertrauen und genießen eine Vorbildfunktion. Experten bevorzugen einen Führungsstil, der auf ihrer Fachautorität beruht und am häufigsten noch im Handwerk vorkommt.

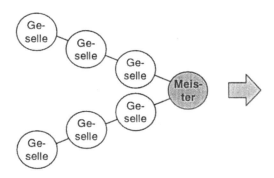

Der Meister hat die größte Erfahrung, ist Vorbild und kann in schwierigen Situationen wirkungsvoll helfen; er sagt, wo es „langgeht" und kann nahezu alles vormachen. Er führt seine Mitarbeiter im wahrsten Sinne des Wortes.

So sehr es manche Fachleute mit Führungsverantwortung auch bedauern mögen, hat dieses Modell – bis auf wenige Ausnahmen – sowohl im militärischen als auch im wirtschaftlichen Bereich ausgedient. In einer schnelllebigen, arbeitsteiligen Wirtschaft verfügen die Mitarbeiter über Spezialwissen, das in der Summe dem Fachmann weit überlegen ist. Nur durch den Beitrag der verschiedenen Fähigkeiten, Talente und Neigungen eines Teams mit verschiedenen Fachleuten entstehen die gewünschten Leistungsvorteile der Gruppe.

Das bedeutet nicht, dass eine Gruppe, ein Team oder ein ganzes Unternehmen auf Führung verzichten kann – ganz im Gegenteil: Wegen der oft widerstrebenden Interessen, Bedürfnisse und Ziele jedes einzelnen Gruppenmitgliedes ist der Bedarf an Führung wesentlich größer als im „Meister-Modell". An die Stelle des Vor-Mannes muss nun etwas anderes treten; und das ist die gemeinsame Vision oder das gemeinsame Ziel.

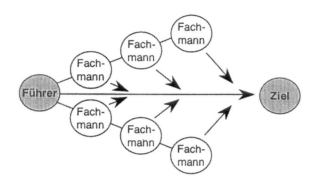

Es ist das Modell der kommunikativen, visionären Führung und nicht des Antreibens. Die Kunst besteht darin, reife und gut ausgebildete Menschen, die in der Regel auch fachlich besser sind als der Vorgesetzte, auf ein gemeinsames Ziel auszurichten, und zwar möglichst ohne Anwendung der klassischen Druckmittel und ohne Ausbeutung von Abhängigkeitsverhältnissen. Die Führungskraft muss in diesem Modell andere Qualifikationen entwickeln. Dazu gehört die Fähigkeit, die Persönlichkeiten der Mitarbeiter, ihre Motive und Beweggründe mehr oder weniger intuitiv zu verstehen. Derartige Führungskräfte müssen ihre Vorbildfunktion wahrnehmen, effektiv kommunizieren können und emotional stabil sein. Typischen Fachleuten fehlt häufig die Einsicht in diese Notwendigkeit oder schlicht die Fähigkeit, Sinn durch Kommunikation zu vermitteln. Das ist aber die besondere Stärke der Führer-Typen.

## II. Manager/Führer

Das erste wesentliche Merkmal der Führer-Typen ist der Wille zum Verändern und Gestalten. Sie brauchen permanent die Erfahrung, dass sie für wichtige Entscheidungen und Erfolge des Unternehmens mit verantwortlich sind. Sie haben eine außerordentlich hohe Motivation, bis zur Spitze vorzudringen. Das gelingt ihnen allerdings nur, wenn sie über zusätzliche Kernkompetenzen verfügen. Dazu gehört ein ausgeprägtes analytisches Denkvermögen. Das haben die „Fachleute" zwar auch – nur kommt bei Führer-Typen die Fähigkeit hinzu, mit nahezu schlafwandlerischer Sicherheit aus unübersehbar komplexen Situationen oder Entscheidungsproblemen die „relevanten" Fakten oder „Stellschrauben" herauszufiltern. Sie „wissen" einfach, worauf es in unterschiedlichen Situationen wirklich ankommt. Es scheint mehr eine Begabung zu sein als der bloße Mut, trotz widersprüchlicher oder unvollständiger Informationen die „richtige" Entscheidung zu fällen.

Führer-Typen gestalten Entscheidungsprozesse in dem Bewusstsein, dass sie auf Expertenwissen aus mehreren Bereichen und Funktionen des Unternehmens angewiesen sind. Ihnen ist klar, dass das „relevante" Wissen nicht in Aktenordnern steht oder über Studien, Memos oder Briefe, sondern in erster Linie über Menschen „transportiert" wird. Relevantes Wissen ist grundsätzlich immer an Menschen gebunden. Deswegen sind sie auf Vertrauen und Loyalität genauso angewiesen wie auf stabile menschliche Beziehungen.

„Funktionierende" zwischenmenschliche Beziehungen kann niemand erzwingen. Deswegen benötigen Führertypen zusätzlich zum analytischen Denkvermögen soziale und emotionale Kompetenzen.

Das bedeutet, dass Führer-Typen ein sicheres Gespür für die Gefühlswelt anderer entwickeln müssen. Das kann ihnen aber nur dann gelingen, wenn sie lernen, zuerst mit ihren eigenen Gefühlen gekonnt umzugehen. Sie empfinden große Verantwortung, bringen aber auch den Mut auf, für die Beteiligten schmerzvolle oder unangenehme Entscheidungen zu treffen. Sie können andere emotional stimulieren und geben ihnen Orientierung und Halt. Sie können sehr unterschiedliche Menschen sowohl intellektuell als auch emotional auf ein gemeinsames Ziel hin ausrichten.

Wie das konkret funktioniert, gehört zu den am wenigsten erforschten sozialen Phänomenen. Sicher scheint nur zu sein, dass jemand erst dann zur Führungspersönlichkeit wird, wenn andere die Führungsfähigkeit in ihn hineininterpretieren. Man nennt dies „Projektion" – ein typisches Merkmal der charismatischen Persönlichkeit. Zu dieser Kategorie dürften allerdings nur etwa fünf Prozent der real praktizierenden Führungskräfte gehören. Einer der führenden Forscher auf diesem Gebiet ist Howard Gardner von der Harvard University. Er spricht von einer interpersonalen und einer intrapersonalen (emotionalen) Intelligenz. Sehr empfehlenswert in diesem Zusammenhang ist sein Buch „Leading Minds". In einer eher trivialen, journalistischen Version kann man das Thema auch mit Daniel Goleman vertiefen.

In den meisten Unternehmen existieren Laufbahnen, die das Entdecken, Üben und Trainieren dieser Fähigkeiten ermöglichen oder begünstigen. Manche Mitarbeiter kommen mehr oder weniger zufällig in diesen Sog, und andere werden von ihren Vorgesetzten „gesetzt". Das ist eine Erklärung dafür, warum manchmal recht junge Menschen relativ schnell bis zur Spitze vordringen – zum großen Erstaunen des „Publikums". Diese Laufbahn kann auch einem Laufband gleichen – es hat kein Ende. Zusammenfassend kann man sagen, dass für den Führertyp Karriere gleichbedeutend ist mit wachsender Verantwortung, Einflussnahme und zunehmenden Gestaltungsspielräumen in Kombination mit Führungsmotivation und emotionaler Intelligenz.

## III. Der Autonome

Er empfindet große Abscheu gegenüber den folgenden Spielregeln oder Rahmenbedingungen:

➢ Feste Arbeitszeiten einhalten.

➢ Eine vorgegebene „Kleiderordnung" akzeptieren, die auch bei mehr als 30 Grad Celsius gilt.

➢ Von Entscheidungen oder Wertvorstellungen anderer abhängig sein (zum Beispiel beim Gehalt oder beim Arbeitsstil).

➢ Hierarchische Dienstwege und korrekte Verteiler beachten.

➢ Regelmäßig Rechenschaft ablegen.

➢ Einen Terminkalender führen.

➢ Um Ressourcen kämpfen (zum Beispiel einen besseren PC, ein größeres Arbeitszimmer, einen neuen Dienstwagen oder die Teilnahme an einem interessanten Seminar).

Die Unabhängigen wollen ihr eigener Herr sein und könnten es kaum ertragen, gegebenenfalls für Fehler anderer geradestehen zu müssen. Menschen, die ihre Karriere an dieser Einstellung orientieren, findet man überwiegend in Unternehmensberatungen, in selbständigen Berufen oder im Kleingewerbe. Wenn sie dennoch – was häufig der Fall ist – von Terminen und anderen Zwängen überrollt werden, dann trösten sie sich mit der Illusion, jederzeit frei entscheiden zu können. Bleiben sie dennoch in größeren Unternehmen, dann übernehmen die Eigenständigen gern Stabsaufgaben oder führende Aufgaben in geografisch möglichst weit entfernten Tochtergesellschaften oder Niederlassungen. Wichtig ist vor allem, dass sich diese Organisationen weitgehend der Kontrolle durch die Zentrale entziehen. Nach einigen Jahren wollen sie gar nicht mehr ins Stammhaus zurückkehren. Das ist für sie der „goldene Käfig".

Die Unabhängigen eignen sich auch sehr gut als Projektmanager für schwierige Aufgaben in fernen Ländern. Sie verbinden mit dem Wort Karriere in erster Linie einen Zugewinn an Unabhängigkeit und Selbständigkeit. Erst in zweiter Linie sollte es ein größeres Projekt oder eine wichtigere Tochtergesellschaft sein.

## IV. Sicherheitstyp

Dieser Typus benötigt ein möglichst hohes Maß an Voraussehbarkeit der Ereignisse. Das beinhaltet auch die sorgfältige Zukunftsorientierung und vorausschauende Planung. Schwierige oder unangenehme Aufgaben betrachten sie als Pflichterfüllung. Sie arbeiten beständig, kontinuierlich und beharrlich auf ihre Ziele hin. Dadurch sind sie berechenbar und in der Regel zuverlässig. Hauptbedürfnis ist ein stabiles, sicheres Umfeld und die Gewissheit, keinen allzu großen Spannungen oder Stressfaktoren ausgeliefert zu sein. Diese Einstellung findet man häufig im öffentlichen Dienst, aber auch in Verwaltungsfunktionen großer Unternehmen. Es macht diesen Menschen nichts aus, in einem „goldenen Käfig" zu leben. Sie verstehen es sogar, sich dort bequem einzurichten. Auf eine (hierarchische) Karriere können sie ohne weiteres verzichten, erwarten aber dennoch, dass ihre Treue und Pflichterfüllung mit der einen oder anderen Sprosse auf der Karriereleiter belohnt wird.

Sie haben keine Probleme, Anweisungen korrekt und zuverlässig auszuführen, und erwarten auch von ihren Mitarbeitern ein hohes Maß an Zuverlässigkeit, Präzision, Geduld und Beständigkeit. In Unternehmen, die diese Eigenschaften belohnen, können Sicherheitstypen ein beachtliches Beharrungsvermögen entwickeln und bis zur Spitze vordringen. In eher kleinen, innovativen oder chaotischen Unternehmen übernehmen sie sehr häufig die Funktion des ruhenden Pols oder des Leuchtturms in der Brandung.

## V. Unternehmer

Das ist der klassische Geschäftsmann, wie er zum Teil auch in den Medien auftaucht. Er hat eine ausgesprochene „Spürnase" für neue Trends, einen Blick für Geschäftsmöglichkeiten und das besondere Talent, lohnende Kontakte zu knüpfen. Der kreative Forscher, der intelligente Ingenieur, der scharfsinnige Controller oder der gewitzte Anwalt sind ihm eher lästig, sofern er sie nicht dafür gewinnen kann, ihre Ideen in lukrative Geschäfte einzubringen.

Stabile menschliche Bindungen, interessante Erkenntnisse, Sicherheit oder Verantwortungsbereitschaft stehen in seiner Werteskala erst auf den tieferen Rängen. Dagegen hat er einen klaren Maßstab für Erfolg, und das ist das Wahrnehmen von Chancen, die andere nicht sehen. Für ihn liegt das Geld auf der Straße. Mit dem Begriff „geldgierig" würde man dem Unternehmertyp sicherlich Unrecht tun. Möglichst reich zu werden, ist nicht unbedingt die eigentliche Antriebskraft, sondern eher das Ergebnis oder die Bestätigung dafür, dass er neue Herausforderungen in Form von Geschäftsmöglichkeiten erfolgreich bewältigt hat. Ein klassisches Beispiele ist Bill Gates, der im Jahr 1977 die – damals verrückt anmutende – Vision hatte, wonach auf jedem Schreibtisch im Büro und zu Hause einmal ein PC stehen würde. Das Gleiche gilt für Michael Dell, Jeff Bezos (amazon.com), David Filo (yahoo.com), Dietmar Hopp und Hasso Plattner (SAP). Es scheint nur wenig übertrieben zu sein, wenn gelegentlich behauptet wird, dass die Menschheit noch heute auf den Bäumen säße, wenn es nicht immer wieder herausragende Unternehmerpersönlichkeiten gegeben hätte. Das beginnt bei James Watt oder Thomas Alva Edison, geht weiter über Gottlieb Daimler oder Robert Bosch bis hin zu den unzähligen heutigen Enthusiasten des Internet.

Bekommen Unternehmertypen keine adäquaten Chancen in ihrer Firma, betreiben sie häufig verschiedene Geschäfte „nebenbei". Das Tätigkeitsfeld reicht vom Immobilienhandel über Vermögensberatung bis hin zu Handwerksbetrieben oder Unternehmensberatungen. Die Mitgliedschaft im Unternehmen dient dann nur noch zur Überbrückung der Zeitspanne, bis der „große Wurf" gelingt, oder einfach zur Finanzierung der Sozialabgaben. Auf jeden Fall sind es enorme ungenutzte Potenziale.

## VI. Helfer

Dieser Typus möchte sich in erster Linie mit seiner Arbeit identifizieren. Er will einen wichtigen Beitrag zur Gemeinschaft leisten und hohen moralischen Ansprüchen genügen. Der „Helfer" hat ein ausgeprägtes Bedürfnis, sein Umfeld – oder gar die Welt – im Sinne seiner Vorstellungen zu verbessern und zu verändern. Sehr häufig findet man ihn auch in helfenden, lehrenden, heilenden oder pflegenden Berufen. In gewinnorientierten Unternehmen bevorzugt er Tätigkeiten in der Personalentwicklung, im Umweltschutz, bei der Werkfeuerwehr oder in der Grundlagenforschung. Sehr gern übernimmt er auch Aufgaben als Qualitäts-, Sicherheits-, Gefahrgut- und Gleichstellungsbeauftragter. Ein weiteres beliebtes Tätigkeitsfeld ist der Bereich externer oder interner Dienstleistungen. Hier kann er wahre Spitzenleistungen vollbringen, sofern die (internen) Kunden seine Leistungen honorieren und anerkennen. Er braucht besonders viel Feedback, was aber gerade im internen Dienstleistungsbereich nur schwer erhältlich ist (oft fehlende Erfolgskriterien). Karriere bedeutet für den Helfer in erster Linie, einen sinnvollen Beitrag für die Gesellschaft, die Gemeinschaft oder für die gemeinsame Sache zu leisten.

## VII. Abenteurer

Für diesen Verhaltenstyp steht die Herausforderung an erster Stelle seiner Werteskala. Das Neue und die tiefe Überzeugung, mit jedem in Wettbewerb treten zu können oder zu müssen, ist die Basis seines Selbstwertgefühls. Er definiert Erfolg als

➢ die Lösung unlösbarer Probleme

> die Überwindung unüberwindbarer Hindernisse oder als

> das Niederringen bedeutender Gegner.

Erst an zweiter Stelle fragt er, ob daraus ein lukratives Geschäft entsteht, ob er die Welt verbessert oder ob er neue Erkenntnisse gewonnen hat. Die Karriere des Abenteurers verläuft parallel zum Schwierigkeitsgrad der zu lösenden Aufgaben und Probleme. Seine ausgeprägte Wettbewerbshaltung gilt auch in den zwischenmenschlichen Beziehungen. Der Abenteurer will stets

> schneller

> informierter

> bedeutender

> intelligenter

> kreativer

> fortschrittlicher

sein als seine Kollegen und Mitarbeiter. Mit anderen Worten: Sein Leben ist voller Herausforderungen und Gelegenheiten, am Wettbewerb teilzunehmen. Seine Geisteshaltung ist am ehesten mit der eines Sportlers zu vergleichen. Man frage doch einmal einen Bergsteiger, warum er sich der Mühe und Gefahr unterzieht, den nächsten Gipfel zu erstürmen. Er wird wahrscheinlich verständnislos den Kopf schütteln. Die meisten Sportler sagen, sie betreiben den Sport, weil es „einfach Spaß macht". Karriere und Aufstieg sind für den Abenteurer am ehesten vergleichbar mit der Teilnahme an einem Sportwettkampf.

## VIII. Genießer

Schließlich wäre noch der Genießertyp zu erwähnen. Er versucht, einen Ausgleich zwischen beruflichen Anforderungen und persönlicher Lebensqualität zu schaffen. Auch er treibt gerne Sport, aber nicht um sich dem Wettbewerb zu stellen, sondern um soziale Kontakte und die Gesundheit zu pflegen. Das Privatleben sollte durch den Beruf möglichst nicht leiden. Die besondere Begabung der Genießer besteht im Knüpfen von Kontakten und im Aufbau tragfähiger Beziehungen. Er hat in der Regel Zugang zu „wichtigen" und „mächtigen" Personen. Er kann blendend mit ihnen umgehen und äußerst unterschiedliche Standpunkte zum Ausgleich bringen. Folglich ist der Genießer in allen Unternehmen und Organisationen sehr erfolgreich, in denen es auf Beziehungspflege und Interessenausgleich ankommt. Das ist sehr häufig in Holding-Strukturen, bei der Lobby-Tätigkeit, im PR-Bereich oder im diplomatischen Dienst der Fall. Der Genießer ist auch dann sehr gefragt, wenn es darum geht, in einem fremden Land oder in einer fremden Kultur mit den Behörden, Vertretern großer Unternehmen oder Hilfsorganisationen zu verhandeln. Es sind Aufgaben, an denen zum Beispiel ein typischer Fachmann schon nach kurzer Zeit verzweifeln würde. Ein Genießer kann es dagegen genießen und wird auch erfolgreich dabei sein.

Diese acht Verhaltenstypen findet man in der Praxis meist als „Mischformen". So kann der Fachmann starke Züge des Abenteurers haben oder der „Helfer" markante Züge des Unabhängigen. Bei jedem Typus geht es um die dominante Verhaltensweise.

Neben den Mischformen erscheint noch eine weitere Differenzierung sinnvoll, und zwar nach der ethischen Grundeinstellung. Grundsätzlich kann man davon ausgehen, dass jeder Karrieretyp in einem Unternehmen benötigt wird und gleich wichtig ist. Dennoch gibt es Unterschiede. Die ethische Einstellung kann mit Achtung vor dem Menschen einhergehen oder dem Gegenteil. Beispielsweise gibt es den Fachmann in der positiven Variante als freundlichen Mentor und in einer eher negativen Variante als geschwätzigen Besserwisser. Er kann nicht zuhören, lässt andere nicht zu Wort kommen und bildet sich ein, andere könnten ihm das Wasser nicht reichen. In Sitzungen beansprucht er prinzipiell den größten Teil der Redezeit für sich selbst, ohne Verantwortung für das Ergebnis einer Besprechung übernehmen zu wollen. Ähnlich kann man sich die

Differenzierung der anderen Verhaltenstypen vorstellen. Das Ergebnis lässt sich in Stichworten wie folgt zusammenfassen:

| | Ethische Grundeinstellung | |
| | Positiv ☺ | Negativ ☹ |
|---|---|---|
| Fachmann | Freundlicher Mentor | Geschwätziger Besserwisser |
| Manager/Führer | Geachtete Vaterfigur | Herrschsüchtiger Diktator |
| Der Autonome | Solider Handwerker | Unsozialer Egoist |
| Sicherheitstyp | Verlässlicher Partner | Kleinlicher Bürokrat |
| Unternehmer | Kreativer Innovator | Rücksichtsloser Ausbeuter |
| Helfer | Selbstloser Helfer | Aggressiver Weltverbesserer |
| Abenteurer | Sportlicher Wettbewerber | Intriganter Neider |
| Genießer | Fröhlicher Unterhalter | Selbstbezogener Ignorant |

Die meisten Auswahlverfahren konzentrieren sich einseitig auf den Führertyp und kennen daneben nur noch die Fachlaufbahn und gelegentlich die Projektlaufbahn. Damit sind sowohl für die Unternehmen als auch für die Mitarbeiter mehrere Probleme verbunden. Es starten zu viele Kandidaten in der Führungslaufbahn, so dass die meisten zwangsläufig enttäuscht werden. Auch die anderen sechs Laufbahnen bieten eine Fülle attraktiver Möglichkeiten, Begabungen, Neigungen mit den Interessen des Unternehmens in Einklang zu bringen. Sie bleiben „ungenutzt". Es ist in der Regel dem Zufall überlassen, welcher Kandidat in welche Laufbahn gerät. Eine Folge kann sein: Der

Unternehmertyp führt einen aussichtslosen und unproduktiven Kampf mit Vorgesetzten und Kollegen, die reine Sicherheitstypen sind.

Qualifizierte Vorgesetzte und Führungskräfte kennen die Laufbahnen in ihrem Unternehmen und helfen ihren Mitarbeitern, den „richtigen" Weg zu finden. Leider scheinen diese Vorgesetzten in der Minderheit zu sein; und die am häufigsten praktizierten Auswahlverfahren – insbesondere das Assessment-Center – sind noch nicht so weit verbreitet.

## Was können Sie als Nachwuchskraft tun?

Ihr beobachtbares Verhalten, also Ihre Art, Probleme zu lösen, Entscheidungen zu treffen, sich selbst zu organisieren, mit anderen umzugehen entscheidet darüber, wie andere Sie sehen und wie andere darauf reagieren. Sie mögen eine „große Führungspersönlichkeit" sein; das wird Ihnen gar nichts helfen, wenn andere das nicht so sehen. Die meisten Nachwuchskräfte wissen (noch) nicht, welche besonderen Kompetenzen, Stärken und Schwächen sie haben. Deswegen sollten Sie Folgendes versuchen:

- Das eigene Verhalten verstehen (zum Beispiel: Warum schiebe ich Entscheidungen vor mir her? Oder: Warum gehe ich Konflikten aus dem Weg?).

- Verstehen, wie andere Sie sehen. Sie sollten so viel Feedback wie möglich einholen, und zwar von Vorgesetzten, Mitarbeitern und Kollegen. Nur so haben Sie die Chance, ihre Stärken und Schwächen richtig einzuschätzen.

- Sprechen Sie mit Ihrem Vorgesetzten und einigen Kollegen über Ihre Ziele und Werte sowie über das Laufbahnbild, das für Sie am ehesten in Frage kommt!

Alle diese Maßnahmen werden Ihnen helfen, sich mit dem einen oder anderen Laufbahnbild anzufreunden. Und wenn Sie dann eine entsprechende Tätigkeit ausüben, sollten Sie sich regelmäßig fragen, ob Sie sich dabei wirklich wohl fühlen. Manchmal wird man mehrere Laufbahnen ausprobieren müssen, bevor man die richtige findet. Dieses Ausprobieren ist keineswegs ein Nachteil oder Problem. Ganz im Gegenteil: Sie sammeln bewusst wertvolle Erfahrungen, die Sie menschlich und beruflich reifen lassen. Speziell bei der Führungslaufbahn sollte man das so genannte Phasenschema der Entwicklung beachten. Dieses lässt sich wie folgt umreißen:

In der ersten Phase ist der Mitarbeiter engagiert, er erledigt Routineaufgaben zügig und zuverlässig, er ist lernbereit und engagiert. Ferner akzeptiert der Mitarbeiter die Führung durch andere. Er ist führbar. Man kann dies auch als passive Führungsfähigkeit bezeichnen. Sie gilt als wichtige Voraussetzung für die aktive Führungskompetenz. In der zweiten Phase überzeugt der Mitarbeiter durch Leistungen, arbeitet selbständig und ergebnisorientiert. Er übernimmt Verantwortung und baut kollegiale Beziehungen auf. In der dritten Phase lernt er, funktionsübergreifend zu denken. Er versteht nicht nur theoretisch, sondern auch praktisch, wie die verschiedenen wirtschaftlichen und technischen Unternehmensfunktionen zusammenhängen. Er ist in der Lage, andere emotional anzuregen und Einfluss auf sie auszuüben. Ferner baut er ein Netzwerk stabiler Beziehungen auf. Schließlich ist der Mitarbeiter in der Lage, die Ziele und die Entwicklung des Unternehmens mit zu gestalten. Er bringt Entscheidungsprozesse voran, übt erfolgreich Macht aus, fördert gezielt seine Mitarbeiter und repräsentiert die Interessen des Unternehmens nach innen und außen.

Es liegt auf der Hand, was passiert, wenn ein Mitarbeiter, der sich in der ersten Phase befindet, Verhaltensweisen zeigt, die in die vierte Phase hineingehören: Er erntet ein mitleidiges Lächeln. Abgesehen davon ist es durchaus möglich und üblich, dass ein Mitarbeiter mehrere „Schleifen" durchläuft, bevor er endgültig „oben" ankommt.

Die „richtige" Einschätzung der eigenen Fähigkeiten, Wertvorstellungen und Entwicklungsphasen ist die eine Seite der Medaille. Auf der anderen Seite steht die Aufgabe, das „richtige" Unternehmen zu finden. Dieses muss das „Angebot" nachfragen und bereit sein, einen angemessen „Preis" dafür zu bezahlen.

70

Die Entwicklung beruflicher Perspektiven reicht für eine sinnvolle Zukunftsplanung allerdings noch nicht aus. Es müssen die persönlichen Ziele und Ambitionen hinzukommen.

## So entwickeln Sie Ihre persönlichen Perspektiven

Die acht im vorherigen Abschnitt vorgestellten, empirisch ermittelten Karriere-Typen bilden die Ausgangsbasis für die Entwicklung persönlicher Perspektiven.

Es stellt sich die Frage: Warum bewegen sich die Menschen in ihrem Berufsleben in eine bestimmte Richtung wie zum Beispiel der Unternehmer, der Unabhängige, der Führertyp, der Abenteurer, der Helfer, der Sicherheitstyp oder der Genießer?

Die Antwort: Dafür sind im Wesentlichen die Leitmotive dieser Verhaltenstypen verantwortlich. Auch in diesem Falle sollte man bedenken, dass es sich in der Regel um „Mischungen" verschiedener Motive handelt. Dennoch wird man in den meisten Fällen feststellen können, dass einige Bedürfnisse langfristig dominieren und sich sowohl im beruflichen als auch im persönlichen Umfeld regelmäßig wieder finden. Die genaue Definition muss jeder für sich selbst vornehmen. Eine allgemeine Beschreibung der häufigsten Motive finden Sie weiter unten. Eine Zuordnung von Leitmotiven zu den Karriere-Ankern kann wie folgt aussehen (siehe Abbildung 2/3).

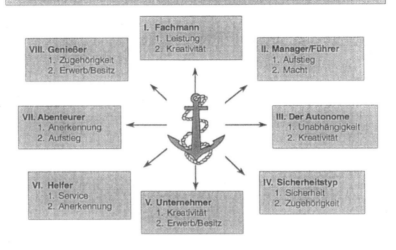

Abbildung 2/3: „Karriere-Anker" und Leitmotive

Motive beleuchten nur eine Dimension der Persönlichkeit. Sie sind eingebettet in weitere Lebensbereiche wie zum Beispiel Familie, Gemeinschaft, Gesundheit, körperliches Befinden, Religion und Streben nach Lebenssinn. Alle diese Aspekte lassen sich in drei Dimensionen zusammenfassen:

- Lebenszentrum,
- Motive
- und Instrumentale Werte.

Mit diesen drei Bereichen können Sie Ihre persönliche Mission erarbeiten. Dazu schlage ich folgende Vorgehensweise vor:

Bestimmen Sie zunächst die Rangfolge Ihrer Motive und fragen Sie sich, ob die vier wichtigsten wirklich zu den langfristig wirksamen Leitmotiven gehören.

**Rangfolge meiner Motive**

| Motiv | Beschreibung | Rang |
|---|---|---|
| Leistungsmotiv | Das Streben nach anerkannten Leistungen. Stolz sein auf die Ergebnisse seiner Arbeit. | |
| Unabhängigkeitsmotiv | Der Wunsch, sein „eigener Herr" zu sein, das eigene Schicksal selbst in der Hand zu halten. | |
| Kreativitätsmotiv | Befriedigung durch Verwirklichung eigener Ideen und völlig neue Problemlösungen. | |
| Erwerbs- und Besitzmotiv | Finanzielle Absicherung erzielen und materielle Unabhängigkeit genießen (frei sein). | |
| Anerkennungsmotiv | Streben nach (öffentlicher) Beachtung und Würdigung eigener Leistungen. | |
| Aufstiegsmotiv | Das Bestreben, einen hohen (gesellschaftlichen) Rang oder Status einzunehmen. | |
| Machtmotiv | Befriedigung durch Steuerung und Kontrolle von Prozessen und Personen. | |
| Zugehörigkeitsmotiv | Der Wunsch, von anderen und von der Gruppe anerkannt und akzeptiert zu sein. | |
| Hilfsmotiv | Das Bestreben, einen „sinnvollen" Beitrag für andere oder die Gemeinschaft zu leisten. | |
| Sicherheitsmotiv | Streben nach einem stabilen Umfeld und verlässlichen Beziehungen. | |
| Andere | | |

Ihre Leitmotive können Sie auch erkennen, wenn Sie sich folgende Fragen beantworten:

➢ Welche Ziele haben Sie sich für Ihr Leben gesetzt?

➢ Wollen Sie die Welt verbessern?

➢ Was heißt für Sie Erfolg?

➢ Wie wichtig ist Ihnen Geld?

➢ Welche Bedeutung hat für Sie Macht?

➢ Wie viel Wert legen Sie auf öffentliches Ansehen?

Als zweiten Schritt stellen Sie sich bitte die Frage, was in Ihrem Leben besonders wichtig ist, worauf Sie auf keinen Fall verzichten können. Woraus schöpfen Sie Kraft, was ist die Grundlage Ihres Selbstwertgefühls? Man nennt dies das „Lebenszentrum". Wählen Sie vier der nachfolgend aufgeführten Möglichkeiten aus.

**Mein Lebenszentrum**

| Zentrum | Merkmal | Rang |
|---|---|---|
| Ehe/ Partner- schaft | Mein inneres Gleichgewicht beziehe ich in erster Linie aus Erlebnissen und Aktivitäten mit meinem Partner. Mein Selbstwertgefühl basiert auf einer engen, vertrauensvollen Beziehung zum Partner. | |
| Familie | Der Zusammenhalt der Familie ist mir besonders wichtig. Hier fühle ich mich geborgen, sicher und akzeptiert. Die Zeit, die ich mit der Familie verbringe, ist keine Pflichterfüllung, sondern die Quelle meiner Zufriedenheit. | |
| Freund- schaft | In meinem Leben ist es mir besonders wichtig, stabile, vertrauensvolle Beziehungen zu ausgesuchten Freunden zu pflegen. Probleme oder schwierige Entscheidungen bespreche ich am liebsten mit ihnen. | |
| Arbeit | Ich kann mich mit großer Begeisterung und Befriedigung auf meine Arbeit konzentrieren. Ablenkungen, etwa durch gesellschaftliche Verpflichtungen, sind mir eher lästig. Am liebsten „wachse" ich mit meinen Aufgaben. | |
| Vergnü- gen | Für ein erfülltes Leben brauche ich vor allem Geselligkeit, Unterhaltung, Spaß, Abwechslung und Zerstreuung. Dies ist für mich nicht nur Ausgleich, sondern die eigentliche Basis meiner Zufriedenheit. | |
| Ein- kommen | Ich will mir einen großzügigen Lebensstandard leisten können. Das Einkommen ist nicht nur Bestätigung für die Qualität meiner Arbeit, sondern eine wichtige Basis meiner Zufriedenheit. | |
| Besitz | Ich habe besondere Freude daran, schöne oder edle Dinge zu besitzen. Wertgegenstände wie Antiquitäten, Kunstobjekte oder Immobilien sind für mich nicht nur eine reine Geldanlage; sie zu besitzen bereitet mir große Freude. | |

Wenn Sie die Rangfolge bestimmt haben, sollten Sie folgende Fragen beantworten, um Ihre Wahl zu bestätigen:

➢ Wofür arbeiten Sie?

➢ Wofür würden Sie Ihr Leben riskieren?

➢ Worin besteht für Sie der Sinn des Lebens?

➢ Glauben Sie an ein Leben nach dem Tod?

➢ Worauf sind Sie besonders stolz?

➢ Womit richten Sie sich nach einer Niederlage wieder auf?

Als dritten Schritt sollten Sie festlegen, welche Werte und Normen Ihr Handeln oder Ihr Leben bestimmen. Welche dieser Werte hat die Erziehung Ihnen auf den Weg mitgegeben? Auch hier können Sie aus der nachfolgenden Tabelle die vier wichtigsten Möglichkeiten auswählen.

| Werte und Normen, die mein Handeln bestimmen | |
|---|---|
| **Werte** | **Rang** |
| Ehrgeiz, Fleiß, Strebsamkeit | |
| Fantasie, Wagemut und Kreativität | |
| Pflichtbewusstsein, Zuverlässigkeit, Respekt | |
| Weitblick, Ausdauer und Geduld | |
| Freundlichkeit, Liebenswürdigkeit und Entgegenkommen | |
| Disziplin, Zurückhaltung und Höflichkeit | |
| Fürsorglichkeit, Engagement | |
| Kompetenz, Effektivität | |
| Toleranz und Aufgeschlossenheit | |
| Gelassenheit, Fröhlichkeit, Unterhaltsamkeit | |
| Eigenverantwortlichkeit | |
| Ehrlichkeit, Aufrichtigkeit, Gradlinigkeit | |
| Verantwortungsbewusstsein | |
| Einfühlsamkeit, Herzlichkeit | |
| Klugheit, Nachdenklichkeit, „Tiefgang" | |
| Mut, Risikobereitschaft | |
| Harmonie und Versöhnlichkeit | |
| Charme | |
| Andere | |

Zur Bestätigung Ihrer Auswahl können Sie sich an folgenden Fragen orientieren:

➢ Wie möchten Sie Ihren Mitmenschen in Erinnerung bleiben?

➢ Was bedauern Sie am meisten?

➢ Welche Menschen haben Sie am meisten beeindruckt?

➢ Welche Vorschriften und Gesetze würden sie als Erstes abschaffen, wenn Sie die Entscheidungsbefugnis hätten?
➢ Wenn Sie jüngeren Menschen einen Rat fürs Leben geben sollten, wie sähe der aus?

Wenn Sie die vier wichtigsten Motive, Werte und Lebenszentren bestimmt haben, können Sie das Ergebnis in die folgende Übersicht eintragen. Das Ergebnis sind drei bis vier realistische Varianten einer persönlichen Mission.

Abbildung 2/4: Meine persönliche Mission

Eine Kombination wie im ersten Falle (Familie, Unabhängigkeit und Fleiß) findet man sehr häufig in Familienunternehmen. Wenn die Ehepartner und zum Teil auch die Kinder ein eigenes Unternehmen betreiben und eine ähnliche Wertestruktur haben, sind die Erfolgsaussichten relativ klar. Aus zahlreichen persönlichen Gesprächen lassen sich folgende Erfahrungsregeln ableiten:

Die typische unternehmerische Situation, bei der man nicht weiß, ob man am Ende des Monats über ein angemessenes Einkommen verfügen wird, ist eine enorme Herausforderung an den Zusammenhalt, die Kreativität und den gemeinsamen Einsatz für die Sache. Die Ehepartner haben nicht das Gefühl, der Sinn ihrer Arbeit bestünde darin, irgendwelche anonymen Aktionäre noch reicher zu machen. Sie wissen, wofür sie arbeiten. Sie können stolz auf das sein, was sie geschaffen haben. Das Gefühl der Entfremdung ist hier am geringsten.

Man findet im Falle der ersten Kombination äußerst selten frustrierte Ehefrauen, die ihr Dasein als „reine" Hausfrauen oder Mütter als sinnentleert empfinden, unter Einsamkeit leiden und ihren persönlichen Frust auf die äußeren Umstände oder die Gesellschaft „abladen". Ähnliches gilt für die Ehemänner, die sich der gemeinsamen Sache verpflichtet fühlen, die Bedeutung und „den Wert" des Partners erkannt und schätzen gelernt haben.

Nehmen wir als zweites Beispiel die Kombination 3 (Partnerschaft, Kreativität und Ehrlichkeit). Diese Situation findet man sehr häufig bei Künstlern, Modeschöpfern oder Schriftstellern – vorzugsweise in der Unterhaltungsindustrie. Die Frage der Unabhängigkeit und der Familie ist hier eher sekundär.

Beide Beispiele zeigen, wie man eine langfristige persönliche Mission festlegen kann. Als Nächstes stellt sich die Frage, mit welchen Strategien und Maßnahmen man sich diesem Idealbild nähern kann. Häufig gerät man in eine solche Situation mehr oder weniger durch Zufall oder so genanntes Glück. In den meisten Fällen wird man sich diese jedoch systematisch erarbeiten müssen. Die zentrale Frage lautet: „Was muss ich lernen und was muss ich an meinem Verhalten ändern, um die persönliche Mission realisieren zu können?" Es geht also um die Entscheidung für ein bestimmtes Unternehmen. Dazu sollte man die wichtigsten Auswahlverfahren kennen.

# Die wichtigsten Auswahlverfahren

Dazu zählen

- Einstellungsgespräche

- Psychologische Tests

- Biographische Fragebogen und

- das Assessment-Center.

Einstellungsgespräche sind – mit der dazugehörigen Auswertung der Bewerbungsunterlagen – die am meisten verbreitete Methode der Personalauswahl. In der Regel werden diese Interviews von erfahrenen Personalleitern geführt. Trotz ihrer großen Beliebtheit schneiden Einstellungsgespräche im Vergleich zu anderen Auswahlverfahren in ihrer Zuverlässigkeit außerordentlich schlecht ab. Nach Schuler hat dies folgende Ursachen:

- Die gestellten Fragen haben wenig mit der späteren Tätigkeit des Kandidaten zu tun.

- Wegen der wenigen Informationen neigen die Gesprächspartner zu Verallgemeinerungen und Fehlschlüssen.

- Die Übereinstimmung der Beurteiler ist gering, weil sie in der Regel unterschiedliche Interessen haben (zum Beispiel Personalleiter und Fachvorgesetzter).

- Es geht darum, ein möglichst genaues Bild vom „ganzen" Menschen zu bekommen; tatsächlich beurteilt der Interviewer in erster Linie nur das Gesprächsverhalten.

- Persönliche Sympathien und Abneigungen der Gesprächspartner haben einen starken Einfluss.

- Der Interviewer beansprucht häufig den größten Teil der Gesprächszeit für sich.

Biografische Fragebogen und psychologische Tests haben sowohl im militärischen als auch im wirtschaftlichen Bereich eine lange Tradition. Sie sind wesentlich zuverlässiger als Einstellungsgespräche, haben aber den methodischen Nachteil, dass es außerordentlich schwierig ist, aus vergangenen Erlebnissen und Erfahrungen auf zukünftiges Verhalten zu schließen. Probleme bereitet es auch, aus charakterlichen Eigenschaften auf den zukünftigen beruflichen Erfolg zu schließen. Hinzu kommt die Tatsache, dass viele berufliche Fähigkeiten erlernbar sind. Man müsste also mit der Lernfähigkeit beginnen. Diese ist gerade am Anfang des Berufslebens nur sehr schwierig zu beurteilen.

Auf die Einschätzung der bereits mehr oder weniger entwickelten aktuellen Fähigkeiten zielt das Assessment-Center. Es ist ein Verfahren zur Beobachtung und Beurteilung von kommunikativen und organisatorischen Kompetenzen. Man beurteilt also gewisse Erfolgsvoraussetzungen. Bei einem Assessment-Center wird eine Gruppe von Kandidaten anhand verschiedener Übungen in möglichst realitätsnahen Situationen von mehreren geschulten Gutachtern nach festgelegten Regeln beobachtet und beurteilt.

Die Schwerpunkte können unterschiedlich sein, je nachdem, ob es sich um ein Assessment zur Einstellung neuer Mitarbeiter oder zur Auswahl für bestimmte Aufgaben oder Laufbahnen handelt (siehe Abbildung 2/5). Die Kandidaten absolvieren im Laufe eines solchen Seminars verschiedene Übungen in Form von Einzel- oder Gruppenaufgaben. Diese Übungen sind auf typische Anforderungen der künftigen Tätigkeit ausgerichtet und repräsentieren standardisierte Situationen des betrieblichen Alltags.

Die Teilnehmer werden während des Seminars von einem Team dafür geschulter Führungskräfte als Gutachter begleitet und nach bestimmten Kriterien beurteilt. Im Vordergrund stehen meistens nicht die fachlichen Qualifikationen, sondern persönlichkeits- und verhaltensbezogene Fähigkeiten wie zum Beispiel Umgang mit unüberschaubaren Situationen, Entscheidungsverhalten, Kooperation, Teamfähigkeit und Führungsverhalten.

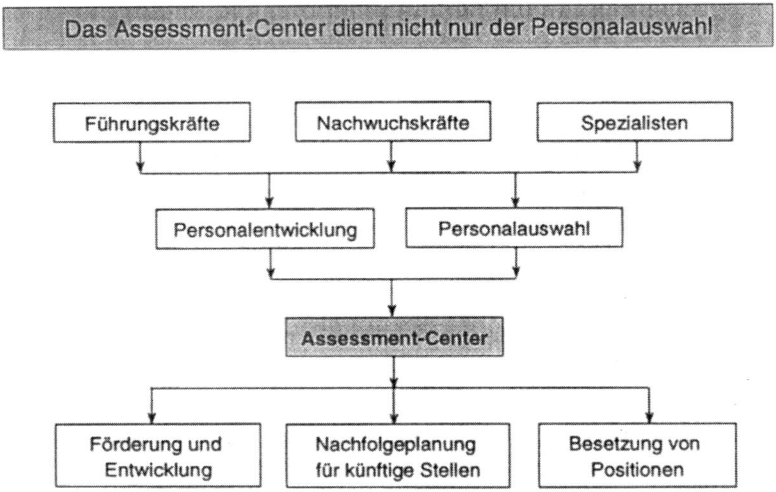

**Das Assessment-Center dient nicht nur der Personalauswahl**

| Führungskräfte | Nachwuchskräfte | Spezialisten |
|---|---|---|

| Personalentwicklung | Personalauswahl |
|---|---|

**Assessment-Center**

| Förderung und Entwicklung | Nachfolgeplanung für künftige Stellen | Besetzung von Positionen |
|---|---|---|

**Abbildung 2/5: Einsatzmöglichkeiten des Assessment-Centers**

Zu den beliebtesten Übungen in einem Assessment gehören:

➢ Gruppendiskussion ohne Diskussionsleiter, bei der unter anderem die Durchsetzungsfähigkeit, die Bereitschaft, Führungsfunktionen zu übernehmen oder das Einfühlungsvermögen beobachtet werden können.

➢ Die Bearbeitung eines Stapels unerledigter Vorgänge unter Zeitdruck (Postkorb). Hierbei können die Teilnehmer zeigen, wie und mit welchem Erfolg sie an die Lösung kniffliger Aufgaben herangehen. Ferner kann man sehen, ob sie (die richtigen) Prioritäten setzen und sich zügig und sicher entscheiden können.

➤ Die Präsentation eines Produktes, einer Problemlösung oder meist der eigenen Person. Dies geschieht nach dem Motto, dass die beste Problemlösung, das beste Produkt oder die beste Idee nichts taugt, wenn man sie nicht richtig an den Mann/die Frau bringen kann.

➤ Rollenspiele, bei denen der Umgang mit schwierigen Situationen oder Mitarbeitern simuliert wird.

➤ Fallstudien und Planspiele, mit denen man das analytische Denkvermögen und die Problemlösungsfähigkeit der Kandidaten beurteilen kann.

Die Ergebnisse eines Assessments werden in der Regel zwischen Beteiligten und Gutachtern besprochen, um daraus Weiterbildungs-, Förderungs- und Entwicklungsmaßnahmen abzuleiten. Diese Maßnahmen zielen meist in zwei Richtungen, nämlich: Führungslaufbahn oder Fachlaufbahn. Eine Erweiterung um die übrigen, am Anfang des Kapitels skizzierten Laufbahnbilder wäre eine sinnvolle Investition.

Ein Assessment-Center bietet mehrere Vorteile. (1) Die Entwicklung von Nachwuchskräften verliert den Beigeschmack undurchschaubarer Vorgänge und „Machenschaften" im Hintergrund. (2) Das Verfahren ist ein Beitrag zu mehr Transparenz und Objektivität in der Personalpolitik. Engagierte Mitarbeiter müssen auf ihre Weiterentwicklung nicht tatenlos warten. Vielmehr haben sie das Gefühl, dass das Unternehmen ihre berufliche Entwicklung ernst nimmt. (3) Die Erwartungen des Unternehmens bekommen schärfere Konturen, weil die Bewertungskriterien intern diskutiert werden und meistens von der Geschäftsleitung gebilligt sind. (4) Die Teilnehmer erhalten eine gezielte und fachkundige Rückmeldung über ihr Verhalten sowie über ihre Stärken und Schwächen. Schließlich (5) erkennt der Mitarbeiter frühzeitig Schwerpunkte seiner Eignung und Möglichkeiten für seine Entwicklung.

Aus der Sicht des Unternehmens hat ein Assessment-Center die folgenden Vorteile: (1) Die Vergleichsmöglichkeiten der Kandidaten sind besser und objektiver. (2) Sowohl die direkten Vorgesetzten als auch die Gutachter entwickeln mehr Sicherheit in ihrem Urteilsvermögen. (3) Das Potenzial von Mitarbeitern, die entweder für Spezialaufgaben oder für Führungsaufgaben in Frage kommen, ist deutlich größer. (4) Das Unternehmen erkennt ausgeprägte Talente wesentlich früher und kann diese gezielter fördern. (5) Die Unzufriedenheit im Unternehmen nimmt durch mehr Ehrlichkeit, Offenheit und Transparenz ab. Schließlich (6) liefert das Assessment-Center einen Beitrag zur Verbesserung der Unternehmenskultur durch mehr Transparenz und eine offenere Diskussion des Themas „leistungsgerechte Beförderungspolitik".

„Selbst- und Fremdbild"

## Zeitmanagement

Zu den Hauptproblemen von Führungskräften gehört eine große Arbeitsbelastung. Die Folgen sind häufig schon rein äußerlich am überladenen Schreibtisch, an Hektik, Gereiztheit und einer beträchtlichen Anzahl von Überstunden erkennbar. Eine große Arbeitsbelastung mag aus der Sicht der Führungs- oder Nachwuchskraft als ein Zeichen hohen Engagements und Verantwortungsgefühls erscheinen. Tatsächlich kann ein solches Arbeitsverhalten signalisieren, dass der Mitarbeiter nicht in der Lage ist, sich selbst zu organisieren und seine Aufgaben zügig und effizient zu erledigen. Er versteht es offenbar noch nicht, Prioritäten richtig zu setzen und den Blick für das Wesentliche zu schärfen. Er steht für anspruchsvollere Aufgaben nicht zur Verfügung, solange er die tägliche Routine nicht beherrscht.

„Arbeitsorganisation"

Diese Situation hat oft groteske Züge: Der Mitarbeiter spürt, dass sein Vorgesetzter ihm keine anspruchsvolleren Aufgaben zutraut. Folglich arbeitet er noch mehr. Sein Schreibtisch wird immer voller, und seine Arbeitszeit reicht immer weiter in den Abend hinein. Als Ergebnis versucht der Vorgesetzte, seinen Mitarbeiter von schwierigen Aufgaben zu entlasten, und delegiert an ihn immer einfachere Tätigkeiten. Der Teufelskreis ist geschlossen.

Generell gilt die Erwartung, dass jemand erst in der Lage sein muss, seine eigene Person zu führen, bevor er Führungsverantwortung für andere bekommt. Für eine effiziente Bewältigung des Tagesgeschäftes sind im Wesentlichen drei Komponenten notwendig:

1. Arbeitstechniken: Der Mitarbeiter sollte die wichtigsten Zeitfallen oder „Zeitdiebe" kennen und wissen, warum ihm häufig die Zeit zwischen den Fingern zerrinnt. Ferner sollte er geeignete Instrumente beherrschen, mit denen er Zeitverluste bekämpfen kann.

2. Einstellung: Zeitmangel und Stress resultieren häufig aus bestimmten Gewohnheiten. Diese Gewohnheiten sollte man regelmäßig kritisch hinterfragen und gegebenenfalls abändern.

3. Selbstmotivation: Die Kenntnis von Arbeitstechniken und „falschen" Gewohnheiten allein hilft nicht. Der Mitarbeiter muss die innere Bereitschaft und Motivation zur Veränderung seiner Arbeitsgewohnheiten mitbringen.

Eine wesentliche Grundlage der Selbstmotivation ist die Entwicklung beruflicher und persönlicher Perspektiven. Diese Themen waren Gegenstand der vorherigen Ausführungen. Die daraus resultierende persönliche Mission soll helfen, die Prioritäten richtig zu setzen. Ist das einmal geklärt, sollte man sich folgende Fragen stellen:

➢ Steht das, was ich den ganzen Tag mache, im Einklang mit meinen persönlichen Wertvorstellungen?

➢ Helfen mir die vielen Tätigkeiten, meine persönliche Mission zu verwirklichen?

➢ Erwerbe ich Erfahrungen, Qualifikationen und Kenntnisse, die mir bei der Realisierung meiner Mission helfen?

In der Regel wird es notwendig sein, einige Gewohnheiten und die persönliche Arbeitsorganisation zu verändern. Dazu einige Empfehlungen. Besonders zeitaufwendige, häufig aber überflüssige Gewohnheiten und Einstellungen sind:

- Übertriebenes Informationsbedürfnis. Es resultiert aus dem Vorurteil, als Führungskraft müsse man einen Informationsvorsprung haben. Hinzu kommt die Gewohnheit, alle Informationen zu sammeln, die „wichtig" sein könnten.

- Übertriebenes Perfektionsstreben. Der Mitarbeiter beschäftigt sich mit einer Aufgabe so lange, bis er eine hundertprozentige Lösung findet, er hat also hohe Qualitätsmaßstäbe. Dabei übersieht er, dass nicht er, sondern allein der „Auftraggeber" darüber entscheidet, was „Qualität" ist und welchen Maßstäben die Lösung genügen sollte.

- Übersteigertes Absicherungsbedürfnis. Der Mitarbeiter möchte sich möglichst nach allen Seiten hin absichern, damit ihm nachher keiner an den Karren fahren kann.

- Übermäßiges Misstrauen. Dieses Vorurteil beruht auf der Überzeugung: „Vertrauen ist gut, Kontrolle ist besser." Diese Aussage ist sehr beliebt, beinhaltet aber zugleich das Vorurteil, dass nur Fremdkontrolle effizient sei.

- Überschätzung der eigenen Fähigkeiten und der Überbewertung der „Erfahrung". Dieses Vorurteil wächst und verfestigt sich in der Regel mit der Anzahl der Berufsjahre. Es hat leider einen wahren Kern und ist deshalb besonders verhängnisvoll. Als Faustregel gilt: Lernfähigkeit ist wichtiger als Erfahrung. Dies zeigt sich nicht zuletzt an der hohen Zahl der Frühpensionierungen. Erfahrung ist nicht gleich Erfahrung: Wenn jemand zwanzig Jahre Erfahrung mit einem Rechenschieber hat, wird er mit einem Computer eher Probleme haben. Wer aber zwanzig Jahre Erfahrung mit den neuesten Rechnertechnologien hat, der hat eher Vorteile – vorausgesetzt, diese Qualifikation ist auch gefragt.

- Übersteigertes Prestigedenken oder Neugier. Dazu gehören diejenigen Mitarbeiter, die glauben, auf jeder Sitzung, in jedem Ausschuss und auf jedem Kongress dabei sein zu müssen.

Zu den Gewohnheiten gehört auch der persönliche Arbeitsstil. Ihn sollten Sie einmal kritisch unter die Lupe nehmen. Als Hilfestellung soll der folgende Fragebogen dienen:

**Selbstdiagnose: Mein persönlicher Arbeitsstil**

Neigen Sie dazu ...

| | sehr häufig | | | sehr selten |
|---|---|---|---|---|
| 1. unangenehme Arbeiten vor sich herzuschieben? | 1 | 2 | 3 | 4 |
| 2. unangenehme Entscheidungen aufzuschieben? | 1 | 2 | 3 | 4 |
| 3. sich bei Entscheidungen bei anderen rückzuversichern? | 1 | 2 | 3 | 4 |
| 4. alles selbst tun zu wollen? | 1 | 2 | 3 | 4 |
| 5. mehrere Aufgaben gleichzeitig zu bearbeiten? | 1 | 2 | 3 | 4 |
| 6. hastig und eilig zu arbeiten? | 1 | 2 | 3 | 4 |
| 7. Aufgaben spontan, ohne Planung anzugehen? | 1 | 2 | 3 | 4 |
| 8. Arbeiten häufig zu unterbrechen? | 1 | 2 | 3 | 4 |
| 9. bei Schwierigkeiten Aufgaben zurückzustellen? | 1 | 2 | 3 | 4 |
| 10. unkonzentriert zu arbeiten? | 1 | 2 | 3 | 4 |
| 11. über zwei oder mehr Stunden ohne Pause zu arbeiten? | 1 | 2 | 3 | 4 |
| 12. Arbeiten bei Störungen zu verschieben? | 1 | 2 | 3 | 4 |
| 13. viel Zeit für Details oder spezielle Aspekte aufzuwenden? | 1 | 2 | 3 | 4 |
| 14. sich eher mit sehr interessanten Themen zu befassen? | 1 | 2 | 3 | 4 |
| 15. zu neuen Aufgaben nicht „Nein" sagen zu können? | 1 | 2 | 3 | 4 |
| 16. Unmut durch Aktivismus abzureagieren? | 1 | 2 | 3 | 4 |
| 17. möglichst alles perfekt erledigen zu wollen? | 1 | 2 | 3 | 4 |
| 18. alle Fakten kennen zu müssen? | 1 | 2 | 3 | 4 |
| 19. Initiative erst auf Anstoß hin zu entfalten? | 1 | 2 | 3 | 4 |
| 20. anderen bei ihren Problemen immer helfen zu wollen? | 1 | 2 | 3 | 4 |

Spaltensumme:

Abbildung 2/6: Diagnose des Arbeitsstils

Die maximale Punktzahl liegt bei 80, die minimale bei 20 und der Durchschnitt bei 50 Punkten. Je höher Ihre Punktzahl, desto größer ist die mögliche Zeitersparnis. Diese kann schätzungsweise bis zu 80 Prozent der Arbeitszeit ausmachen.

Zur der Frage der Effizienz liegen keine verlässlichen empirischen Untersuchungen vor. Aus zahlreichen Erfahrungen mit Organisationsprojekten und aus der Analyse des Arbeitsstils vieler Personen erscheint eine solche Schätzung dennoch plausibel. Deshalb ist es empfehlenswert, sich mit den wichtigsten Techniken des Zeitmanagements vertraut zu machen. Diese Techniken sind für praktisch jede Zeitfalle einsetzbar. Das Ergebnis ist eine Matrix des effektiven Zeitmanagements (Abbildung 2/7).

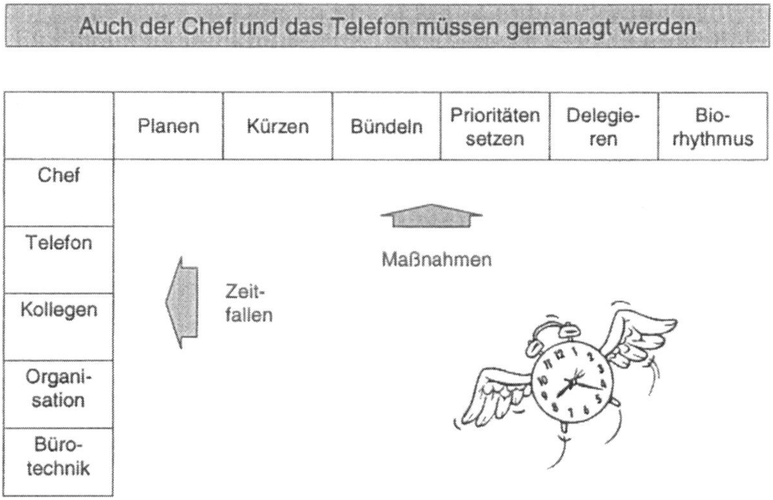

Auch der Chef und das Telefon müssen gemanagt werden

| | Planen | Kürzen | Bündeln | Prioritäten setzen | Delegieren | Bio-rhythmus |
|---|---|---|---|---|---|---|
| Chef | | | | | | |
| Telefon | | | | | | |
| Kollegen | | | | | | |
| Organisation | | | | | | |
| Büro-technik | | | | | | |

Zeitfallen

Maßnahmen

Abbildung 2/7: Maßnahmen für typische Zeitfallen

**Planen**

Viele sehen im Planen einen vermeidbaren Zeitaufwand und verzichten auf eine explizite Planung. Tatsächlich aber ist die Planung eine wichtige Investition. Es gilt die Faustregel, wonach im Durchschnitt zehn Minuten Planung eine Stunde Zeitersparnis bringen. Die Notwendigkeit der Planung dürfte sofort einsichtig sein, wenn man an den Bau eines Hauses denkt. Welche Folgen hat es, wenn der Bauherr sich erst nach dem Einzug dazu entschließt, eine Fußbodenheizung einzubauen? Im Falle der persönlichen Arbeitsplanung sind die Vorteile nicht so offensichtlich wie bei einem Bauvorhaben; sie haben aber eine ähnliche Bedeutung. Die wichtigsten Vorteile der Planung sind:

➢ Sie stimmen sich gedanklich besser auf den Arbeitstag ein.

➢ Sie bekommen einen Überblick und mehr Klarheit über die Tagesanforderungen.

➢ Ihr Tagesablauf bekommt eine Ordnung, auf die Sie sich auch emotional einstellen können.

➢ Ihre Vergesslichkeit nimmt ab.

➢ Sie können sich besser auf das Wesentliche konzentrieren.

➢ Sie verzetteln sich weniger.

➢ Sie entwickeln Ideen zur Rationalisierung.

➢ Ihre Selbstdisziplin nimmt zu.

➢ Sie gewinnen Gelassenheit bei unvorhergesehenen Ereignissen.

➢ Sie erhöhen die Wahrscheinlichkeit von Erfolgserlebnissen, und sei es „nur" dadurch, dass Sie das Gefühl haben, alles Wichtige erledigt zu haben.

Den Zeitgewinn können Sie in Tätigkeiten investieren, die Ihnen mehr Freude bereiten oder die einen wichtigeren Beitrag zur Verwirklichung Ihrer Mission leisten.

Für ein effektives Planen schlägt Seiwert die „ALPEN-Methode" vor. ALPEN ist ein Merkwort für:

Aktivitäten auflisten
- Tätigkeiten aus Langfristplänen übernehmen
- Unerledigtes vom Vortag notieren
- Neue Tagesarbeiten hinzufügen
- Termine den Tätigkeiten zuordnen

Länge der Tätigkeiten schätzen (Zeitbedarf pro Aufgabe)

Pufferzeiten für Unvorhergesehenes einplanen. Dabei gilt der Grundsatz: 60 Prozent sind zu verplanen und 40 Prozent sind Pufferzeit; das heißt: Man sollte nur 5 Stunden am Tag verplanen.

Entscheidungen über Prioritäten, Delegation, Kürzung, Streichung und Bündelung von Aufgaben

Notizen ins Zeitregister (Persönliches Arbeitsbuch) eintragen
- Wichtige Tätigkeiten in störungsarme Zeiten legen
- ähnliche Tätigkeiten in Zeitblöcke packen
- Pufferzeiten in störanfällige Tagesphasen legen.

Die Planung sollte schriftlich erfolgen. Das hat den wesentlichen Vorteil, dass Ihre Arbeit mehr Verbindlichkeit und Zuverlässigkeit gewinnt. Sie bekommen Übung darin, den Tagesablauf immer besser zu schätzen, und finden zusätzliche Rationalisierungsmöglichkeiten. Gleichzeitig wird Ihr Gedächtnis entlastet. Sie reduzieren dadurch denjenigen Stress, der durch vergessene Termine oder das Bestreben entsteht, möglichst an alles denken zu müssen.

**Prioritäten setzen**

Der Kerngedanke der Prioritätensetzung besteht darin, die Zeit dort zu investieren, wo sie den größten Nutzen bringt. Ein hilfreiches Instrument ist dabei die ABC-Analyse, wie sie auch in der Organisationsanalyse oder in der Materialwirtschaft üblich ist. Die ABC-Analyse basiert auf der Erfahrung, dass in der industriellen Praxis auf eine geringe Anzahl an Artikeln ein hoher Anteil am Gesamtwert des Materials entfällt. Die ABC-Analyse hilft also, Wichtiges, von Unwichtigem zu trennen. Allgemeine Erfahrungswerte sind zum Beispiel:

- 20 Prozent der Kunden oder Produkte bringen 80 Prozent des Umsatzes.
- 20 Prozent der Produktionsfehler verursachen 80 Prozent des Ausschusses.
- 20 Prozent der Zeitung enthalten 80 Prozent der Nachrichten.
- 20 Prozent der Besprechungszeit bewirken 80 Prozent der Beschlüsse.

Diese „Gesetzmäßigkeit" gilt auch für die tägliche Arbeit. Demnach bewirken 20 Prozent der Tätigkeiten 80 Prozent des Erfolges. Diese 20 Prozent der Tätigkeiten, die uns unseren Zielen näher bringen, sollen erste Priorität erhalten. Es sind „A-Aufgaben". Bei der Einteilung in A-, B- und C-Aufgaben kommt es darauf an, zwischen „wichtig" und „dringend" zu unterscheiden. Dringende Aufgaben sind ausschließlich terminbezogen. Sie müssen zu einem bestimmten Zeitpunkt erledigt sein. Wichtig ist eine Aufgabe in Bezug auf die Ergebnisse. Es geht um die wahrscheinlichen Konsequenzen für uns als Person oder für das Unternehmen. Wichtige Aufgaben sind erfolgswirksam, sie führen zu messbaren Resultaten beziehungsweise Leistungen. Es gilt der Grundsatz: Wichtigkeit geht vor Dringlichkeit.

Zur Unterscheidung zwischen Wichtigkeit und Dringlichkeit dienen die folgenden Kontrollfragen:

- Durch welche Tätigkeiten komme ich meinen Lebens- und Berufszielen am ehesten näher?
- Durch welche Tätigkeiten kann ich den besten Beitrag zu den Zielen der Organisation, Abteilung oder Arbeitsgruppe leisten?
- Durch welche Tätigkeiten habe ich den größten Nutzen und die höchste Anerkennung zu erwarten?

Nach der Klassifizierung Ihrer Aufgaben können Sie diese in der so genannten Eisenhower-Matrix abbilden. Darin sind die konkreten Empfehlungen enthalten. Dabei steht „P" für Papierkorb (siehe Abbildung 2/8).

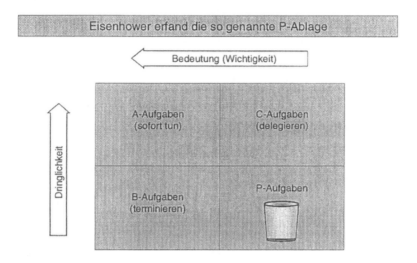

Abbildung 2/8: ABC-Analyse mit Dringlichkeit und Wichtigkeit

**Bündeln**

Analog zu Rüst-, Warte- und Stillstandszeiten in der industriellen Fertigung gibt es ungenutzte Zeiten bei der Schreibtischarbeit. Am deutlichsten wird dieses Problem, wenn wir uns auf eine Aufgabe konzentrieren wollen, aber ständig verschiedene Unterbrechungen hinnehmen müssen. Jedes Mal bedarf es einer Rüst- oder Anlaufzeit, bis wir die volle Konzentration erreicht und uns wieder in die Aufgabe hineinvertieft haben. Ständige Unterbrechungen bewirken den so genannten Sägeblatt-Effekt (siehe Abbildung 2/9).

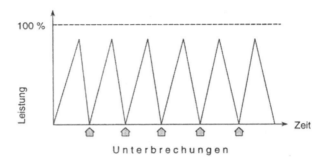

Abbildung 2/9: Ständige Unterbrechungen (nach Seiwert)

Die nicht genutzte Zeit kann ohne weiteres die Hälfte der insgesamt zur Verfügung stehenden Zeit ausmachen. Um derartige Zeitverluste zu vermeiden, sollte man gleichartige Tätigkeiten zusammenfassen. Ferner hilft ein Abschirmen in der Weise, dass Sie zu bestimmten Zeiten keine Störungen zulassen (zum Beispiel Telefon umstellen oder Kollegen und Mitarbeitern sagen, dass Sie zu bestimmten Zeiten nicht zur Verfügung stehen).

**Kürzen**

Wenn 20 Prozent der Tätigkeiten für 80 Prozent Ihres Erfolges verantwortlich sind, dann können Sie zumindest innerhalb der 80 Prozent der Tätigkeiten kräftige Kürzungen vornehmen: Lassen Sie einige Arbeiten einfach weg, und definieren Sie konkrete Zeitlimits für andere. Ferner ist es sinnvoll, sich regelmäßig zu fragen:

- ➢ Ist dieses Gespräch wirklich notwendig? Wie kann ich es verkürzen?

- ➢ Muss ich den Bericht wirklich monatlich schreiben? Genügen auch zwei statt fünf Seiten?

- ➢ Welche Aufgaben kann ich in Routine überführen?

- ➢ Muss es – obwohl üblich – wirklich eine Reise sein, oder genügt auch ein Brief oder ein Anruf?

Bei der Kürzung von Arbeitsvorgängen helfen folgende Grundregeln:

- ➢ Jedes Blatt Papier nur einmal in die Hand nehmen und so erledigen, dass der Vorgang möglichst kein zweites Mal auf den Schreibtisch kommt.

- ➢ Nichts sollte „einfach so" auf dem Schreibtisch liegen. Wenn Sie etwas aus dem Eingangskorb herausnehmen, dann legen Sie es auf keinen Fall wieder zurück.

- ➢ Wenn Sie es nicht sofort erledigen können, dann setzen Sie einen konkreten Zeitpunkt fest (zum Beispiel: Wiedervorlage am ...). Und wenn Sie schon einen Vorgang in die Hand nehmen, dann sollten Sie ihn wenigstens ein kleines Stück voranbringen, bevor sie ihn terminieren.

- ➢ Es sollte nur derjenige Vorgang auf dem Schreibtisch liegen, den Sie gerade bearbeiten. Eingangskorb und Schreibtisch sollten jeden Abend leer sein.

**Biorhythmus nutzen**

Die menschliche Leistungsfähigkeit schwankt im Tagesablauf. Dieser Biorhythmus ist bei jedem Menschen anders ausgeprägt. Ihre persönliche Leistungskurve können Sie für die Tagesplanung nutzen. Den frühen Vormittag, wenn die Konzentrationsfähigkeit am größten ist, sollten Sie für die A-Aufgaben reservieren und Störungen weitgehend ausschließen (abschirmen). Einige Unternehmen oder Abteilungen haben solche störungsfreien Zeiten als Regel eingeführt. Selbst externe Anrufe werden nur in seltenen Fällen durchgestellt. Eine andere Möglichkeit besteht darin, etwa zwei Stunden früher mit der Arbeit anzufangen, damit Sie nicht vom Telefon oder von Kollegen abgelenkt werden können. Der späte Vormittag ist sehr gut für routinemäßige Besprechungen geeignet. Auf den Nachmittag können Sie die Kontaktpflege und Zusammenarbeit legen. Im Anschluss daran passen Routine-Aufgaben sehr gut in den Ablauf. Für Sitzungen verschiedener Kommissionen und anderer Gremien ist der Freitagnachmittag erfahrungsgemäß hervorragend geeignet.

Zum Schluss noch ein „Geheimtipp", den ich regelmäßig bei überdurchschnittlich erfolgreichen Managern gesehen habe. Angenommen, am 30. September eines beliebigen Jahres ist ein wichtiger Termin wie zum Beispiel die Präsentation eines Investitionsprojektes vor dem Vorstandsausschuss, eine Besprechung mit wichtigen Schlüsselkunden oder eine Konferenz zur Entscheidung über das neue Budgetierungsverfahren. Wir nehmen ferner an, man benötigt zur Vorbereitung drei Wochen Zeit. Wann sollte man mit dieser Vorbereitung beginnen? Am 9. September oder lieber schon am 5. September? Falsch! Beginnen Sie am 1. Februar oder sobald Sie von dem Termin erfahren. Verschieben Sie die drei Wochen Vorbereitung einfach auf den 1. Februar! Warum? Erfahrungsgemäß ereignet sich ein Störfall in der Produktion kurz vor dem 30. September. Es werden wichtige Gesprächspartner verreist sein oder Terminabsprachen nicht einhalten. Üblicherweise entstehen auch die meisten persönlichen und beruflichen Probleme und Belastungen in der Woche vor dem 30. September. Sie werden sich über jeden Stau auf der Autobahn genauso ärgern wie über das überfüllte Abteil im ICE. Außerdem kommen andere wichtige Personen ausgerechnet kurz vor dem 30. September mit dringenden Problemen auf Sie zu und erwarten Ihre Hilfe. Es gilt die Volksweisheit, wonach alle Ampeln auf rot sind, wenn man es eilig hat. Diese Um-

96

stände erhöhen den Stress und gleichzeitig die Fehlerhäufigkeit. Wie will man dann noch kreativ sein?

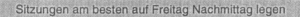

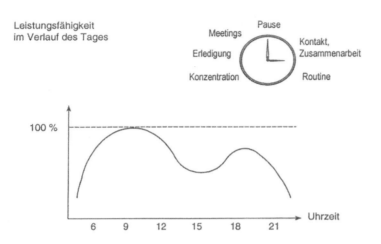

Abbildung 2/10: Tageseinteilung nach dem Biorhythmus

Natürlich kann man 16 Stunden am Tag arbeiten. Ich halte es aber für ausgeschlossen, dass man am Tag 16 Stunden lang Leistung bringen kann. Wenn Sie die Vorbereitung auf den 1. Februar legen und nach etwa drei Wochen zu 90 Prozent fertig gestellt haben, eröffnen sich völlig neue Perspektiven. Sie können jeden Stau und jeden ausgefallenen Flug – von Mitte Februar bis Mitte September – dazu nutzen, sich auf den Termin vorzubereiten. Sie werden feststellen, dass Sie bei einem Geschäftsessen oder sogar im Urlaub interessante Menschen kennen lernen, die Ihnen wichtige Hinweise geben können. Auch das Sommerfest im Juli ist eine gute Gelegenheit, sich ungezwungen mit wichtigen Personen über das Thema zu unterhalten. Sie können alle Anregungen aus der Presse, aus Gesprächen, aus Begegnungen und aus eigenen Überlegungen sinnvoll nutzen. Wenn Sie sich in einer schlaflosen Nacht mit dem Termin beschäftigen, kann es

Schlaf fördernd sein. Wenn sie es aber kurz vorher tun, werden Sie garantiert nicht frühzeitig wieder einschlafen.

Zusammenfassend lassen sich die folgenden Empfehlungen festhalten:

- Erstellen Sie eine Rangfolge Ihrer Ziele und Wertvorstellungen. Das hilft Ihnen, Prioritäten zu setzen und die Zeit dort zu investieren, wo sie den größten Erfolg bringt.

- Beginnen Sie jeden Tag mit einer Tagesplanung. Gliedern Sie die Aufgaben in „dringlich", „wichtig" und „schwierig". Beginnen Sie mit den wichtigen, und legen Sie die schwierigen in Ihr Leistungshoch.

- Nutzen Sie Warte- und Leerlaufzeiten (zum Beispiel während Reisen oder im Hotel) sinnvoll.

- Delegieren Sie so viel wie möglich. Beachten Sie dabei den Grundsatz, dass derjenige eine Aufgabe erledigen sollte, der die besten Fähigkeiten und Voraussetzungen dafür hat.

- Lesen Sie Zeitschriften und Tageszeitungen während Ihres Leistungstiefs, also eher am Nachmittag.

- Beantworten Sie Briefe sofort, statt sie auf irgendeinen Stapel zu legen.

- Bevor Sie zum Hörer greifen, sollten Sie das Ziel des Gesprächs definieren.

- Erstellen Sie zu jeder Sitzung eine Tagesordnung, und definieren Sie ein möglichst konkretes Ziel (nicht: „Wir wollen heute mal über das Thema X sprechen").

- Berufen Sie Sitzungen nur dann ein, wenn andere Kommunikationsinstrumente wirklich nicht möglich sind.

- Sorgen Sie dafür, dass andere Ihre Zeit respektieren. Sie sollten unmissverständlich klarmachen, dass Zeit für Sie eine wertvolle Ressource ist – auch gegenüber Ihrem Vorgesetzten.

➤ Schirmen Sie sich bei wichtigen Aufgaben ab.

➤ Sagen Sie Besuchern – möglichst schon bei der Vereinbarung des Termins, wie viel Zeit Sie für das Gespräch reserviert haben.

➤ Setzen Sie Zeitlimits für alle Tätigkeiten (zum Beispiel: Die Erstellung des Berichts X darf nicht mehr als 2 Stunden dauern).

➤ Reservieren Sie Zeiten zur Entspannung. Es gilt der Grundsatz: keine Leistung ohne Entspannung.

➤ Erstellen Sie über zwei Wochen eine Übersicht, aus der hervorgeht, wo Ihre Zeit geblieben ist.

➤ Vermeiden Sie nach Möglichkeit Gespräche mit Leuten, die Sie nicht mögen.

➤ Kontrollieren Sie jeden Tag, ob Sie die geplanten Aufgaben auch tatsächlich erledigt haben.

# 3. Motivation

## Was bedeutet Motivation?

Motivation ist eines der faszinierendsten menschlichen Phänomene. Manche Menschen vollbringen sportliche, soziale, berufliche oder kulturelle Höchstleistungen – und das sogar trotz widriger Umstände. Symbolisch hierfür steht Sisyphos. Er musste als Strafe der Götter einen Felsblock auf einen Berg wälzen. Kurz vor dem Gipfel rollt der Felsblock immer wieder hinab. Trotzdem lässt er sich nicht entmutigen. Andere Menschen sind dagegen nur schwer für bestimmte Aufgaben oder Ziele zu interessieren oder zu begeistern. Sie vegetieren dahin.

Der Begriff „Motivation" gibt Antwort auf zwei Kernfragen:

1. Warum vollbringen Menschen bestimmte Leistungen?

2. Warum tun sie das mit unterschiedlicher Intensität oder Anstrengung?

Die Motivation hat eine bestimmte Stärke und eine Richtung. Man kann diesen Begriff definieren als die von Bedürfnissen und Gefühlen produzierte Energie, die sich auf ein Ziel hin richtet. Dabei lassen sich innengeleitete Antriebe (Bedürfnisse) und außengeleitete Anreizmotive unterscheiden. Die wichtigste Aufgabe der Führung besteht darin, die individuellen, meist „egoistischen" Motive der Mitarbeiter so auszurichten, dass sie einen Beitrag zur Erreichung der Unternehmensziele leisten. Die Aufgabe ist vergleichbar mit der eines Dirigenten oder eines Fußballtrainers. Erst das Orchester oder die Mannschaft können Leistungen vollbringen, die ein Einzelner niemals hervorbringen könnte. Wie sich die Führungskraft dabei konkret verhalten sollte, welche Instrumente ihr zur Verfügung stehen und was sie beachten muss, das versuchen verschiedene Motivationsmodelle zu erklären.

Bevor wir uns diesen Modellen zuwenden, erscheint es notwendig, einige Grundbegriffe zu klären, die den Schlüssel zum Verständnis der Motivation und der Logik der zahlreichen Motivationsmodelle liefern. Diese Grundbegriffe sind:

➤ Emotionen (Gefühle),

➤ Motive (Bedürfnisse) und

➤ Einstellungen.

Die Einstellungen sind das entscheidende Ziel der Verhaltensbeeinflussung. Es geht um die Einstellung zu Kunden, Vorgesetzten, Mitarbeitern, zur Leistung oder zur den eigenen beruflichen und persönlichen Perspektiven. Einstellungen sind das Ergebnis vorgelagerter Teilprozesse, bei denen Emotionen, Motive und Bedürfnisse eine wesentliche Rolle spielen.

## Emotionen

Nach Izard, einem der bekanntesten Emotionspsychologen, gibt es zehn primäre oder angeborene Emotionen. Diese sind: Interesse/Neugier, Freude/Glück, Überraschung, Kummer/Schmerz, Zorn, Ekel, Geringschätzung, Scham, Schuldgefühl sowie Angst/Furcht. Emotionen kann man anhand körperlicher Vorgänge „messen". Beispiele sind Blutdruck, Herzfrequenz, Gehirnströme oder elektrischer Hautwiderstand („Lügendetektor").

Die Verankerung der primären Emotionen in den Erbanlagen des Menschen wird meist mit der Evolution begründet. So diente die Angst dazu, den Menschen in gefährlichen Situationen zu Schutz- und

Fluchtreaktionen zu bewegen (motivieren). Der Organismus wird – bildlich gesprochen – mit Energie versorgt und in einen Zustand der Leistungsbereitschaft, Leistungsfähigkeit und Aufmerksamkeit versetzt. Diesen (messbaren) Zustand der inneren Erregung nennt man Aktivierung. Die Stärke der Aktivierung ist ein Maß dafür, wie wach, reaktionsbereit und leistungsfähig der Organismus ist. Die primären Emotionen können ein positives (Freude, Glück) oder negatives (Angst, Neid) Vorzeichen haben. Das ändert nichts an ihrer Stärke.

Emotionen lassen sich jederzeit auch mit extremer Intensität auslösen. Man denke zum Beispiel an Psychopharmaka, mit denen man größte Angstzustände wie auch intensivste Glücksgefühle innerhalb von wenigen Minuten hervorrufen kann. Diese Auslösbarkeit von Gefühlen dürfte jeder an sich selbst nachvollziehen können, wenn er zum Beispiel an einen spannenden Kriminalfilm, ein Fußballspiel, eine kritische Verkehrssituation oder positive Erregungszustände denkt, die bis zur Ekstase reichen können. Die gesamte Unterhaltungsindustrie hat sich darauf spezialisiert, mit unseren Gefühlen zu spielen: sie auszulösen, schrittweise zu verstärken, zu dämpfen oder mit Wechselbädern zu behandeln. Auf diesem Kerngedanken bauen verschiedene Modelle der so genannten Motivations-Gurus auf. Genannt seien als Beispiel Gerhard Höller und sein Lizenzgeber Anthony Robbins. Er schrieb unter anderem die Bücher „Unlimited Power" oder „Awaken the Giant Within". Damit will er andeuten, dass man diese enorme Macht der Gefühle gezielt zur Veränderung der eigenen Persönlichkeit einsetzen kann.

Aus den primären entsteht die große Vielfalt sekundärer Emotionen. Diese werden vom Menschen gelernt und gelten als „Gemisch" oder Derivat. So entsteht nach Izard das Gefühl der Freundschaft durch eine Mischung von Freude und Akzeptanz, während beim Schuldgefühl Freude, Scham und Angst beteiligt sind. Die Tatsache, dass Menschen ihre Gefühle in der Regel als eine Mischung oft widerstrebender Tendenzen erleben, macht das Verstehen und den Umgang mit eigenen und fremden Gefühlen so schwierig. Dieses Forschungsgebiet wird zu einem wesentlichen Teil an der Harvard University von

103

Howard Gardner bearbeitet. Er spricht folgerichtig von einer interpersonalen und einer intrapersonalen emotionalen Intelligenz.

Ein bekanntes Beispiel dafür, wie das Lernen neuer Gefühle funktioniert, ist ein Experiment der Autoren Staats und Staats in den USA. Die für die meisten Amerikaner neutralen Wörter „holländisch" und „schwedisch" wurden den Versuchspersonen wiederholt zusammen mit Begriffen dargeboten, die im Falle „holländisch" angenehme Gefühle („glücklich" oder „Geschenk") und im Falle „schwedisch" unangenehme Gefühle hervorriefen („bitter" oder „hässlich"). Jede Nationalitätsbezeichnung wurde auf diese Weise achtzehn Mal mit unterschiedlichen emotionalen Wörtern gekoppelt. Das Ergebnis: Bei den Probanden entstand eine positive emotionale Beziehung zu allem, was holländisch ist und eine entsprechend negative Beziehung zu allem, was schwedisch ist. Somit wurden ursprünglich neutrale Begriffe „emotional aufgeladen" und auf andere Gegenstände übertragen (Assoziation).

Der biologische Ursprung der Emotionen erklärt, warum Menschen auf Reize, die Emotionen ansprechen, weitgehend automatisch, spontan und ohne willentliche Steuerung reagieren. Das Auslösen von Emotionen ist die wichtigste Voraussetzung für das Beeinflussen des Verhaltens. Emotional aktivierte Menschen nehmen mehr Informationen auf, verarbeiten diese Informationen schneller und speichern sie auch besser. Darin liegt der Schlüssel für das Lernen von Motiven und Einstellungen. Folglich zählt die Fähigkeit, Menschen emotional zu aktivieren, zu den wichtigsten Begabungen charismatischer Führungspersönlichkeiten. Wie das konkret geschieht, ist allerdings bis heute nicht geklärt. Einige Hinweise findet man wiederum bei Howard Gardner in seinem Buch „Leading Minds".

## Motive und Einstellungen

Emotionen gelten als die grundlegenden Antriebskräfte des Organismus. Sie können eine extrem hohe psychische Energie oder Leistungsbereitschaft mobilisieren und dennoch – wie ein verschlossener Dampfkessel – ohne Ziel oder Richtung sein. Erst wenn zu den Emotionen eine Zielorientierung hinzukommt, handelt es sich um Motive – im wörtlichen Sinne vergleichbar mit einer Lokomotive (locus = Ort und movere = bewegen).

Um im Bild zu bleiben: Der von den Emotionen erzeugte „Dampf" wird erst durch Motive in eine „sinnvolle" Bewegung umgesetzt. Manchen Menschen gelingt es nicht, ihre aus positiven oder negativen Emotionen stammende Energie in sinnvolle Bahnen zu lenken. Das führt in der Regel zu psychischen Erkrankungen bis hin zur (körperlichen) Selbstzerstörung (auf Raten).

Den Begriff „Motiv" kann man synonym mit dem Begriff „Bedürfnis" verwenden. Der wichtigste Unterschied besteht in der Art der Auslösung. Emotionen werden im Wesentlichen von äußeren Reizen ausgelöst. Die meisten Bedürfnisse beruhen dagegen auf inneren, körperlichen Ungleichgewichten. Beispiele sind Hunger, Durst oder Sexualität. Sobald hier eine Abweichung von einem biologischen Sollwert entsteht, mobilisiert der Körper Antriebskräfte zur Beseitigung des Ungleichgewichtes.

Der dritte Schlüsselbegriff zum Verstehen menschlichen Verhaltens sind Einstellungen. Darunter versteht man kognitive oder auf Einsicht, Erfahrung, Kultur oder Lernen beruhende Gegenstandsbeurteilung. Es ist ein subjektives Urteil (Meinung) darüber, inwiefern ein Gegenstand oder eine Verhaltensweise geeignet ist, bestimmte Motive zu befriedigen. Beispielsweise wird der eine seine Machtmotive am besten im Beruf, der andere in der Familie, der dritte im Straßenverkehr und der vierte im Verein meinen befriedigen zu können. Die nachfolgende Abbildung 3/1 gibt einen zusammenfassenden Überblick über den grundlegenden Motivationsprozess, auf dem nahezu alle Modelle und Theorien der Motivation aufbauen.

Jedes Motivationsmodell – etwa von Maslow, Herzberg oder Skinner – führt zu anderen Empfehlungen, wie die Führungskraft ihre Mitarbeiter motivieren sollte. Das Gleiche gilt für den „erfahrenen

Praktiker". Auch er hat ein mehr oder weniger bewusstes „Modell" im Kopf, nach dem er seine Mitarbeiter zur Realisierung unternehmerischer Ziele führen will. Durch die Kenntnis des grundlegenden Motivationsprozesses und der wichtigsten Motive kann der Leser – ähnlich wie Maslow – sein eigenes Modell konstruieren.

Abbildung 3/1: Ausgangsbasis von Motivationsmodellen

## Wachstums- und Defizitmotive

Motivationsmodelle unterscheiden sich dadurch, welche Motive sie als besonders wichtig erachten und wie sich Motive im Zeitablauf verändern, verstärken oder abschwächen. Für ein besseres Verständnis von Motivationsmodellen und ihrer Logik folgt zunächst ein kurzer Überblick über die wichtigsten menschlichen Motive.

## Antriebsmotive

Antriebsmotive oder Bedürfnisse sichern die biologischen Hauptfunktionen des Menschen. Dazu zählen Atmung, Bewegung, Schlaf, Nahrung und Fortpflanzung. Charakteristische Probleme, denen Antriebsmotive zugrunde liegen, sind die Resignation oder Überkompensation. Es handelt sich um eine herabgesetzte oder überhöhte innere (emotionale) Aktivität des Organismus. Sie tritt meist dann auf, wenn jemand die Befriedigung als schwer oder nicht erreichbar erlebt.

## Anreizmotive

Zu den Anreizmotiven gehören vor allem die mehr oder weniger stark ausgeprägten Interessen. Sie beruhen meist auf dem Bestreben, etwas Bedeutsames zu leisten. Dieses Bestreben reicht vom gewöhnlichen Hobby bis hin zu so genannten Phäno-Motiven, wie man sie von begabten Forschern, leidenschaftlichen Musikern, grenzüberschreitenden Künstlern oder herausragenden Unternehmern her kennt.

## Handlungsmotive

Dazu zählen zum einen impulsive Handlungen wie zum Beispiel das Kicken einer leeren Bierdose auf der Straße und zum anderen Leistungsmotive. Diese beziehen ihre Energie aus dem Wunsch, einem äußeren oder inneren Leistungsanspruch zu entsprechen. Dabei unterscheidet man eine Erfolgsorientierung (Hoffnung auf Erfolg) und eine Misserfolgsbefürchtung ("Strafe" bei Misserfolg).

Erfolgsmotivierte Menschen, so genannte "Erfolgssucher", interpretieren Erfolge als eine Bestätigung ihrer Fähigkeiten. In Niederlagen sehen sie meistens eine interessante, neue Herausforderung, die sie erneut anspornt. Völlig anders reagieren dagegen misserfolgsorientierte Menschen, so genannte "Misserfolgsmeider". Aus ihrer Sicht sind persönliche Erfolge in erster Linie auf Zufall oder auf glückliche Umstände zurückzuführen. Sie wollen Misserfolgen aus dem Weg gehen und werden in der Regel erst dann aktiv, wenn Gefahr droht. Dieser Unterschied scheint in der Erziehung begründet zu sein. Was ist die wiederholte, typische Botschaft der Eltern an ihre Kinder? Erstens: „Lerne in der Schule und mache deine Hausaufgaben, damit du bessere Möglichkeiten im Leben hast!" Oder zweitens: „Lerne in der Schule und mache deine Hausaufgaben, sonst wirst du einmal als Straßenkehrer enden." Liegt der Schwerpunkt auf der Betonung von Chancen oder auf der Vermeidung von Risiken?

**Sozialmotive**

Die meisten Sozialmotive resultieren aus tief sitzenden Bedürfnissen nach Bindung, Kontakt und Zusammenhalt in Gruppen, Organisationen oder in der Familie. Zu den sozialen Motiven gehören auch die Bedürfnisse nach Anerkennung und Macht. Das Streben nach Anerkennung umfasst

- den Status (Stellung in der sozialen Ordnung),
- das Ansehen (Bekanntheit, Prestige) und
- die moralische Wertschätzung (guter Ruf, Würdigung).

Machtmotive können auf einem Überlegenheitsdrang (zum Beispiel über jüngere Geschwister) oder auf der frühen Übernahme von Verantwortung beruhen. Das Machtstreben kann auch aus der Kompensation von Unsicherheit resultieren.

**Abundanzmotive**

Dazu zählt das Streben nach Selbstverwirklichung, nach Sinn oder nach Identifikation mit großen Leistungen, Vorbildern oder Idealen. Es geht um die Entwicklung einer eigenen, unverwechselbaren Persönlichkeit, um Eigenständigkeit, Kreativität und persönliches Wachstum. Abundanzmotive beziehen ihre Energie nicht aus der Spannung zwischen einem empfundenen Mangel und dem Wunsch, diesen Mangel zu beseitigen. Deswegen nennt man die Abundanzmotive auch Wachstumsmotive, während die anderen Motive zu den „Defizitmotiven" gehören.

Aus diesen fünf Motiv-Gruppen und ihren Beziehungen zueinander lassen sich nahezu beliebig viele Motivationsmodelle entwickeln. Sie sagen uns, welche Motive besonders wichtig sind, in welcher Reihenfolge sie wirksam werden und welche Motive man auf keinen Fall frustrieren sollte. Frustrierte oder enttäuschte Motive heißen dabei meist „Demotivatoren".

# Motivations- und Demotivationsstrategien

Inhaltstheorien geben eine Antwort auf die Frage, wonach der Mensch letztlich strebt, welche Motive ihm „gegeben" sind und wie sie sein Verhalten beeinflussen. Zu den bekanntesten Inhaltstheorien zählen die Bedürfnis-Pyramide von Maslow, die Zwei-Faktoren-Theorie von Herzberg sowie – in Deutschland – das idealistische Modell der Motivation von Sprenger.

Abraham Maslow (1908 - 1970) entwickelte in den frühen 40er Jahren seine bis heute sehr einflussreiche Bedürfnis-Pyramide (Abbildung 3/2). Das eigentliche Ziel von Maslow war nicht die Entwicklung einer „Motivations-Theorie", sondern einer „neuen Psychologie". Seine Bedürfnis-Pyramide ist das Ergebnis philosophischer Überlegungen und klinischer Erfahrungen. Er bildet fünf Gruppen von Bedürfnissen oder Motiven und bringt sie in eine Reihenfolge der Dringlichkeit. Ferner behauptet er, dass diese Bedürfnisse schrittweise wirksam werden. Das bedeutet, dass jeweils die untere Ebene von Bedürfnissen befriedigt sein muss, damit die nächst höhere wirksam wird.

Die vier unteren Gruppen fasst er zu den Defizitmotiven zusammen. Sie müssen befriedigt sein, um Leid und Krankheit abzuwenden.

Ganz oben in der Pyramide steht die Selbstverwirklichung (Wachstums- oder Abundanzmotive). Die Selbstverwirklichung als höchste Stufe kann niemals Ergebnis, sondern nur Prozess sein. Befriedigte Motive dienen dem Menschen nicht mehr als Motivatoren für verstärkte Leistungen – sie mobilisieren vielmehr die nächst höhere Gruppe von Motiven.

Abbildung 3/2: Hierarchie der Bedürfnisse nach Maslow

**Zwei-Faktoren-Theorie von Herzberg**

Dieses Modell beruht auf empirischen Untersuchungen der Arbeitssituation von Arbeitnehmern in den 50iger Jahren. Dabei hat Herzberg herausgefunden, dass es im Wesentlichen zwei Gruppen von Einflussfaktoren auf die Arbeitsleistung gibt. Die eine Gruppe nennt er „Motivatoren" und die andere „Demotivatoren" oder „Hygienefaktoren". Demnach haben positive Einstellungen der Mitarbeiter zur Arbeit andere Ursachen als negative. Bei den Hygienefaktoren handelt es sich um äußere Rahmenbedingungen der Arbeit. Sie können zwar keine Motivation erzeugen, dafür aber Unzufriedenheit und Frustrationen vermeiden. Zu den wichtigsten Hygienefaktoren zählen:

- Verstehen der Unternehmenspolitik,
- soziale Stellung (Status),
- Beziehungen zu Vorgesetzten, Kollegen und Mitarbeitern,
- Sicherheit (des Arbeitsplatzes),
- Kompetenz und Führungsstil des Vorgesetzten,
- Betriebsklima,
- Bezahlung und Arbeitsbedingungen.

Vergleichbar mit der medizinischen Bedeutung des Wortes „Hygiene" verhindern diese Faktoren Unzufriedenheit (Krankheiten), können aber keine Zufriedenheit (Gesundheit) entwickeln. Erst wenn „Hygiene" vorhanden ist, greifen Maßnahmen zur Motivation. Beispielsweise kann die Bezahlung als typischer Hygienefaktor kaum anhaltende Motivation bewirken. Hygienefaktoren sind nur in sehr geringem Maße substituierbar – etwa in dem Sinne, dass eine höhere Bezahlung als „Ersatz" für schlechte persönliche Beziehungen oder mangelnde Anerkennung dienen könnte.

Zu den typischen „Motivatoren" zählen:

- die erbrachte Leistung,
- Anerkennung,
- die Arbeit selbst,
- Verantwortung,
- Aufstieg und Beförderung,
- Persönliches Wachstum,
- Selbstbestätigung.

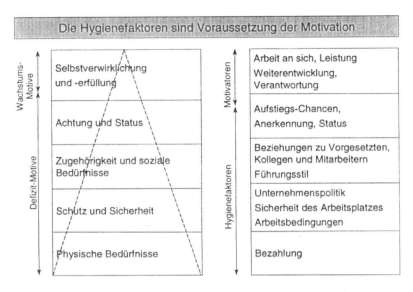

Abbildung 3/3: Vergleich Maslow und Herzberg

Vergleicht man die Modelle von Herzberg und Maslow, wird man einige Ähnlichkeiten entdecken. Die Defizitmotive von Maslow entsprechen weitgehend den Hygienefaktoren von Herzberg. Die Wachstumsmotive stammen bei beiden Autoren aus der Gruppe der Abundanzmotive.

**Das idealistische Modell von Sprenger**

Dieses Modell gehört zu den unzähligen Versuchen, ausgewählte Motive als besonders wichtig herauszustellen, um daraus Empfehlungen für das Führungsverhalten abzuleiten. Sprenger greift aus der Fülle der Antriebs-, Anreiz-, Handlungs-, Sozial- und Abundanzmotive die Leistungsmotive als besonders wichtig heraus und meint, sie seien dem Menschen angeboren und für sein Arbeitsverhalten entscheidend. Mit anderen Worten: In der Bedürfnis-Pyramide von Sprenger stehen die Leistungsmotive an der Spitze.

Er meint: „Leistungswille steckt in allen Menschen. So fanden Verhaltensforscher heraus, dass Kinder, die man in der Schulzeit auf einmal nur noch spielen ließ, nach ein paar Tagen freiwillig wieder Unterricht haben wollten ... Gibt man Affen schwierige Geschicklichkeitsübungen auf, vergessen sie über der spannenden Beschäftigung sofort Hunger und Futterschüssel. Tiere, die in Versuchslabors die Wahl hatten, sich ihr Futter durch bestimmte Handlungen selbst zu beschaffen (wie z. B. einen kleinen Hebel zu drücken) oder aber das Futter einfach zu bekommen, ziehen es vor, dafür zu arbeiten ... Babys lächeln, wenn sie es fertig bringen, einen an einem Faden hängenden Gegenstand in Bewegung zu setzen. Hingegen lächeln sie nicht, wenn die Bewegung nicht von ihnen selbst ausgelöst wurde."

Analog zu Herzberg findet man auch bei Sprenger „Demotivatoren" und „Motivatoren", die den Leistungswillen stärken oder schwächen. Bei den „Demotivatoren" handelt es sich um „falsche", in der Praxis aber verbreitete „Motivierungsregeln". Sie lassen sich mit den fünf großen „B" umreißen:

➢ Bedrohen,

➢ Bestrafen,

➢ Bestechen,

➢ Belohnen und

➢ Belobigen.

Die demotivierenden Strategien sind:

➢ Zwang: Der Vorgesetzte handelt dabei nach dem Motto: „Tue, was ich sage, sonst werde ich dich bestrafen", oder positiv, als Versprechen formuliert: „Funktioniere, dann bleibst du ungeschoren!" Dazu passen als Motivierungsinstrumente vor allem das Bedrohen und Bestrafen.

- Ködern: Der Vorgesetzte folgt dem Slogan: „Tue, was ich sage, sonst schadest du dir selbst." Oftmals kann er sich hinter einer Fülle indirekter Belohnungs- und Bestrafungsinstrumente verstecken. Dazu zählen Gewinnbeteiligungen, persönliche Gehaltszulagen oder Gehaltserhöhungen.

„Der Vorgesetzte"

- Verführen: Bei dieser Strategie sollen die Ziele des Unternehmens oder des Vorgesetzten in die Gedankenwelt des Mitarbeiters „hineingeschleust" werden. Er soll sich mit dem Unternehmen identifizieren nach dem Motto: „Wir sind die Nummer eins auf dem Markt, und du bist der Größte, wenn du dich mit uns identifizierst." Ein derartiges System ist häufig als Ersatz für ein schwaches Ich gedacht und wirkt letztlich entmündigend auf den Mitarbeiter.

- Vision: Visionen dienen häufig als Ersatz für viele kleine Abwertungen und Niederlagen im Tagesgeschäft. Wo materielle Anreize nicht mehr wirken, soll die suggestive Kraft der Idee oder Vision treten. Der Mitarbeiter soll das Licht am Ende des

Tunnels sehen und seine Gefolgschaft bekunden. Eine solche Unternehmenspolitik hat – so Sprenger – pubertäre Züge und trägt zur Entmündigung der Mitarbeiter bei. Darüber hinaus lassen sich viele Entscheidungen im Tagesgeschäft nicht in Einklang mit der Vision bringen. Die Folge ist eine Glaubwürdigkeitslücke, die letztlich zur Demotivation führt.

Mit derartigen Strategien kann ein Vorgesetzter sehr „erfolgreich" demotivieren; er kann seine Mitarbeiter zwar bedrohen, belobigen und anstacheln, aber nicht motivieren. Abgesehen davon ist ein Mitarbeiter kein manipulierbares Objekt oder ein Reiz-Reaktions-Apparat. Der Vorgesetzte kann viel zur Motivation beitragen, indem er auf die demotivierenden Strategien und Instrumente verzichtet.

Demnach ist Fremdmotivation nicht möglich!

Für den Willen zur Leistung ist vielmehr der Mitarbeiter selbst verantwortlich. Er muss die volle Leistungsbereitschaft (das Wollen) mitbringen. Darauf aufbauend sollte der Vorgesetzte dafür sorgen, dass der Mitarbeiter seine Leistungsfähigkeit (das Können) und seine Leistungsmöglichkeit (das Dürfen) voll entfalten kann. Die Abbildung 3/4 versucht, dies zu veranschaulichen.

Damit der Mitarbeiter seine Leistungsbereitschaft entfalten kann, schlägt Sprenger als „Motivatoren" vor:

➢ Fordern: Die Führungskraft hat das Recht, Forderungen zu stellen, auf Einhaltung von Vereinbarungen und Arbeitsverträgen zu bestehen und Leistungen auf der Grundlage definierter Ziele zu verlangen. Das betrifft auch Leistungen, die der Mitarbeiter aus sich heraus und freiwillig nicht erbringen will. Die Führungskraft soll herausfordern und nicht verwöhnen oder verführen.

➢ Vereinbaren: Für gute Leistungen gibt es keinen absoluten, sondern nur einen relativen Maßstab. Und das sind die Erwartungen der Führungskraft. Diese Erwartungen muss die Führungskraft klar definieren und mit dem Mitarbeiter vereinbaren. Betrachtet man den Mitarbeiter als mündig und gleichwertig, ist eine Motivation über diese Zielvereinbarung hinaus nicht erforderlich.

➤ Konsens: Damit der Mitarbeiter seine Leistungsbereitschaft voll entfalten kann, sollte der Vorgesetzte nicht machtgestützte, sondern konsensgestützte Entscheidungen anstreben. Dabei sollten sich beide als Partner begreifen. Es geht darum, nicht zu polarisieren, sondern zu integrieren und Gemeinsamkeit herzustellen.

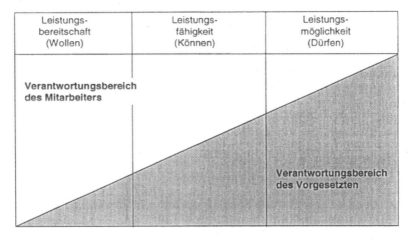

Abbildung 3/4: Verantwortung für Motivation nach Sprenger

## Motivieren mit Zielen

Weg-Ziel-Modelle beruhen auf dem Kerngedanken, dass Menschen sich umso mehr anstrengen, je attraktiver ihre Ziele sind und je größer die subjektive Wahrscheinlichkeit ist, diese Ziele auch erreichen zu können. Zu den bekanntesten Modellen dieser Kategorie gehört das von Porter und Lawler. Das Besondere an diesem Modell ist die Berücksichtigung der zeitlichen Veränderung von Motiven sowie der Lernfähigkeit des Menschen. Die Abbildung 3/5 fasst die wesentlichen Aspekte dieses Modells zusammen.

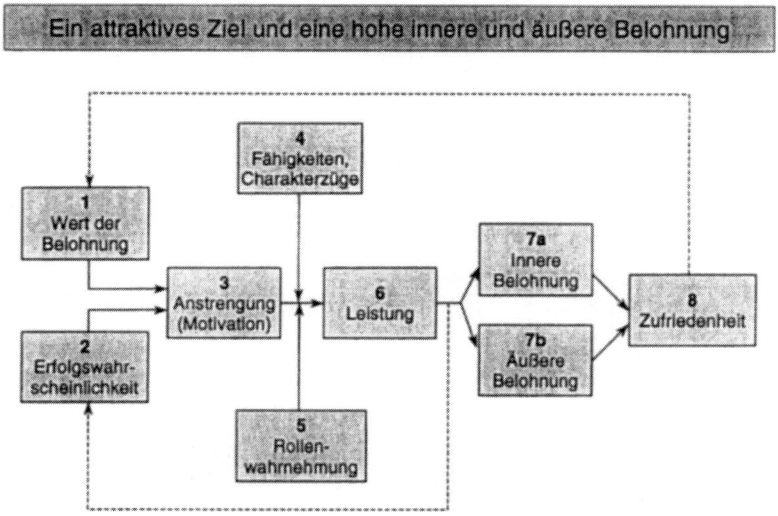

Abbildung 3/5: Weg-Ziel-Modell von Porter und Lawler (vereinfacht)

Nach diesem Modell ist die Anstrengung (3) zum einen davon abhängig, welchen subjektiven Wert die Belohnung hat (1), und zum anderen, wie groß die Wahrscheinlichkeit ist, einen Erfolg zu erringen (2). Die Leistung (6) wiederum ist nicht vom Wollen abhängig, sondern von den Fähigkeiten und Charakterzügen des Mitarbeiters (4) sowie von den Erwartungen an ihn, seiner Rolle gerecht zu werden (5). Diese Rollenwahrnehmung entscheidet darüber, worauf der Mitarbeiter seine Anstrengungen richtet. Aus der Leistung (6) resultieren innere (7a) und äußere (7b) Belohnungen. Sie können intrinsisch wirken, wenn die Leistung auch einem Anspruchsniveau des Mitarbeiters an sich selbst genügt. Erst dann ist er zufrieden (8). Mit anderen Worten: Zufriedenheit stellt sich nur dann ein, wenn die tatsächliche Höhe der Belohnung der als angemessen empfundenen Belohnung entspricht. Diese innere, als angemessen empfundene Belohnung (7a) deutet darauf hin, dass Menschen über eine eigene Beurteilungsinstanz für ihre Leistung verfügen. Aus diesem Grund führt ein Lob des Vorgesetzten nicht automatisch zur Zufriedenheit.

Leistungserfolg und Zufriedenheit haben wiederum einen Einfluss darauf, wie in künftigen oder ähnlichen Situationen der Wert der Belohnungs- und die Erfolgswahrscheinlichkeit einzuschätzen sind. Es kommt also zu Rückkopplungen, die sich selbst verstärken oder abschwächen können. Diese Lernprozesse und der Vergleich mit anderen Mitarbeitern erklären, warum kurzfristige Manipulationsversuche durch den Vorgesetzten nur selten Erfolg haben (können).

Führungskräfte können aus diesem Modell lernen, dass sie die Motive ihrer Mitarbeiter kennen sollten, um geeignete Belohnungen anbieten zu können. Ferner kommt es darauf an, dass die Belohnung der individuellen Leistung angemessen ist und gleichzeitig ausreicht, um überhaupt eine Wirkung als Anreiz zu haben. Dieses Modell zeigt ferner, wie viele Einflussgrößen an der Aufrechterhaltung der Motivation beteiligt sind. Allein die sinnvolle Definition der Aufgaben, Zuständigkeiten und Ziele der Mitarbeiter in Abhängigkeit von ihren subjektiven Wahrnehmungen stellt manche Führungskräfte in der Praxis vor erhebliche Probleme.

Die Komplexität des Motivations-Prozesses mag die Tatsache erklären, warum derart drastisch vereinfachende Modelle wie die von Maslow, Herzberg oder Sprenger in der Trainings-Praxis so beliebt sind. Das spricht nicht grundsätzlich gegen diese Vereinfachungen. An dieser Stelle sollte man hervorheben, das Modelle eine um so höhere Akzeptanz haben, je einfacher sie sind. Man sollte sie nicht als Abbilder der Realität betrachten, sondern als Denkhilfe. Und diese muss vereinfachen, wenn man daraus lernen will.

# So motivieren Sie richtig

Ein Unternehmen ist eine wirtschaftliche Organisation, die letztlich am Markt „überleben" muss. Das sollte nicht den Blick dafür versperren, dass die betriebliche Leistungserstellung ganz wesentlich auf das möglichst reibungslose „Funktionieren" der zwischenmenschlichen Beziehungen angewiesen ist. Unternehmen stellen zwar „nur" Arbeitskräfte ein, müssen aber sehr bald feststellen, dass Menschen gekommen sind, die man außerdem gar nicht so einfach wieder „loswerden" kann. Vor diesem Hintergrund hat sich in der Praxis eine Reihe pragmatischer, auf dem gesunden Menschenverstand beruhender, Regeln der Motivation bewährt. Dazu zählen:

- Den Mitarbeiter als Menschen akzeptieren und ihm Wertschätzung, Respekt, Toleranz entgegenbringen. In der Sache sollten Sie dennoch hart sein.

- Für fairen Interessenausgleich sorgen

- Klare, realistische Ziele vereinbaren und Rückmeldung über die Zielerreichung geben

- Die Betroffenen an Entscheidungen beteiligen

- Offen sagen, was entschieden ist und wo eine Beteiligung möglich oder nicht möglich ist

- So oft wie möglich delegieren

- Handlungsspielraum des Gesprächspartners erweitern

- Das Wissen und die Erfahrungen der Mitarbeiter berücksichtigen und nutzen

- Verantwortung mit den Kompetenzen in Einklang bringen

- Für persönliche Beratung und Förderung sorgen

- Eigenmotivation erkennen und fördern

- Nicht nur Spitzenleistungen anerkennen

- Mit Lob und Anerkennung nicht übertreiben

- Bei Fehlern für eine sachliche Ursachenanalyse sorgen

- Lösungsorientiert denken, statt nach „Schuldigen" zu suchen

- Maßnahmen zur Leistungsverbesserung möglichst gemeinsam diskutieren und beschließen: Beratung, Training, Aufgabenwechsel, Versetzung etc.

- Bei kritischen Entscheidungen (Rücknahme von Kompetenzen, Abmahnungen, Versetzungen, Kündigungen etc.) den Betroffenen die Möglichkeit lassen, ihr Gesicht zu wahren

- Werte leben: Ehrlichkeit, Fairness, Toleranz, Zuverlässigkeit, Gerechtigkeit, Vertrauen

- Vorbild sein und für eine möglichst weit gehende Übereinstimmung von Sagen und Tun sorgen

- Sich an Vereinbarungen halten, auch wenn diese Ihnen manchmal nicht wichtig erscheinen

- Eigene Fehler und Schwächen eingestehen, aber auch die daraus gezogenen Konsequenzen verdeutlichen

- Zivilcourage zeigen, insbesondere nach oben

- Regelmäßige Beurteilungsgespräche einrichten und die Betroffenen darauf vorbereiten

- Neue, herausfordernde Aufgaben stellen

- Aufstiegschancen eröffnen und Grenzen aufzeigen

- Selbstkontrolle fördern

- Transparente und nachvollziehbare Kriterien für Aufstiegsmöglichkeiten und Einkommenssteigerungen etablieren.

# Die Bedeutung der Empathie

In der Führungspraxis haben Motive in zweifacher Hinsicht eine außerordentlich hohe Brisanz. Zum einen sind sie für die Leistungsbereitschaft, das Engagement, die Qualität der Arbeit und die Einsatzfreude verantwortlich. Zum anderen lauert hinter den Motiven ständig die Gefahr, dass sie enttäuscht oder frustriert werden. Die Folgen können sich in einer laxen Arbeitsmoral, in fehlendem Engagement, in Bequemlichkeit oder „innerer Kündigung" äußern.

Für die Führungskraft kommt erschwerend hinzu, dass sie die dem Verhalten zugrunde liegenden Motive nicht unmittelbar beobachten kann. Selbst die direkte Frage nach den Motiven des Mitarbeiters liefert meistens keine brauchbaren Ergebnisse. Der Mitarbeiter ist in der Regel sehr zurückhaltend, wenn es darum geht, seine „wahren" Motive zu äußern. Abgesehen davon sind vielen Menschen ihre Motive häufig gar nicht bewusst. Oftmals entdeckt man – scheinbar plötzlich – völlig neue Interessen, etwa wenn man neue Aufgaben übernimmt. Motive sind ständig im Wandel. Was heute wichtig ist, kann morgen schon obsolet sein. Ferner erlernt der Mensch ständig neue Motive und „verlernt" aktuelle Bedürfnisse.

Hinzu kommt die Abhängigkeit von der jeweiligen Situation. Beispielsweise kann ein Mitarbeiter bei schweren familiären Konflikten oder bei einer Trennung vom Ehepartner starke Sicherheits- und Zugehörigkeitsmotive entwickeln, die zuvor eine untergeordnete Rolle in seinem Leben spielten. Um die Situationsabhängigkeit der Motive zu verdeutlichen, kann man die vereinfachende Alltagsvorstellung heranziehen, wonach es außerordentlich schwierig ist, jemandem ein saftiges Steak schmackhaft zu machen, wenn er gerade verzweifelt mit seinem Übergewicht kämpft.

Schließlich sollte die Führungskraft in der Lage sein einzuschätzen, inwiefern die Ziele und Visionen des Unternehmens mit den Motiven des Mitarbeiters vereinbar sind oder wie groß die Schnittmenge aus den Interessen des Mitarbeiters und des Unternehmens ist.

Demnach dürfte ein Mitarbeiter mit ausgeprägten Unabhängigkeitsmotiven eine nur sehr kleine Schnittmenge an gemeinsamen Interessen mit einem stark hierarchischen, risikoscheuen Unternehmen finden. In diesem Fall sollte die Führungskraft in der Lage sein, zum einen die Ziele des Unternehmens auf die konkreten Aufgaben des Mitarbeiters herunterzubrechen und zum anderen die Motivationslage zu verstehen und eine Problemlösung zu finden. Die Harmonisierung der Unternehmensziele mit den Motiven der Mitarbeiter, die Berücksichtigung des Wandels, des Lernens und der Situationsabhängigkeit von Motiven erfordert eine Kernkompetenz, die man Einfühlungsvermögen oder Empathie nennt.

Der Begriff „empathisch" steht in einem deutlichen Kontrast zum Begriff „diagnostisch". Beim empathischen Verhalten geht es darum, das subjektive Erleben des andern zu erspüren und nachzuvollziehen. Dabei entsteht ein Gefühl der Nähe und Identifikation. Das setzt die Bereitschaft voraus, sich auf den Gesprächspartner als Menschen einzulassen.

Ganz anders ist es mit diagnostischem Verhalten. In diesem Falle glänzt mancher Vorgesetzte damit, wie messerscharf und detektivisch genau er seinen Mitarbeiter durchschaut. Er „versteht" ihn zwar auch und kann seine Motive begreifen, doch auf eine fundamental andere, eine analytische Weise. Dieses „exakte" Wissen nutzt dem Vorgesetzten gar nichts. Er erreicht eher das Gegenteil, weil der Mitarbeiter sich entlarvt oder durchschaut fühlt. Folglich geht er auf Distanz und versteckt seine „wahren" Gefühle und Motive noch stärker. Der Vorgesetzte vergibt die Chance, seinen Mitarbeiter emotional herauszufordern und zu stimulieren. Das ist aber eine der wichtigsten Fähigkeiten von Führungskräften.

Einfühlungsvermögen umfasst auch die Fähigkeit, die indirekten Botschaften, die meist „zwischen den Zeilen" stehen, nachempfindend und nichtanalytisch zu verstehen. Es ist ein Gespür für andere Menschen, deren Gefühlslage, Bedürfnisse und Wünsche. Gleichzeitig sollte die Führungskraft eine nichtanalytische, aber kritische

Distanz aufrechterhalten und unangenehme Entscheidungen treffen können. Der Vorgesetzte kann sehr schnell den Mitarbeiter verletzen oder beleidigen, wenn er seine Motive nicht respektiert oder sogar ignoriert. Menschen, die „blind" sind für die indirekten Botschaften und die momentane Gefühlslage des anderen, fühlen sich häufig nicht ernst genommen oder nicht akzeptiert. Gerade bei Führungskräften, die es bereits vom Studium her gewohnt sind, mit „harten" Fakten und „rationalen" Entscheidungen zu arbeiten, ist die Gefahr besonders groß, dass sie emotional „blind" werden.

# Ihr persönliches Motivationsprofil

Eines der ältesten Motivationsmodelle scheint für die heutige Praxis am wichtigsten zu sein. Es stammt von William James (1842 – 1910) und William McDougall (1871 – 1938). Es wurde von Steven Reiss in neun internationalen Studien mit 7000 Versuchspersonen aus den USA, Kanada und Japan empirisch getestet. Das Ergebnis sind 16 Grundmotive des Menschen, von denen 15 genetisch bedingt sind. Diese Grundmotive sind:

- Macht (Power): Streben nach Einfluss, Führung und Erfolg

- Unabhängigkeit (Independence): der Wunsch nach persönlicher Freiheit und Eigenverantwortung

- Neugier (Curiosity): Streben nach Erkenntnis, Wissen und Wahrheit

- Anerkennung (Acceptance): Streben nach Zugehörigkeit und Integration

- Ordnung (Order): Streben nach Organisation, Stabilität und Sicherheit

- Sparen (Saving): Streben nach Eigentum und Besitz, Sammlertrieb

- Ehre (Honour): Streben nach Loyalität, moralischen Werten und seinem familiären Erbe verbunden zu sein

- Idealismus (Idealism): Streben nach gemeinschaftlichen Werten wie Fairness oder Gerechtigkeit

- Beziehungen (Social Contact): Streben nach Freundschaft und Nähe zu anderen

- Familie (Family): Streben nach Familienleben und Erziehung eigener Kinder

- Status (Status): Streben nach einem hohen sozialen Rang und Ansehen

- Vergeltung (Vengeance): Streben nach Konkurrenz, Kampf und Ausgleich erlebter Niederlagen und Nachteile

- Erotik (Romance): Wunsch nach Sexualität und Schönheit

- Essen (Eating): Streben nach Nahrung und Freude am Essen

- Körperliche Aktivität (Physical Activity): Streben nach Bewegung und Anwendung der Muskelkraft

- Ruhe (Tranquility): Streben nach körperlicher und emotionaler Entspannung.

Jeder Mensch hat eine individuelle Kombination mehr oder weniger stark ausgeprägter Motive. Diese Kombination ist ein wesentlicher Bestandteil seiner persönlichen Identität. Insgesamt gibt es über 43 Millionen Kombinationen der 16 Grundmotive. Die Kenntnis der individuellen Motivstruktur und die Fähigkeit, diese mehr oder weniger intuitiv zu verstehen, sind ein wichtiger Schlüssel zum richtigen Umgang mit anderen Menschen. Es gilt der Grundsatz: Nur wenn man die eigenen Motive und die Motive seiner Mitarbeiter einigermaßen kennt, wird es gelingen, sie nachhaltig zu motivieren. Dazu einige Beispiele von Steven Reiss:

Eine Person mit stark ausgeprägten Machtmotiven wird sich selbst eher als ambitioniert, erfolgreich, dominant, führend und tüchtig einschätzen. Diese Person neigt dazu, die anderen eher als schwach, nachlässig oder gar als Versager wahrzunehmen. Menschen mit sehr schwach ausgeprägten Machtmotiven haben in der Regel niedrige Ambitionen. Sie werden sich sehr stark an anderen orientieren und keine Probleme damit haben, sich ein- oder unterzuordnen. Sie neigen dazu, andere Menschen als egoistisch, egozentrisch, machtgierig und übertrieben fleißig (Streber) einzuordnen.

Personen mit besonders starken Unabhängigkeitsmotiven wollen für sich selbst verantwortlich sein. Sie möchten über Arbeitsinhalte, Arbeitstempo, Gehalt und ihr Umfeld selbst entscheiden. In einer (hierarchischen) Struktur zu arbeiten ist gleichbedeutend mit dem sprichwörtlichen goldenen Käfig. Sie neigen dazu, andere als unreif, schwach, unselbständig oder unfähig wahrzunehmen. Das Selbstbild von Personen mit besonders schwach ausgeprägten Unabhängigkeitsmotiven ist sehr häufig beherrscht von Wertvorstellungen wie Zuwendung, Vertrauen und Solidarität. Sie benötigen besonders viel Aufmerksamkeit und „Pflege". An anderen Menschen kritisieren sie sehr gern deren Kompromisslosigkeit, Sturheit und ihren Stolz, den sie als angeberisch empfinden.

Das Selbstbild von Menschen mit ausgeprägten idealistischen Motiven ist sehr häufig von humanistischen, sozialen und gesellschaftlichen Wunschvorstellungen geprägt. An ihren Mitmenschen kritisieren sie bevorzugt Herzlosigkeit, Egoismus, Zynismus und mangelnde Sensibilität. Sind die idealistischen Motive dagegen sehr schwach ausgeprägt, haben wir es – zumindest vom Selbstbild her – mit so genannten Realisten oder Pragmatikern zu tun. Sie versuchen, das Beste aus einer Situation herauszuholen (Prinzip des geringsten Übels). Sie neigen dazu, ihre Mitmenschen als Träumer oder Spinner wahrzunehmen, die sich um Dinge kümmern, die sie nichts angehen oder von denen sie nichts verstehen.

Eine Übersicht, die über die drei erläuterten Beispiele hinausgeht, ist in der nachfolgenden Übersicht dargestellt. Damit können Sie Ihr eigenes Motivprofil erstellen. Anschließend sollten Sie das gleiche Profil für die wichtigsten Menschen in Ihrem beruflichen und privaten Leben erstellen. Sie können anschließend mit den Betroffenen darüber sprechen. Aus meiner Beratungspraxis kann ich nur sagen: Das ist eine der besten praktischen Übungen in Sachen Menschenkenntnis und Motivation.

| Motivationsprofil | | |
|---|---|---|
| | Ist mir sehr wichtig | ist mir völlig unwichtig |
| 1. Macht (Einfluss, Führung, Erfolg) | | |
| 2. Unabhängigkeit (Freiheit, Autarkie) | | |
| 3. Neugier (neues Wissen, Erkenntnis) | | |
| 4. Anerkennung (Zugehörigkeit, Akzeptanz) | | |
| 5. Ordnung (Sicherheit, Stabilität, Klarheit) | | |
| 6. Sparen (Eigentum, Besitz, Sammeln) | | |
| 7. Ehre (Loyalität, Integrität, Moral) | | |
| 8. Idealismus (Gerechtigkeit, Fairness) | | |
| 9. Beziehungen (Freundschaft, Nähe) | | |
| 10. Familie (Kinder erziehen, Familienleben) | | |
| 11. Status (Prestige, Ansehen, Rang) | | |
| 12. Vergeltung (Kampf, Konkurrenz) | | |
| 13. Erotik (Sexualität, Schönheit) | | |
| 14. Essen (Freude am guten Essen) | | |
| 15. Körperliche Aktivität (Fitness, Bewegung) | | |
| 16. Ruhe (Entspannung) | | |

# 4. Wirksam kommunizieren

## Basiskompetenz

Führungskräfte verbringen im Durchschnitt 80 Prozent ihrer Arbeitszeit mit Kommunikation. Deshalb zählt die Kommunikationsfähigkeit zu den wichtigsten Kompetenzen. Die Menschen sind grundsätzlich geneigt, das, was sie sehen und empfinden, für objektiv „wahr" zu halten. Wie problematisch und „falsch" eine derartige Einstellung sein kann, mag das folgende Beispiel verdeutlichen: Es handelt sich um die Aussagen geschulter Beobachter in einem Assessment-Center zur Einschätzung eines Kandidaten. Während der eine Gutachter in dem Kandidaten eine besondere Stärke in seinem logisch stringenten Vorgehen erblickte, hatte der andere Beobachter den Eindruck, der Kandidat sei eher pedantisch und bürokratisch eingestellt. Ähnlich konträr waren fast alle anderen Beobachtungsergebnisse bis hin zu der Einschätzung des Gesprächsverhaltens. Gutachter A war der Meinung, der Beobachtete könne besonders gut zuhören und habe die innere Gelassenheit, seine Gesprächspartner geduldig ausreden zu lassen. Gutachter B sah dies ganz anders und meinte, dem Kandidaten fehle es an Durchsetzungsvermögen (siehe Abbildung 4/1).

Noch schwieriger ist es bei unternehmerischen Entscheidungen. Hier haben wir es mit einer Kombination menschlicher und wirtschaftlicher Zusammenhänge zu tun. Es handelt sich in der Regel um zukunftsbezogene Entscheidungen mit zum Teil erheblichen Risiken. Man muss dabei sowohl das Verhalten der Beteiligten als das wirtschaftliche Umfeld „richtig" einschätzen können.

## Zwei erfahrene Beobachter beurteilen die gleiche Person

| Gutachter A: | Gutachter B: |
|---|---|
| logisch/**stringent** vorgehend | **pedantisch**, bürokratisch |
| **strukturierend/planend** | risikoscheu, **phlegmatisch** |
| **Einbeziehung** von Kollegen | geschwätzig, **unsicher** |
| berücksichtigt möglichst alle **Konsequenzen** | will sich nach allen Seiten **absichern** |
| sorgfältige **Analyse** aller Aspekte des Problems | **schiebt** Entscheidungen vor sich her |
| setzt **Prioritäten** | ist **oberflächlich** |
| bringt **neue** Sichtweisen | **chaotisch**, unbeständig |
| lässt andere ausreden, kann **gut zuhören** | mangelndes **Durchsetzungsvermögen** |

Abbildung 4/1: Beurteilung im Assessment-Center

# Prinzipien und Störungen in der Kommunikation

Nach Beavin, Jackson und Watzlawick gelten für die Kommunikation folgende fünf Prinzipien mit jeweils typischen Quellen für Störungen:

Man kann nicht nicht kommunizieren. Auch das Schweigen, Ignorieren oder Wegdrehen enthält eine Nachricht.

Jede Kommunikation besitzt einen Inhalts- und einen Beziehungsaspekt. Auf der Inhaltsebene geht es um Sachthemen, Argumente und logische Gedankengänge. Die Beziehungsebene gibt Aufschluss darüber, wie die Gesprächspartner emotional zueinander stehen. Beispiel: A sagt zu B: „In Ihrem Konzept fehlt ein wichtiger

Aspekt, nämlich der Zeitplan." Auf der Beziehungsebene meint A: „Jetzt zeig ich dir, dass ich mehr von dem Thema verstehe als du." Häufig haben sachliche Aussagen nur den Zweck, emotionale Botschaften zu transportieren.

In einem Streit gibt es in der Regel keinen Anfang und kein Ende, weil jeder Gesprächspartner Vor-Ursachen geltend machen kann. Ferner können beide Kontrahenten die gleiche Situation völlig unterschiedlich deuten. Watzlawick nennt dazu das Beispiel eines Ehepaares. Der Ehemann zieht sich zurück, indem er nach der Rückkehr vom Büro sich vor das Fernsehgerät setzt, um Nachrichten zu schauen. Daraufhin fängt die Ehefrau an zu nörgeln; er würde sich gar nicht um die Familie kümmern, und außerdem seien ihm ihre Probleme völlig gleichgültig. Er meint aber, ihr ständiges Herumnörgeln lasse ihm gar keine andere Wahl, als das Fernsehgerät einzuschalten. Wer hat nun Recht? Ein endloser Streit kann beginnen. Im Berufsleben ist es der Vorgesetzte, der sich darüber ärgert, dass seine Mitarbeiter keine Initiative entfalten. Die Mitarbeiter sehen das völlig anders: Ihr Chef sei kleinlich, mache ihnen ständig Vorhaltungen und lasse ihnen gar keine Freiräume, um Initiativen entfalten zu können.

Die Kommunikation kann sprachlich und nichtsprachlich sein. Eine sprachliche Äußerung ist zum Beispiel ein Kompliment. Die gleiche Botschaft kann man auch durch einen Blumenstrauß übermitteln. Kommunikationsprobleme entstehen häufig durch die Verwechslung sprachlicher und nichtsprachlicher Botschaften.

Der fünfte Grundsatz schließlich bezieht sich auf die Art der Beziehung. Diese kann symmetrisch oder komplementär sein. Symmetrisch ist eine Beziehung von gleichgestellten Personen, also beispielsweise von Mitarbeiter zu Mitarbeiter. In komplementären Beziehungen ergänzen sich die Rollen der Gesprächspartner. Beispiele sind Arzt und Patient oder Vorgesetzter und Mitarbeiter bzw. Lehrer und Schüler.

## Wie man unerwünschtes Verhalten verstärken kann

„Teufelskreis" der Kommunikation

Typische Störungen in der Kommunikation ergeben sich dadurch, dass die Gesprächspartner jeweils den Wunsch nach der Gegenstruktur haben. So erwartet der Arzt, dass sein Patient zu ihm nicht wie ein Berufskollege spricht, sondern vielmehr seiner Rolle gerecht wird. Ebenso erwartet der Vorgesetzte, dass sein Mitarbeiter ihn auch tatsächlich wie einen Vorgesetzten behandelt. Probleme entstehen meistens dann, wenn der Mitarbeiter das Gefühl hat, seinem Chef überlegen oder gleichgestellt zu sein. Der Vorgesetzte wird daraufhin versuchen, wieder den „alten" Abstand herzustellen.

Grundsätzlich gilt der folgende Zusammenhang: In symmetrischen Beziehungen hat der eine Gesprächspartner häufig das Bestreben, sich in einem besseren Licht darzustellen als der andere. Es besteht ein gewisser Wettbewerb. In asymmetrischen Beziehungen versucht der Rangniedrigere, sich auf einen höheren Rang zu stellen, während der Ranghöhere bemüht ist, einen gewissen Abstand zu wahren. Die Gesprächspartner können sich sehr leicht in einem Teufelskreis gegenseitig hochschaukeln, wie ihn die obige Karikatur darstellt. Die Sach- und Beziehungsebene lässt sich noch weiter aufschlüsseln. Dazu hat Schulz von Thun das folgende, inzwischen klassische Modell der vier Seiten einer Nachricht entwickelt.

## Der „vierohrige" Empfänger

Jede sachliche Aussage enthält in der Regel mehrere „begleitende" Botschaften. Die Botschaften können die gewollte Wirkung der Aussage verstärken, abschwächen oder ins Gegenteil verwandeln. Dieses Kernproblem der Kommunikation hat Schulz von Thun in dem folgenden Beispiel aus dem Alltag beschrieben: Am Steuer eines PKWs sitzt eine Frau. Der Mann sitzt als Beifahrer daneben und sagt: „Du, da vorne ist grün" (siehe Karikatur).

„Ampel" von Schulz von Thun

In diese einfache Nachricht kann der „Sender" (bewusst oder unbewusst) mehrere Botschaften hineingesteckt haben, und zwar:

### (1) Sachinhalt

Das ist die reine Sachinformation über den Zustand der Ampel (sie steht auf Grün).

### (2) Selbstoffenbarung

Der Sender verrät gleichzeitig etwas über seine Fähigkeiten und seine Befindlichkeit: Er ist offenbar wach und innerlich dabei. Möglicherweise ist er ungeduldig, oder er will mitteilen, dass er der bessere Autofahrer ist. Die Selbstoffenbarung kann sowohl die unfreiwillige Selbstenthüllung als auch die gewollte Selbstdarstellung einschließen.

### (3) Beziehung

Jede Aussage enthält in der Regel auch eine Botschaft über die Beziehung des Sprechers zum Zuhörer. Der Empfänger hat für diese Seite der Nachricht ein besonders empfindliches Ohr. Die Botschaft kann eine
- Wertschätzung,
- Geringschätzung/Bevormundung oder den Versuch einer
- Über-/Unterordnung enthalten.

### (4) Appell

Die vierte Seite einer Nachricht oder – anders ausgedrückt – die vierte Botschaft ein und derselben Aussage kann einen Appell enthalten: Der Empfänger soll etwas tun oder unterlassen. Im vorliegenden Fall könnte der Appell lauten: „Fahr schneller, bevor die Ampel auf Rot springt!"

Genauso wie der „Absender" in einer Nachricht vier verschiedene Botschaften unterbringen kann, hat der „Empfänger" die Möglichkeit, mit vier verschiedenen Ohren zuzuhören.

> Der Volksmund sagt: „Man hört nur das, was man hören will."

**Du, da vorne ist grün!**

Was ist das für einer? Was ist mit ihm?

Wie ist der Sachverhalt zu verstehen?

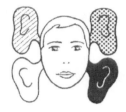

Wie redet der eigentlich mit mir? Wen glaubt er vor sich zu haben?

Was soll ich tun, denken, fühlen aufgrund seiner Mitteilung?

Abbildung 4/2: Der „vierohrige Empfänger" nach Schulz von Thun

**Informations-Ohr**

Mit dem Informations-Ohr hören wir Sachverhalte heraus. Wir hören, worüber uns der Gesprächspartner informieren will. Im vorliegenden Beispiel würde die Frau am Steuer sagen: „Ja tatsächlich, wir scheinen eine grüne Welle erwischt zu haben."

**Appell-Ohr**

Es hört heraus, wozu der andere uns veranlassen will, was er möchte, dass wir tun sollen. Im Beispiel könnte die Frau sagen: „Ich beeil mich ja schon."

**Selbstoffenbarungs-Ohr**

Es hört heraus, was der Sprecher über sich aussagt, was er durch das Gesagte über sich selbst offenbart. Eine mögliche Antwort der Frau wäre: „Du hast es wohl eilig, wie?"

**Beziehungs-Ohr**

Mit dem Beziehungs-Ohr hören wir, was der Sprecher von uns hält und wie er zu uns steht. Die Autofahrerin hat die Beziehungsbotschaft offenbar als Bevormundung entschlüsselt und antwortet: „Fährst du oder fahre ich?"

Zusammenfassend kann man das Modell der vier Seiten einer Nachricht in der folgenden Übersicht darstellen:

| | als „Sender" | als „Empfänger" |
|---|---|---|
| Sachaspekt | worüber ich informiere | was ich (Neues) erfahre |
| Appell | wozu ich jemanden veranlassen möchte | was jemand möchte, dass ich tun soll |
| Selbstoffenbarung | was ich von mir preisgebe | was der andere über sich sagt |
| Beziehung | was ich von dir halte, wie wir zueinander stehen | was der andere über mich sagt |

Nach diesem Modell besteht das Hauptproblem darin, dass der „Absender" einer Nachricht nur geringen Einfluss darauf hat, welches Ohr des Gesprächspartners gerade zuhört oder besonders empfänglich ist. Entscheidend ist nicht, was der „Sender" meint, sondern was beim Adressaten ankommt. Der „Sender" muss also in der Lage sein, die Reaktion des Empfängers vorauszusehen. Das kann eine Verständigung sehr schwierig machen.

## So wird Kommunikation erfolgreich

Die vier Seiten oder Ohren kann man als Symbole für verschiedene „Hintergrund-Motive" interpretieren. Es können sein:

- Geltungsmotive (Prestige, Anerkennung, Fassade)
- Machtmotive (Einfluss, Wettbewerb, Verantwortung)
- Sicherheitsmotive (Bestätigung, Zuwendung, Bequemlichkeit)
- Besitzmotive (Geld, Eigentum, Unabhängigkeit)
- Neugier/Interesse (Lernen, Erkenntnis, Mitteilungsbedürfnis).

Die Motive können verschieden stark ausgeprägt sein und in einer positiven oder einer negativen Variante auftreten. In einer positiven Variante äußern sich Machtmotive in der Bereitschaft, Veränderungen herbeizuführen, Verantwortung zu übernehmen oder Problemlösungen voranzubringen. Es ist eine freundliche, verbindliche und umgängliche – konziliante – Form der Machtausübung.

Eine eher negative Variante könnte man mit dem Begriff „herrschsüchtig" umschreiben. Es kann das Bedürfnis sein, Macht als Selbstzweck auszuüben. Man könnte dieses Bestreben als penetrant bezeichnen – vergleichbar mit penetrantem Geruch.

Den Erfolg der Kommunikation kann man sich auf einer Skala zwischen den Extrempunkten Nichtbeachtung einerseits und Manipulation andererseits vorstellen. Dazwischen liegen verschiedene Formen der Beeinflussung, die ja erklärtes Ziel der Führung ist. Der Zusammenhang zwischen Wirkung auf andere und Erfolg (Beeinflussung) lässt sich in einem Portfolio abbilden (Abbildung 4/3):

Person A versucht, andere zu beeinflussen, kann sich in immer penetrantere Formen der Herrschsucht hineinsteigern, hat damit aber kaum Erfolg. Entweder wird sie gar nicht ernst genommen oder – wenn sie über entsprechende Machtinstrumente verfügt – bewirkt sie nur formalen „Gehorsam". Die Mitarbeiter pflegen zu denken: „Lass' den Alten doch reden ..." Das andere Extrem ist die Person C. Sie versteht es, wirkungsvoll zu kommunizieren. Sie ist freundlich, entgegenkommend und umgänglich, ihre Botschaften treffen stets ins Schwarze. Sie haben eine hohe Effizienz.

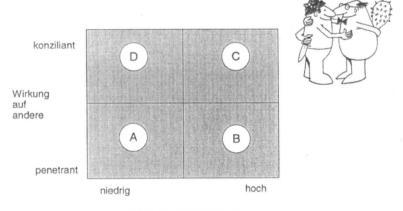

Abbildung 4/3: Penetranz und Konzilianz

Die Führungskraft B hat einen penetranten Stil, erreicht aber eine hohe Wirkung. Sie kehrt mit einem eisernen Besen und ist dabei erfolgreich. Die Person D ist eher der freundliche Kumpel, der für jeden Spaß zu haben ist. Was sie sagt, findet bei anderen allerdings kein Gehör – zumindest wenn es darum geht, geschäftliche Probleme zu lösen.

In ähnlicher Weise kann man die anderen Bedürfnisse in dem Portfolio abbilden und erhält auf diese Weise ein Wirkungsprofil der eigenen Hintergrund-Motive.

Für die Kommunikation ist es entscheidend, dass der „Absender" einer Nachricht nicht weiß, in welcher Form die Botschaft beim „Empfänger" ankommt. Während beispielsweise der Vorgesetzte das Gefühl hat, sein Verhalten wirke manchmal wie penetrantes Geltungsstreben, mag sein Mitarbeiter das gar nicht so empfinden. Er interpretiert die Botschaft als motivierend und konziliant. Es geht also um die Frage nach der Wirkung der eigenen Person auf andere.

In einer Untersuchung haben Joe Luft und Harry Ingham vier bemerkenswerte Zustände unterschieden, und zwar den Bereich,

- den nur ich kenne (Privatperson, Intimsphäre)

- den auch die anderen kennen (öffentliche Person)

- den andere kennen, der mir selbst aber unbekannt ist (mein blinder Fleck) sowie den Bereich,

- den weder die anderen noch ich selbst kennen. Es handelt sich vor allem um den tiefenpsychologischen Bereich.

Aus den Vornamen der Autoren (Joe und Harry) ergibt sich das klassische Johari-Fenster (siehe Abbildung 4/4).

Der blinde Fleck, also das nach außen sichtbare, mir aber nicht bekannte oder bewusste Verhalten, dürfte im Allgemeinen sehr groß sein. Deswegen ist eine Hilfestellung bei der Analyse des Kommunikationsverhaltens besonders wichtig.

Es scheint nur wenige Instrumente zu geben, die helfen, den „blinden Fleck" zu verringern oder aufzuhellen. Das wichtigste Instrument ist das Feedback. Es ist allerdings im Wesentlichen nur in der so genannten Zwei-Weg-Kommunikation einsetzbar. Im Falle der Ein-Weg-

Kommunikation (Vortrag, Präsentation, Rede) kann das Modell der drei Säulen helfen. Zunächst einige Anmerkungen zum Feedback.

**Feedback**

Wir erzielen in der Kommunikation immer eine Wirkung, manchmal allerdings eine andere als beabsichtigt. Das Feedback ist eine Brücke zwischen dem beabsichtigten und dem tatsächlich erzielten Kommunikationserfolg. Nur durch Feedback können wir letztlich unser Verhalten erkennen und verändern. Feedback ist eine Mitteilung an eine Person, die zeigt, wie sie von anderen wahrgenommen, verstanden und erlebt wird.

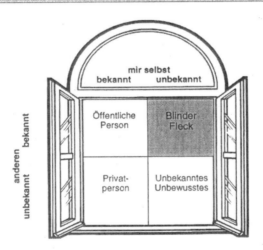

Abbildung 4/4: Das „Johari-Fenster"

Grundsätzlich hat Feedback folgende Vorteile:

Als Empfänger erfahre ich,

- wie mein Verhalten als Gruppenmitglied oder Kollege beim anderen angekommen ist
- überprüfe ich, ob ich mit meinem Verhalten das erreichen konnte, was ich wollte
- erfahre ich, wie mich Kollegen, Mitarbeiter oder Vorgesetzte sehen
- lerne ich meine (zum Teil auch unbewussten) Stärken und Schwächen besser kennen.

Als Feedback-Geber

- unterstütze ich den anderen durch Anerkennung und helfende Kritik
- lerne ich, auch kritische Themen offen und wirkungsvoll anzusprechen
- zeige ich, dass ich meinen Gesprächspartner ernst nehme
- lerne ich, zwischen Tatsachen und Meinungen sowie zwischen Vorurteilen und Vermutungen besser zu unterscheiden
- vermeide ich „Fehler" der subjektiven Wahrnehmung.

Solange das Feedback positiv ausfällt, dürfte es kaum Probleme geben. Anders sieht es bei Feedback zu negativem oder penetrantem Verhalten aus. Ob jemand Feedback annehmen kann, hängt in erster Linie davon ab, wie man es ihm sagt. Deswegen erscheint es empfehlenswert, folgende Regeln zu beachten:

- beschreibend (nicht wertend)
- auf konkretes Verhalten bezogen (nicht auf Eigenschaften, die der Adressat ohnehin nicht ändern kann)

- auf Beobachtungen bezogen (nicht auf Vermutungen, Interpretationen)

- auf veränderbares Verhalten gerichtet

- eigene Empfindungen/Reaktionen benennen

- nur im eigenen Namen sprechen (statt „man" etc.).

**Feedback aufnehmen:**

- zuhören, gegebenenfalls nachfragen, um zu verstehen

- nicht rechtfertigen, verteidigen

- auch innerlich nicht wegschieben

- dem Geber sagen, dass das Feedback angekommen ist.

Das Feedback zielt auf die Verbesserung der alltäglichen Gesprächsführung, also der Zwei-Wege-Kommunikation. Darüber hinaus kommt es darauf an, auch die Ein-Weg-Kommunikation zu beherrschen. Dabei geht es um Statements, Vorträge, Diskussionsbeiträge oder Präsentationen. Hierbei kann es hilfreich sein, die drei Säulen der erfolgreichen Kommunikation zu kennen: Echtheit, Klarheit und Glaubwürdigkeit (siehe Abbildung 4/5).

# Verständlichkeit, Klarheit und Glaubwürdigkeit

Die Instrumente für mehr Klarheit und Verständlichkeit heißen: Gliederung, Kürze, Redundanz und Stimulans. Eine klare und optimal verständliche Botschaft oder Präsentation steigert die Bereitschaft der Zuhörer, neue Informationen aufzunehmen und bei der Sache zu bleiben. Häufig lehnt der Zuhörer (innerlich oder offen) Informationen nur deswegen ab, weil er sie nicht versteht und glaubt, damit nichts anfangen zu können (Nutzen). Im Folgenden seien deshalb die wichtigsten Instrumente zur Erhöhung der Verständlichkeit vorgestellt:

➢ Einfachheit in Wortwahl und Satzbau
   - Geläufige Wörter verwenden (zum Beispiel „Briefmarke" statt „Postwertzeichen")
   - Bei gängigen Redensarten bleiben (zum Beispiel „Ich bin überrascht" und nicht: „Mit großem Erstaunen habe ich festgestellt ...").

➢ Kurze Sätze bilden

➢ Die Gefahr von „Zwergsätzen" und „Asthma-Stil" umgehen Sie, indem Sie Argumentationspläne anwenden (siehe Kapitel 5).

➢ Die am besten verständliche Wortstellung (Subjekt-Prädikat-Objekt) verwenden.

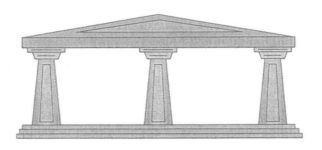

Abbildung 4/5: Drei Säulen der Kommunikation nach Jiranek/IFB

➤ Passivsätze („werden", „wurde") in Aktivsätze umwandeln

➤ Schwülstige Formulierungen vermeiden, beispielsweise könnte der bekannte Spruch Cäsars: „Ich kam, sah und siegte" in „Amtsdeutsch" auch lauten: „Nach erfolgter Ankunft und eingehender Besichtigung der räumlichen und sonstigen Gegebenheiten wurde der Sieg durch Cäsar errungen."
  – Imaginäre Subjekte wie „man" oder „es" durch konkrete ersetzen

➤ Gliederung und Ordnung
  – Das Ziel der Präsentation herausarbeiten und eindeutig benennen
  – Gliederungspunkte erkennbar auf das Gesamtziel ausrichten
  – Die Systematik der Gliederung erläutern und begründen
  – Kürze und treffende Redundanz. Den Begriff „Redundanz" umschreibt Schneider mit „notwendigem Überfluss" und erläutert ihn an dem folgenden Beispiel: Wenn in Chile oder Guatemala jemand einen Erdstoß verspürt und die Menschen warnen möchte, so genügt der Schrei: „Erdbeben" – eine Nachricht ohne jegliche Redundanz. In Berlin, wo es noch nie ein Erdbeben gab, würde derselbe Zuruf wahrscheinlich ohne Wirkung bleiben. Damit die Warnung Erfolg hat oder überhaupt wahrgenommen wird, müsste sie redundant – also folgendermaßen – aufgebaut sein: „Achtung, hören Sie alle zu! Ich habe einen Erdstoß gespürt. Das kann der Anfang eines Erdbebens sein. Ja, eines Erd-be-bens! Ich kenne mich aus, ich habe vor zwei Jahren in Chile ein Erdbeben erlebt ... Glauben Sie mir bitte, ich mache keinen Witz ..." Mit der treffenden Redundanz löst sich das Problem, eine Präsentation möglichst kurz zu gestalten, nahezu automatisch: Der Erwartungs- und Erfahrungshorizont der Zielgruppe liefert das entscheidende Kriterium dafür, Wesentliches vom Unwesentlichem zu trennen. Als Faustregel gilt: Die systematische Erforschung des Erfahrungs- und Erwartungshorizonts der Zielgruppe sollten Sie genauso wichtig

nehmen wie die Ausarbeitung des Manuskripts. Dazu eine Anekdote: Churchill wurde von einem Journalisten einmal gefragt, wie viel Zeit er denn brauche, um eine seiner zündenden 10-Minuten-Reden vorzubereiten. Seine Antwort: „Eine Woche." Erstaunt fragt der Journalist, wie lange die Vorbereitung dauert, wenn Churchill eine 1-Stunden-Rede halten soll. Der Politiker lächelt und sagt: „10 Minuten."

➢ Zusätzliche Stimulans
  – Direkte Rede einsetzen (die Zuhörer persönlich ansprechen)
  – Lebensnahe Beispiele verwenden
  – Vergleiche bilden
  – Bildhafte und sinnesnahe Begriffe verwenden (möglichst nah am Sehen, Fühlen, Riechen, Spüren, Hören)
  – Persönlich formulieren („Guten Tag" statt: „Ich darf Sie begrüßen")
  – Abstrakte Sachverhalte durch konkrete Beispiele veranschaulichen.

Eine verständliche Präsentation muss bei den Zuhörern nicht automatisch glaubwürdig erscheinen. Das Modell der vier Seiten einer Nachricht versucht, dieses Phänomen zu erklären. Demnach kann der Zuhörer ein anschauliches und treffendes Argument als anmaßend oder arrogant empfinden, obwohl der Redner genau das Gegenteil beabsichtigt hat („Jetzt will er mir zeigen, wie gut er ist").

Damit stellt sich die Frage, was der Redner – außer der Verständlichkeit – noch tun kann. Die Antwort lautet: Um mehr Überzeugungskraft zu erreichen, müssen noch Echtheit und Sachkompetenz hinzukommen. Die drei Elemente: Verständlichkeit, Echtheit und Sachkompetenz müssen sich harmonisch in die Beziehung zwischen Sprecher, Zuhörer und Inhalt einfügen.

Auch Authentizität lässt sich trainieren. Um mehr Echtheit zu erreichen, sind folgende Regeln nützlich:

➤ Das Gesagte muss dem Gemeinten entsprechen. Das bedeutet: Sagen Sie nicht alles, was Sie meinen; meinen Sie aber alles, was Sie sagen!

➤ Beschränken Sie sich auf Ihre subjektiven Wahrnehmungen (vermeiden Sie Anspielungen mit Vermutungen und Unterstellungen)!

➤ „Senden" Sie ausschließlich „Ich-Botschaften"! Dazu einige Beispiele: (1) „Die Idee hat mir nicht gefallen" statt: „Die Idee ist nicht gut"; (2) „Ich bin nicht zu Wort gekommen" statt: „Sie reden zu viel"; (3) „Das habe ich nicht verstanden" statt: „Das haben Sie aber nicht besonders gut erklärt" oder: „Das haben Sie vorher aber anders gesagt".

➤ Sprechen Sie Ihre Absichten und Ziele offen aus. Es besteht sonst die Gefahr, dass man Ihnen „Hintergrundmotive" wie Geltungsbedürfnis oder Machtstreben unterstellt.

➤ Verdeckte Beeinflussungsversuche (zum Beispiel durch Abwertung eines anderen Standpunktes) transportieren meist die Botschaft, der Zuhörer sei uninformiert, unreif oder zur eigenen Meinungsbildung nicht in der Lage. Schildern Sie das Problem und zeigen Sie, wo Sie die Lösung sehen!

➤ Beachten Sie den Grundsatz, dass der Zuhörer als Person und Mensch (mit all seinen Vorurteilen und Unzulänglichkeiten) ernst genommen werden will. Auch wenn es so manche Überwindung kostet, mit vorurteilsbeladenen oder wenig lernwilligen Menschen zu kommunizieren, trennen Sie die Sache von der Person nach dem Motto: „Wir sind uns einig, dass wir völlig unterschiedlicher Meinung sind".

➤ Achten Sie darauf, dass die verbale und die nonverbale Botschaft (Körpersprache) übereinstimmen. Voraussetzung hierfür ist die Kenntnis der Wirkung der eigenen Körpersprache auf andere. Abgesehen von speziellen Seminaren können Sie einen (ihnen vertrauten) Zuhörer bitten, Ihnen Feedback zu geben –

zum Beispiel anhand der nachfolgenden Tabelle mit Trainings-Beispielen von verschiedenen Personen:

| Feedback zur... | Es war ... (beschreibend) | Wie es auf mich gewirkt hat ... |
|---|---|---|
| Gestik | „hat die Wirkung des Gesagten verstärkt" | „sehr lebhaft" |
| Mimik | „auch bei weniger ernsten Aussagen gelächelt" | „wenig überzeugend" |
| Körperhaltung | „aufrecht, mit beiden Beinen fest am Boden gestanden" | „etwas mehr Bewegung hätte mir besser gefallen" |
| Tonfall | „laut, deutlich und langsam" | „selbstsicher, fachlich sicher" |
| Blickkontakt | „alle Teilnehmer angeschaut, nicht zu lange und nicht zu kurz" | „sehr sympathisch, ich fühlte mich direkt angesprochen" |
| Auftreten | „sehr häufig den Standort gewechselt" | „zurückhaltend, etwas unsicher" |
| Besondere Stärke | „klare Struktur und neue Gesichtspunkte" | „kreativ, überzeugend" |

Ein weiterer wichtiger Aspekt für das Gelingen einer Kommunikation ist Ihre Identifikation mit der Sache. Wie Sie Ihre Sachkompetenz zeigen sollten, beschreiben die folgenden Regeln:

➢ Schildern Sie, welche persönliche (und emotionale) Beziehung Sie zum Thema haben und was Sie zu dem Vortrag legitimiert!

➢ Vermeiden Sie Täuschungen des Zuhörers (z. B. angelesenes Wissen als erlebtes Wissen oder Erfahrung auszugeben)!

➢ Bleiben Sie verbindlich und legen Sie sich fest (nicht hinter Begriffen wie „würde", „könnte", „man", „vielleicht", „hätte" usw. verstecken)!

➤ Vermeiden Sie Botschaften, die einen Macht- oder Geltungsanspruch kommunizieren! Beispiele:
- „Es ist wissenschaftlich bewiesen ..."
- „Das kann man nicht so sehen."
- „Es ist doch Tatsache, dass ..."
- „Das Problem können Sie ganz einfach lösen, indem Sie ..."
- „Sie sollten mal darüber nachdenken ..."
- „Da müssen Sie aber noch die Fakten ... berücksichtigen."
- „Ich habe immer wieder die Erfahrung gemacht, dass das so ist." „Die (berühmte) Persönlichkeit ... ist übrigens der gleichen Ansicht ..."

➤ Bringen Sie keine Argumente gegen Wahrnehmungen und Gefühle (es ist in der Regel sinnlos, mit „objektiven" Fakten gegen die subjektive Realität der Zuhörer anzurennen)!

➤ Verwenden Sie keine Einschränkungen wie „eigentlich", „prinzipiell", „durchaus" oder „im Großen und Ganzen"!

➤ Vermeiden Sie eine bewertende Ausdrucksweise (Vorwürfe oder Geringschätzung gegenüber Personen, die auch im Publikum sein könnten, sowie Einordnungen in „gut" und „schlecht", „moralisch" und „unmoralisch")!

Diese Empfehlungen sollen nicht zu der Schlussfolgerung verleiten, es sei angebracht, den Zuhörern „nach dem Mund zu reden". Wenn Sie die Zuhörer beeinflussen wollen, ihre Meinung oder Einstellung zu ändern, dann sollten Sie dies mit einem überzeugenden Argumentationsplan tun. Das ist Gegenstand des Kapitels 5 „Überzeugend argumentieren".

# 5. Überzeugend argumentieren

## Überzeugen statt manipulieren

Eine Argumentation ist eine zielgerichtete Information. Der Adressat soll zum Beispiel

➢ seine Meinung ändern (und ein bestimmtes Produkt kaufen)

➢ neue Informationen, Fakten oder Zusammenhänge lernen (und behalten)

➢ Initiative ergreifen (ein Konzept erstellen, einen Plan ausführen, eine Entscheidung treffen)

➢ sein Verhalten ändern (kooperationsbereiter sein, Vereinbarungen oder Termine besser einhalten usw.)

➢ seine Leistungsbereitschaft erhöhen

➢ ein Produkt oder eine Leistung erwerben

➢ ein Investitionsvorhaben genehmigen

➢ ein (erhöhtes) Budget bewilligen.

In allen Beispielen geht es darum, etwas zu bewegen oder zu verändern. Abgesehen vom Überrumpeln, Überreden oder Erpressen bleibt nur die Überzeugung durch Argumente. Lässt man einmal Manipulationsversuche beiseite, besteht ein weit verbreiteter „Fehler" darin, dass der Redner oder Präsentator einen bunten „Blumenstrauß" äußerst „interessanter" Aspekte, kristallklarer Formulierungen, intelligenter Gedanken und bestechender Fachkenntnisse zusammenstellt. Damit kann er dem weniger kritischen Zuhörer eventuell imponieren. Mit Überzeugung hat das allerdings nichts zu tun. Der kritische Zuhörer wird sich zwar für die „beeindruckende Präsentation" bedanken und Ihnen anschließend derart „triviale" Fragen stellen, dass Sie das Gefühl haben: „Wozu habe ich mich eigentlich so ins Zeug gelegt?"

Ein Argument ist der Grundbaustein. Es besteht aus zwei Teilen:

1. einer Behauptung und

2. einer Begründung (Beleg oder Beweis).

Ähnlich wie beim Bau eines Hauses müssen die Argumente (Bausteine) in eine sinnvolle (überzeugende) Ordnung gebracht werden. Das ist die Aufgabe der Argumentationspläne. Ein solcher Bauplan hat nur einen Zweck: das Kernargument, das die gewollte Veränderung bewirken soll, zu untermauern. Dieses Kernargument heißt „Message" und steht am Schluss.

Einleitung und Hauptteil haben allein den Zweck, die Zuhörer auf die Message vorzubereiten. Eine Präsentation ohne erkennbare Message und ohne „Bauplan" kann Unsicherheit ausstrahlen oder wie Geschwafel wirken. Dem Redner bleibt dann oft nur noch der Versuch, die Zuhörer durch Anekdoten, Witze, „beeindruckendes" Detailwissen und Plaudereien aus dem Nähkästchen bei der Stange zu halten.

# Funktionen und Gestaltung der Einleitung

Die Einleitung soll das Interesse der Zuhörer für das Thema und die Message wecken. Das kann nur gelingen, wenn der Redner sich zuvor gründlich mit den Erwartungen und Erfahrungen sowie den Emotionen und Motiven seiner Zielgruppe beschäftigt hat. Die Funktion der Einleitung besteht nicht darin, mit belanglosen Allgemeinplätzen zum Thema „hinzuführen". Vielmehr kommt es darauf an, einen persönlichen Bezug zwischen Sprecher, Zuhörer (Zielgruppe) und Inhalt herzustellen (siehe auch Abbildung 5/1).

Nach der Einleitung sollten die Adressaten wissen,

➢ warum das Thema wichtig ist (Nutzen),

➢ welche Ziele der Sprecher mit der Rede verfolgt (Echtheit) und

➢ warum der Sprecher von der Sache was versteht (Kompetenz).

Wie sieht das Gegenteil – also eine miserable Einleitung – aus? Häufig erlebt man, dass der Sprecher sich über die Zielgruppe, ihre Situation, ihre Erwartungen, Wünsche und Vorkenntnisse gar keine Gedanken gemacht hat. Er will sein Wissen einfach nur loswerden – also ohne Rücksicht auf die Zielgruppe (zeitlich und inhaltlich).

Eine Präsentation ist für manche Redner eine gute „Gelegenheit", sich selbst darzustellen, die Zuhörer zu beeindrucken, „Heldentaten" zu erzählen, Eitelkeiten zu pflegen oder – das andere Extrem – sich in „falscher" Bescheidenheit zu suhlen („Es ist eine große Ehre für mich ... Ich hoffe, ich werde Sie nicht langweilen ..."). Mit anderen Worten: Vermeiden Sie sowohl Überheblichkeit als auch Untertänigkeit. Sagen Sie ganz klar, was Sie erreichen wollen. Machen Sie deutlich, warum es sich lohnt, Ihnen zuzuhören. Beispiel: „Ich möchte Sie mit der Conjoint-Analyse vertraut machen. Damit können Sie Ihre Vertriebskosten um mindestens 30 Prozent reduzieren." Oder: „Ich möchte Sie davon überzeugen, dass ..."

Die Zuhörer sind weniger daran interessiert, ob Sie ein toller Typ sind. Vielmehr wollen sie wissen, wie Sie zu Ihren Sachkenntnissen gekommen sind, und warum Sie meinen, dass man von Ihnen etwas lernen kann. Es kann sein, dass es Ihr Beruf ist, sich mit diesem Thema zu beschäftigen (Experte). Möglicherweise haben Sie interessante und ungewöhnliche Erfahrungen gemacht, die den Zuhörern noch bevorstehen. Ein weiterer Beleg für Ihre Kompetenz könnte sein, dass Sie durch das Studium der Fachliteratur oder durch eigene Forschung interessante Erkenntnisse gewonnen haben, Sie nun zur Diskussion stellen möchten.

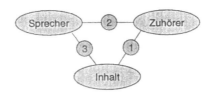

① Warum ist das Thema für den Zuhörer wichtig? (Nutzen)
② Welche konkreten Ziele verfolgen Sie mit der Rede? (Echtheit)
③ Worauf gründet Ihre Sachkenntnis? (Kompetenz)

Abbildung 5/1: Gestaltung der Einleitung

Eine Präsentation sollte ein Geschenk (= Präsent) an die Teilnehmer sein, wie es der Begriff schon nahe legt. Darüber hinaus bieten sich folgende klassische Eröffnungen an:

Sie können Gemeinsamkeiten oder Unterschiede ansprechen. Dazu gehören Herkunft, Beziehungen zum Ort oder die Zugehörigkeit zum gleichen Berufsstand. Genauso geeignet ist der Vergleich zwischen Ihrem Berufsstand und dem der Zuhörer.

Beginnen Sie situationsbezogen, indem Sie Erlebnisse oder besondere Vorkommnisse erwähnen, die Sie und die Zuhörer etwa auf dem Weg hierher erlebt haben. Notfalls hilft das Wetter – aber nur wenn Sie sich bemüht haben, dem Wetter etwas Besonderes abzugewinnen.

Suchen Sie nach einem treffenden Zitat. Dabei kommt es darauf an, dass Sie abschätzen können, wie es auf die Zuhörer wirken könnte. Testen Sie die Wirkung zuvor an einem Bekannten der gleichen Zielgruppe.

Besonders wirkungsvoll ist der Einstieg mit aktuellen Daten oder ungewöhnlichen statistischen Fakten. Dazu gehören auch interessante Ereignisse aus der Geschichte.

Bringen sie ein Anschauungs-Objekt mit, also einen Gegenstand, der eine Rolle in Ihrer Argumentation spielt. Notfalls genügt auch ein Foto, ein Dia oder eine Skizze.

Erzählen Sie eine Anekdote oder ein persönliches Erlebnis, das Sie besonders stark innerlich bewegt hat und einen Bezug zum Thema hat. Sie können auch auf Begebenheiten in der Mythologie zurückgreifen.

Ein Einstieg mit einer etymologischen Klärung eines zentralen Begriffes aus der Überschrift zwingt Sie, anschließend stringent und folgerichtig zu argumentieren. Die Logik spüren auch die Zuhörer.

Der Anfang sollte auf jeden Fall eine Positiv-Aussage sein. Alle genannten Möglichkeiten der Eröffnung sollten ein positives Gefühl ansprechen, das im Zusammenhang mit den Zuhörern steht (Sympathie, Freude, Glück, Schönheit, Ästhetik, Optimismus). Negativ-Aussagen sind zum Beispiel: „Ich werde heute nicht ..." oder: „Ich werde versuchen, mich kurz zu fassen."

Vermeiden Sie am Anfang den Appell an negative Gefühle wie Angst, Neid oder sonstige Befürchtungen. Genauso sollten Sie zu Beginn auf jeden Fall vermeiden: Entschuldigungen („Ich möchte sie nicht langweilen"), das Fischen nach Komplimenten („Ich weiß nicht, ob es mir gelingt, Ihnen einen interessanten Einblick ..."), Rechtfertigungen oder Unterwürfigkeit.

# Aufbau des Hauptteils

Der Hauptteil enthält einen oder mehrere Argumentationspläne. Die Reihenfolge sollte so sein, dass am Anfang die „schwächeren" und am Ende die „stärkeren" Argumente stehen. Auf diese Weise können Sie die Spannung steigern, die sich schließlich im Kernargument (der Message) entlädt. Im Folgenden sind einige der wirksamsten Argumentationspläne nach Schuh und Watzke vorgestellt:

- Die (logische) Folgerung
- Der Kompromiss
- Die (logische und zeitliche) Kette
- Vom Allgemeinen zum Besonderen
- Die Ausklammerung
- Der Vergleich

Der Hauptteil besteht also aus Argumentationsplänen. Erst diese ergeben den so genannten roten Faden und bewirken die Überzeugungskraft der Rede oder Präsentation. Argumentationspläne kann man für den Aufbau der gesamten Präsentation (auch einer wissenschaftlichen Arbeit), für einzelne Kapitel oder Botschaften verwenden. Meistens empfinden wir einen schriftlichen oder mündlichen Beitrag oder ein Buch dann als spannend, wenn der Autor die verschiedensten Argumentationspläne kombiniert. Er bietet also Abwechslung. Die folgenden Beispiele sollen die Anwendung von solchen Plänen verdeutlichen. Dabei ist unterstellt, dass der persönliche Bezug bereits vorhanden ist.

## Die (logische) Folgerung

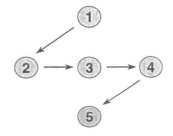

❶ Einleitung

Aus den Argumenten

❷ erstens ...
❸ zweitens ...
❹ und – am wichtigsten – drittens ...

folgt zwingend ...
❺ der Zielsatz (Message)

**Beispiel für eine Folgerung**

1) Das Umsatzwachstum hat sich in diesem Jahr erheblich verlangsamt.

Wenn ich folgende Tatsachen bedenke:

2) erstens, welche Möglichkeiten der amerikanische Markt bietet,
3) zweitens, welchen Trend die Marktforschung bestätigt hat, und – schließlich
4) drittens, wie viel Know-how wir auf diesem Gebiet gesammelt haben, folgt daraus nur eine Konsequenz:
5) Wir müssen das neue Produkt entwickeln.

## Der Kompromiss

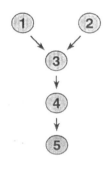

Zielsatz (Message) aus zwei gegensätzlichen Positionen entwickeln (These/Antithese/Synthese):

❶ A meint ...
❷ B meint / widerspricht mit dem Hinweis ...
❸ Beide sind sich einig, dass ...
❹ Genau hier könnte man ansetzen ...
❺ Daraus ergibt sich die Forderung / Möglichkeit ... (Message)

**Beispiel für einen Kompromiss**

1) Der technische Leiter drängt darauf, die Kosten zu senken.

2) Dagegen will der kaufmännische Leiter den Umsatz steigern.

3) Beide sind sich darin einig, dass wir die Rendite steigern müssen.

4) Genau hier sollten wir ansetzen und

5) den Spezialauftrag nach außen vergeben.

## Die logische Kette

❶ Die Sache/Situation ist so und so ...

❷ Dies führt zu ...

❸ Deswegen müssen wir dies und jenes tun ...

❹ Das aber hat zur Voraussetzung, dass ...

❺ Darum müssen wir schließlich ... / gibt es nur die Lösung ... (Message)

**Beispiel für eine logische Kette**

1) In den vergangenen Jahren ist der Anteil der Großkunden deutlich gesunken.

2) Das hat zu einer kräftigen Ausweitung des Sortiments geführt.

3) Ein breites Sortiment ist aber nur bei mehr Kostenbewusstsein im Vertrieb sinnvoll.

4) Das hat aber zur Voraussetzung, dass die Kostenstruktur für alle transparent ist.

5) Deswegen sollten wir sofort mit der Gemeinkosten-Wert-Analyse beginnen.

## Die zeitliche Kette

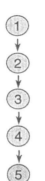

- ❶ Vor zehn Jahren ...
- ❷ Das hatte zur Folge, dass ...
- ❸ Heute ist ...
- ❹ Morgen ist möglicherweise ...
- ❺ Deshalb müssen wir jetzt handeln und ... tun (Message)

**Beispiel für eine zeitliche Kette**

1) Vor zehn Jahren waren wir Marktführer.

2) Folglich hatten wir ein sehr gutes Image bei einem wesentlich niedrigeren Werbe-Budget.

3) Heute ist die Situation anders. Wir müssen gegen starke Konkurrenten aus Japan antreten,

4) und morgen kommen möglicherweise noch die Koreaner hinzu.

5) Deswegen meine ich, dass wir die Beteiligung in China erwerben sollten.

## Vom Allgemeinen zum Besonderen

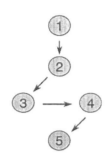

Das Ziel (die Message) steht im Widerspruch zu einer verbreiteten Überzeugung (der Redner will vom Gegenteil überzeugen):

❶ In der Regel/gewöhnlich sieht man die Sache so ...
❷ In diesem besonderen Fall ist das anders ...
❸ denn erstens ...
❹ und zweitens ...
❺ Deshalb meine ich ... (Message)

**Beispiel für „Vom Allgemeinen zum Besonderen"**

1) Fast alle Mitglieder der Geschäftsleitung meinen, wir hätten in den vergangenen Jahren genügend in Forschung und Entwicklung investiert.

2) In diesem Falle ist die Situation aber völlig anders. Warum?

3) Erstens entstehen neue Chancen in Asien, und das Risiko ist überschaubar.

4) Und zweitens können wir uns einen Stillstand auf diesem Gebiet gar nicht leisten. Deswegen meine ich,

5) dass wir das Entwicklungsprojekt noch in diesem Jahr beginnen sollten.

## Die Ausklammerung

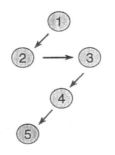

Zielsatz entwickeln, indem man eine geäußerte Ansicht als abwegig darstellt:

❶ Wir reden dauernd über ...
❷ Dabei geht es um ....
❸ Darauf kommt es gar nicht an (das erscheint mir nicht so wichtig) ...
❹ Vielmehr geht es um ...
❺ Deshalb sollte ... (Message)

**Beispiel für die Ausklammerung**

1) Wir reden die ganze Zeit über Liquidität.

2) Dabei geht es darum, die Zahlungsfähigkeit zu erhalten.

3) Darauf kommt es aber gar nicht an, weil wir genügend Reserven haben.

4) Vielmehr müssen wir langfristig denken und für mehr Rentabilität sorgen.

5) Deswegen meine ich, dass wir in das Auslandsprojekt investieren sollten.

## Der Vergleich

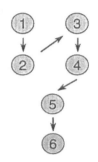

Die Message aus der Gegenüberstellung zweier gegensätzlicher Standpunkte:

❶ A hat folgenden Standpunkt ...
❷ und begründet dies mit ...
❸ B hält dagegen ...
❹ Er argumentiert mit ...
❺ Beide Auffassungen überzeugen mich nicht, weil ...
❻ Stattdessen sollte (Message) ...

**Beispiel für den Vergleich**

1) Der Vertriebsleiter will das Sortiment erweitern.

2) Er begründet dies mit den Wachstumsprognosen der neuen Produkte.

3) Der Controller meint dagegen, wir sollten das Sortiment straffen und

4) begründet es mit der niedrigen Durchschnittsrendite.

5) Beide Standpunke können mich nicht überzeugen, weil sie unsere neuen strategischen Ziele nicht berücksichtigen.

6) Deswegen sollten wir die Investition in den USA durchführen.

# Die Message

Der Schluss hat nicht die Funktion, die mündliche oder schriftliche Präsentation mit leeren Worthülsen oder sonstigen Floskeln ausklingen zu lassen. Eine gebräuchliche Redewendung dabei lautet: „Bevor ich zum Schluss komme ..." Mit diesen Worten kann man die Wirkung der gesamten Präsentation zerstören. Der Schluss soll eine Veränderung (im Denken und Handeln) der Zuhörer bewirken oder zumindest zum Nachdenken anregen. Das ist die wichtigste Aufgabe der Message. Es gilt der Grundsatz: Der erste Eindruck ist der beste, doch der letzte Eindruck bleibt. Folgende Methoden haben sich für den Schluss bewährt:

### Bündelung

Der Redner zeigt, dass er die nach seiner Auffassung entscheidenden Argumente hatte – mehr nicht. Auf keinen Fall sollte er eines oder mehrere Argumente wiederholen, weil er sie sonst verwässert. Beispiel: „Die geschilderte wirtschaftliche Situation, die Analyse des politischen Umfeldes und die Beispiele der erfolgreichen Konkurrenten – alle diese Aspekte führen mich zu der Überzeugung, dass die neue Strategie wesentlich erfolgreicher sein wird."

### Appell

Damit will der Redner zum konkreten Handeln oder zumindest zum Nachdenken auffordern. Beispiel: „Die skizzierten Nachteile der traditionellen Organisation können die Innovationskraft offensichtlich nicht stärken. Probieren Sie deshalb die neue Methode aus! Ich bin sicher, dass Sie zumindest in den Bereichen X und Y wesentlich bessere Ergebnisse erzielen können."

**Zusammenfassung**

Kurze prägnante Thesen, die das Wesentliche festhalten. Beispiel: „Zusammenfassend komme ich zu folgendem Ergebnis: Erstens: Planung ist in diesem Bereich überflüssig. Zweitens: Kontrolle hat noch nie die Leistungsbereitschaft gefördert und drittens: Überlassen Sie den Vertrieb nicht den Controllern oder Stabsabteilungen. Das bringt nur Ärger und Kosten. Fazit: Nehmen Sie die Sache selbst in die Hand! Ich habe Ihnen gezeigt, wie das funktioniert."

# Argumentation im Tagesgeschäft

In Führungssituationen des Tagesgeschäftes wie auch im Verkaufsgespräch hat sich die motivbezogene Argumentation bewährt. Zu alltäglichen Führungsgesprächen zählen unter anderem die Themen:

- Zielvereinbarungen
- Gehaltserhöhung
- Delegation von Aufgaben
- Kritik
- Anerkennung
- Beurteilung

Für derartige Gesprächssituationen gilt häufig die Regel, wonach Logik und klare Beweisführung allein keine Akzeptanz oder Begeisterung erzeugen können. Es geht um eine anerkennende, mitarbeiterorientierte Sprache und Argumentationsweise.

Die Führungskraft sollte die Beweggründe und Motive ihrer Mitarbeiter kennen und sich darauf einstellen. Wichtig ist dabei eine individuelle, auf die Persönlichkeit jedes einzelnen Mitarbeiters abgestimmte Argumentation. Mit anderen Worten: Die Führungskraft

„spricht die Sprache der Mitarbeiter". Dabei ist es völlig unerheblich, ob der Vorgesetzte die gleichen Vokabeln oder ähnliche Redewendungen kennt und verwendet wie seine Mitarbeiter.

Die Fähigkeit, die Sprache der Mitarbeiter zu sprechen, beherrschen manche Führungskräfte entweder intuitiv oder aufgrund langjähriger Erfahrungen und Trainingsmaßnahmen. Als Einstieg oder zur selbstkritischen Überprüfung Ihrer bisherigen Praxis dienen die folgenden Überlegungen.

Ein Argument besteht – wie eingangs ausgeführt – aus zwei Teilen:

1. einer Behauptung und

2. einem Beleg oder „Beweis".

In der motivorientierten Argumentation kommen zwei weitere Teile hinzu, eine Behauptung und ein Beleg dafür, dass die Behauptung eine wichtige Bedeutung oder einen Vorteil im Hinblick auf die Motive des Mitarbeiters hat.

Der Vorgesetzte zeigt mit der motivbezogenen Argumentation, dass er seinen Mitarbeiter und seine Motive versteht und so viel Einfühlungsvermögen besitzt, dass er abschätzen kann, welchen Sinn und welche Bedeutung das Argument für den Mitarbeiter hat – Beispiel:

1) Aussage: „Ich habe für Sie eine neue Aufgabe geplant."

2) Beleg (Motiv):
   - das bedeutet für Sie, dass Sie ... (Vorteil)
   - damit erreichen Sie ... (Wunsch)
   - das hilft Ihnen ... (Interesse)
   - dadurch können Sie ... (Erwartungen)
   - Sie vermeiden dadurch ... (Hoffnungen)
   - das ermöglicht Ihnen ... (Vorstellung)
   - das heißt für Sie ... (Nutzen)
   - dadurch verbessern Sie ... (Ziel)
   - das gibt Ihnen das Gefühl ... (Bestätigung).

Zur Verfügung stehen praktisch alle im Kapitel 3 „Motivation" dargestellten Motive des Mitarbeiters. Aus der Reaktion des Mitarbeiters können Sie schließen, wie gut Ihr Einfühlungsvermögen ist – auch im Hinblick auf „verdeckte" Motive.

Als Ergebnis der regelmäßigen motivbezogenen Argumentation entsteht die Chance, eine gleiche „Wellenlänge" zu entwickeln oder die „gleiche Sprache" zu sprechen. Sie können somit eine individuelle, auf Ihre Persönlichkeit abgestimmte Gesprächshaltung entwickeln.

Als Gegenbeispiel sind in der Abbildung 5/2 in der Praxis verbreitete Gesprächshaltungen dargestellt. Einige davon sind eher dazu geeignet, die Kluft zwischen Vorgesetzten und Mitarbeitern zu vergrößern.

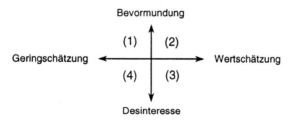

**Beispiele:**
(1) „Das hat noch nie geklappt. Machen Sie es bitte deshalb genau so, wie ich es Ihnen gesagt habe."
(2) „Machen Sie es mit der Methode XY. Dann werden Sie den lang verdienten Erfolg haben."
(3) „Machen Sie, wie Sie es für richtig halten – schlimmer kann es gar nicht mehr kommen."
(4) „Auch wenn es wieder nicht geklappt hat, bin ich sicher, dass Sie es allein schaffen werden."

Abbildung 5/2: Gegenteil der motivbezogenen Argumentation

# 6. Ansprechend präsentieren

## Können Sie Ideen „verkaufen"?

Die Fähigkeit, die Ergebnisse der eigenen Arbeit gegenüber Kunden, Vorgesetzten oder Mitarbeitern überzeugend darzustellen, zählt zu den wichtigsten Qualifikationen von Führungs- und Führungsnachwuchskräften. Dabei sollte man beachten, dass Folien und Papiervorlagen sehr geduldig sind. Sie lassen sich von professionellen Designern nahezu endlos perfektionieren – wesentlich aussagekräftiger bleibt dennoch der persönliche Auftritt und der Eindruck, den Sie bei den Zuhörern hinterlassen. Die Art der Präsentation, Gestik, Mimik, Körperhaltung und Tonfall sind zu über 80 Prozent für die erzielte Wirkung verantwortlich. Es lohnt daher die Investition in eine einprägsame Präsentation. Das Erfolgsgeheimnis hierzu lautet einfach: Training und Feedback. Dazu schlage ich eine bewährte Übung aus zahlreichen Assessment-Centern vor.

Wegen der großen Bedeutung des Beherrschens von Präsentationstechniken, werden diese Fähigkeiten bereits beim Eintritts in ein Unternehmen getestet. Das Gleiche gilt für so genannte Entwicklungs-Assessments, mit denen Nachwuchskräfte mit besonders hohem Potenzial für anspruchsvollere Aufgaben herausgefischt werden sollen. Ein Hauptgrund für die große Bedeutung der Präsentationsfähigkeit ist relativ einfach: Die beste Idee hat keinen Wert, wenn man sie nicht richtig an den Mann/die Frau bringen kann.

Bei der Übung aus einem typischen Assessment-Center handelt es sich um die so genannte Selbstpräsentation. Der Kandidat sollte in der Lage sein, sich selbst glaubwürdig und überzeugend zu „verkaufen". Der Begriff Präsentation ist dabei – und das sei noch einmal ausdrücklich erwähnt – ganz im wörtlichen Sinne als Präsent oder Geschenk zu verstehen. Der Redner überreicht den Zuhörern Argumente in Form von Präsenten.

Als Leitfaden für eine Selbstpräsentation kann der Kandidat folgende Fragen und Aufforderungen bekommen:

➢ Schildern Sie Ihren bisherigen beruflichen Werdegang! Aber Vorsicht Falle: Dabei ist Ihre (interessante) Lebensgeschichte (möglicherweise seit der Schulzeit) weitgehend uninteressant. Vielmehr geht es darum herauszufinden, welche nachweisbaren Ergebnisse oder Erfolge Sie erzielt haben, die im Hinblick auf die neue Aufgabe relevant sind.

➢ Wo sehen Sie Ihre besonderen Stärken und Schwächen?

➢ Nennen Sie Beispiele für berufliche Aufgaben, die Sie besonders gut und weniger gut bewältigt haben!

➢ Worauf führen Sie Ihre Erfolge und Misserfolge zurück?

➢ Wie ist Ihr derzeitiges Verhältnis zu Vorgesetzten und Mitarbeitern?

➢ Was sind Ihre beruflichen Ziele, und wie wollen Sie diese erreichen?

➢ Skizzieren Sie Ihre Aufgabe oder Ihre Abteilung, die Einbindung in die Gesamtorganisation und die Zusammenarbeit mit anderen Abteilungen!

➢ In der Regel sollen die Kandidaten zwei bis drei dieser Items auswählen. Nach etwa 30 Minuten Vorbereitung haben sie 10 Minuten Zeit für die Präsentation.

Ein typischer Beurteilungsbogen für die Präsentation sieht wie folgt aus:

166

**Beurteilungsbogen Selbstpräsentation**

1 = weniger gut/trifft kaum zu
4 = sehr gut/trifft vollkommen zu

**Äußeres Erscheinungsbild**

Sicheres Auftreten

| 1 | 2 | 3 | 4 |
|---|---|---|---|

Ruhige, gelassene Ausstrahlung

| 1 | 2 | 3 | 4 |
|---|---|---|---|

Angemessene Gestik und Mimik

| 1 | 2 | 3 | 4 |
|---|---|---|---|

Motivierte Haltung

| 1 | 2 | 3 | 4 |
|---|---|---|---|

**Sprachliche Gewandtheit**

Klare und verständliche Argumentation

| 1 | 2 | 3 | 4 |
|---|---|---|---|

Flüssiges und freies Sprechen

| 1 | 2 | 3 | 4 |
|---|---|---|---|

Korrekte grammatikalische Formulierungen

| 1 | 2 | 3 | 4 |
|---|---|---|---|

Nachvollziehbare, anschauliche Argumente

| 1 | 2 | 3 | 4 |
|---|---|---|---|

**Inhalt der Präsentation**

Sachkenntnis und Know-how

| 1 | 2 | 3 | 4 |
|---|---|---|---|

Roter Faden gut erkennbar

| 1 | 2 | 3 | 4 |
|---|---|---|---|

Konzentration auf das Wesentliche

| 1 | 2 | 3 | 4 |
|---|---|---|---|

**Medieneinsatz**

Umgang mit Medien (Projektor etc.)

| 1 | 2 | 3 | 4 |
|---|---|---|---|

Adäquater Einsatz der Medien

| 1 | 2 | 3 | 4 |
|---|---|---|---|

Didaktisch geschickter Einsatz der Medien

| 1 | 2 | 3 | 4 |
|---|---|---|---|

**Motivation der Zuhörer**

Auf die Erwartungen der Zuhörer eingehen

| 1 | 2 | 3 | 4 |
|---|---|---|---|

Zuhörer sind aufmerksam

| 1 | 2 | 3 | 4 |
|---|---|---|---|

Einbeziehung der Zuhörer

| 1 | 2 | 3 | 4 |
|---|---|---|---|

**Zeitmanagement**

Einhaltung der Zeit

| 1 | 2 | 3 | 4 |
|---|---|---|---|

Rechtzeitig/zügig auf den Punkt kommen

| 1 | 2 | 3 | 4 |
|---|---|---|---|

Aufteilung (Einleitung/Hauptteil/Schluss)

| 1 | 2 | 3 | 4 |
|---|---|---|---|

**Identifikation**

Einbringen eigener Erfahrungen

| 1 | 2 | 3 | 4 |
|---|---|---|---|

Voll hinter dem Thema stehen

| 1 | 2 | 3 | 4 |
|---|---|---|---|

Einfühlendes Verstehen der Probleme

| 1 | 2 | 3 | 4 |
|---|---|---|---|

Dieser Beurteilungsbogen zielt auf die mehr handwerklichen Fähigkeiten der Präsentation. Darüber hinaus können die Beobachter Erkenntnisse sammeln über die allgemeine Kommunikationsfähigkeit (Kapitel 4), die Logik, Überzeugungskraft und Motivorientierung der Argumente (Kapitel 5) sowie die persönlichen Ziele mit klaren beruflichen Zukunftsperspektiven, die möglichst schlüssig aus dem bisherigen Werdegang abgeleitet sind (Kapitel 2 „Sich selbst führen").

Die Selbstpräsentation wirkt wie eine Lupe und ist sicherlich eine der schwierigsten Übungen in einem Assessment-Center. Die Philosophie dabei ist: Man kann dem Kandidaten zutrauen, seinen repräsentativen Aufgaben als (künftige) Führungskraft wirkungsvoll nachzukommen, wenn er sich selbst entsprechend präsentieren und „verkaufen" kann.

Typische Anlässe für eine Präsentation sind:

- Notwendigkeit, Ressourcen in Form von Sachmitteln oder Personal für ein Projekt darstellen

- Entscheidungsgremium von der Notwendigkeit eines Investitionsvorhabens oder von der Richtigkeit einer Strategie überzeugen

- Sich gegen Wettbewerber (beim Kunden) durchsetzen

- In Verhandlungen die eigene Position überzeugend vertreten

- Der Öffentlichkeit oder den Medien Rede und Antwort stehen

- Das Unternehmen oder die eigene Abteilung repräsentieren.

Die gesamten Arbeiten zur Vorbereitung der Präsentation können Stabsabteilungen und Assistenten erledigen. Das eigentliche „Verkaufen" und Repräsentieren ist alleinige Aufgabe der Führungskraft.

# Analyse der Zielgruppe

Zur Zielgruppe gehören die ausgewählten Teilnehmer, die Adressaten der Präsentation. Die genaue Kenntnis der Zielgruppe ist für den Erfolg der Präsentation so wichtig, weil es nur wenige objektive Maßstäbe für die Qualität einer Präsentation gibt. Entscheidend ist vielmehr der Erwartungs- und Erfahrungshorizont der Zuhörer. Das bedeutet nicht, dass man nur das sagen sollte, was die Teilnehmer hören wollen. Es ist ein empathisches – aber auch ein analytisches Verstehen der Zielgruppe erforderlich. Ähnlich wie im Falle des Umgangs mit Motiven der Mitarbeiter (Kapitel 3 „Motivation") sollte man bedenken, dass die Werthaltungen und Vorurteile der Zielgruppe für den Vortragenden nicht offen sichtbar sind.

Beim empathischen Verstehen geht es darum, das subjektive Erleben, die Motive und Beweggründe der Zielgruppe zu erspüren und nachzuvollziehen. Das diagnostische Verstehen ist vergleichbar mit der Arbeit eines Detektivs oder Analytikers, der sehr viele Kenntnisse (Sachwissen) über die Zielgruppe hat. Das analytische Verstehen der Zielgruppe birgt die Gefahr in sich, dass die Teilnehmer sich durchschaut fühlen oder den Eindruck gewinnen, sie lägen auf der berühmten Couch des Psychiaters. Sobald dieses Gefühl aufkommt, gehen die Zuhörer auf Distanz. Sie äußern ihren Unmut meistens indirekt, zum Beispiel durch mangelnde Aufmerksamkeit, viele Gegenbeispiele, „exakte" Detailinformationen, die das Gesagte in Frage stellen, oder spitzfindige Detailfragen. Es handelt sich weniger um klare Einwendungen zu wesentlichen Aspekten des Vortrags, sondern mehr um ein Herumnörgeln an Details und scheinbaren Nebensächlichkeiten (selektives Zuhören).

Das Hauptproblem bei der gründlichen Auseinandersetzung mit der Zielgruppe besteht darin, dass der Präsentator die Teilnehmer nicht einfach fragen kann, welche Hintergrundmotive, Ängste und Vorurteile sie haben. Genau darin liegt aber das Erfolgsgeheimnis einer überzeugenden Präsentation. Dazu gehört sicherlich viel Erfahrung. Als Einstieg kann EMMA hilfreich sein. Die Buchstaben dieses

Merkwortes stehen für Erwartungen, Meinungen, Motive und Anwesenheitsgrund der Teilnehmer. Goldmann schlägt zur Einstimmung auf die Zielgruppe folgende kritische Fragen vor:

- Mit welchen Erwartungen kommen die Teilnehmer? Positive? Negative? Neutrale? Keinerlei? Was erwarten sie von Ihnen? Vom Anlass? Wie interessiert sind sie?

- Welche Meinungen haben die Teilnehmer zu Ihrem Thema oder Ihrem Standpunkt? Was denken die Teilnehmer über die Sache? Was wissen sie davon? Gehen die Meinungen auseinander? Wie aufnahmefähig sind sie?

- Welche Motivationen können Sie ansprechen? Was wollen die Teilnehmer? Was sind ihre Ziele? Welche ihrer Lebens- oder Arbeitsmotive können Sie ansprechen? Wie können sie diese mit Ihrem Ziel verbinden?

- Was ist der Anlass der Anwesenheit? Kommen sie freiwillig? Gern? Wegen Ihres Vortrags? Oder aus anderen Gründen?

- Ist das Motiv ihrer Anwesenheit für Ihre Botschaften förderlich? In welcher Stimmung sind sie?

Versuchen Sie, diese Fragen zu beantworten! So können Sie die Präsentation auf die Erwartungsprofile Ihrer Zuhörer zuschneiden.

# Aufbau und Ablauf der Präsentation

Wichtige Elemente zum Aufbau einer Präsentation enthält die nachfolgende Übersicht. Es handelt sich um eine systematische Sammlung von kritischen Erfolgsfaktoren, die man als Checkliste – möglichst vor jeder Präsentation – verwenden sollte. Danach folgt eine Checkliste für den Umgang mit Pannen und Störungen.

**Checkliste für Ihre nächste Präsentation**

| Element | Worauf es ankommt | Typische „Fehler" |
|---|---|---|
| Anlass | Der Anlass (das Warum) sollte für alle Beteiligten klar und eindeutig sein. | Die Zielgruppe weiß nicht genau, worum es geht und warum die Teilnehmer eigentlich hier sind (lohnt es sich?). |
| Thema | Thema sollte möglichst kurz formuliert sein. Anlass muss erkennbar sein. Den größten Informationsgehalt erzielen Sie durch einen Titel mit Subjekt – Prädikat – Objekt. Gute Schlagzeilen sind so gemacht. | Zu abstrakte Formulierungen, die einen zu geringen Informationsgehalt haben. Beispiel: „Das Unternehmen X in einem sich dynamisch wandelnden Umfeld". (Viele Worte und nichts gesagt.) Also: Worthülsen vermeiden. |
| Ziele | Formulieren Sie zwei bis drei Hauptziele und zeigen Sie, wie Sie die Ziele in Ihrer Präsentation erreichen wollen. | Ziele unklar oder nicht formuliert. Zuhörer werden ungeduldig. Hintergrundmotive bekommen die Oberhand und zerstören Ihr Konzept. |
| Zielgruppe | Sie sollten die Zielgruppe sowohl empathisch als auch analytisch kennen und verstehen. Prüfen Sie, ob es in der öffentlichen Diskussion oder in den Medien Ereignisse gab, die die Zielgruppe betreffen oder bewegen! | Der Zielgruppe zu verstehen geben, dass man sie durchschaut. Sollten Sie der Meinung sein, Ihre Präsentation sei so gut, dass sie jeder Zielgruppe gefallen müsse, dann ist der Schiffbruch programmiert. |
| Argumentation | Die Zuhörer wollen überzeugt werden, und zwar mit glaubwürdigen Argumenten eines authentischen Redners. Beachten Sie dabei, dass Logik und Sachkenntnis nur sehr selten Akzeptanz und Begeisterung erzeugen können. | Messerscharfe Schlüsse, detektivische Details und beeindruckende Fakten können zwar imponieren, aber nur auf der Sachebene wirken. Tatsächlich entscheidet aber die Beziehungsebene über die Überzeugungskraft Ihrer Argumente. |

171

| | | |
|---|---|---|
| Dreh-buch | Das Drehbuch soll helfen, ein optimales Timing zu erzielen. Einleitung, Hauptteil und Schluss müssen jeweils eine angemessene Länge haben. Ferner kommt es darauf an, die Argumente in eine Reihenfolge zu bringen (mit dem stärksten zum Schluss). | Wenn Sie auf die Einleitung verzichten, entsteht der Eindruck, dass Sie mit der Tür ins Haus fallen. Das kann unterschwellige Widerstände mobilisieren. Problematisch kann es sein, wenn die Zielgruppe denkt: „Wann kommt er endlich auf den Punkt?" |
| Medien | Der Einsatz von Medien wie Overhead-Projektor, Flip-Chart, Pinnwand oder Beamer muss angemessen sein. Sie sollten diese Hilfsmittel wirklich beherrschen, und zwar sowohl technisch als auch didaktisch. Im Vordergrund steht immer der Inhalt und nicht das Spiel mit den Instrumenten. Der neueste Trend: Auf Hilfsmittel völlig verzichten – nach dem Motto: Excellente Reden benötigen keine Krücken. | Bei manchen Präsentatoren hat man den Eindruck, sie hätten eine Scheu vor den Medien. Sie wirken unbeholfen – etwa wenn sie erst lange nach dem Knopf zum Einschalten suchen. Diesen formalen Eindruck der Unsicherheit übertragen die Adressaten ungewollt auf den Inhalt. Häufig spürt man, das ein bestimmtes Medium entweder zum Thema oder zum Präsentator gar nicht passt. Deshalb: Ausprobieren und Feedback einholen. |
| Manu-skript | Gut bewährt haben sich Blätter oder Karteikarten im Format DIN A 5 oder DIN A 6 quer. Darauf sollten die wichtigsten Stichpunkte stehen (Spickzettel). Wenn Sie mit Argumentationsplänen arbeiten (Kapitel 5), wird es gar nicht mehr notwendig sein, ein ausformuliertes Manuskript zu haben. Als Vorbereitung sollten Sie den Vortrag mehrmals in Gedanken mit Hilfe der Spickzettel halten. | Fehlende Seitenzahlen auf den Blättern oder Karteikarten können sehr leicht zum Chaos führen, wenn Ihnen die Unterlagen einmal herunterfallen. Außerdem ist es empfehlenswert, jeweils nur 3 bis 5 Karten zu bündeln. So finden Sie schnell wieder zum Konzept zurück. Außerdem erwecken Sie nicht den Eindruck, dass die Teilnehmer noch sehr lange zuhören müssen. |

**Checkliste zum Umgang mit Pannen und Störungen**

| Störung | Lösungsmöglichkeit |
|---|---|
| Versprecher | Richtig wiederholen und es dabei belassen. Nicht „nachkarten" oder thematisieren. |
| Aus dem Konzept kommen | Nicht dramatisieren. Außer Ihnen weiß das keiner. Als Brücke eignen sich:<br>– kurze Zusammenfassung<br>– kurze Wiederholung<br>– Frage stellen: „Haben Sie noch Fragen dazu?" oder: „Wo waren wir stehen geblieben?" |
| Technische Panne | Durch wortreiche Entschuldigungen verstärken Sie das Problem. Machen Sie einfach eine kurze Pause oder bauen Sie eine Übung ein. |
| Teilnehmer kommen zu spät | Kurze Begrüßung mit Blickkontakt. Sagen Sie, bei welchem Thema Sie gerade sind. Damit zeigen Sie, dass Sie es registriert haben und dass Pünktlichkeit wichtig ist. |
| Fragen der Teilnehmer | Möglichst sofort beantworten oder begründet zurückstellen (bitte nicht vergessen!). |
| Bestimmte Begriffe fallen Ihnen nicht ein | Umschreiben Sie, was Sie sagen wollten, oder beginnen Sie nochmals durch eine kurze Zusammenfassung des bisher Gesagten. Sie können auch einfach fragen: „Was wäre Ihrer Meinung nach der beste Begriff für ...?" |

# Visualisierung

Ein wichtiger Effekt der Visualisierung ist eine höhere Behaltensquote. Darunter versteht man den Anteil der behaltenen an den dargebotenen Informationen. Der Präsentator aktiviert nicht nur das akustische, sondern auch das optische Sinnesorgan des Menschen. Beide zusammen ergeben einen höheren Lerneffekt. Die Faustregel zu diesem Phänomen lässt sich durch folgende Grafik veranschaulichen.

Welche Botschaft wird gesendet und welche empfangen?

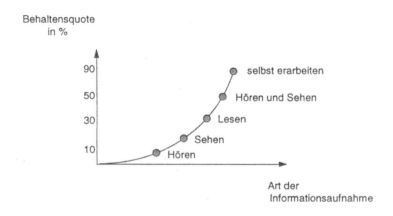

Abbildung 6/1: Bedeutung der Visualisierung

Über den Lerneffekt hinaus hat die Visualisierung mehrere Vorteile:

➢ Die Visualisierung veranlasst den Präsentator, noch genauer zwischen Wesentlichem und Unwesentlichem zu trennen

➢ Die Information bleibt für alle länger verfügbar und nimmt damit Rücksicht auf das unterschiedliche Lerntempo der Teilnehmer

➢ Sachverhalte, die verbal nur schwer zu vermitteln sind, lassen sich mit einem Bild oft auf Anhieb verständlich machen

➢ Teilnehmer lassen sich besser mit einbeziehen, indem man ihre Aussagen dokumentiert

➢ Bilder können die Glaubwürdigkeit und den Erinnerungswert erhöhen

➢ Die Präsentation wirkt lebhafter und abwechslungsreicher

➢ Die Aufmerksamkeit der Zuhörer steigt und lässt sich besser auf das Ziel und den roten Faden konzentrieren

➢ Grundsätzlich gilt das alte chinesische Sprichwort: „Ein Bild sagt mehr als tausend Worte."

# Visuelle Hilfsmittel

Wichtige visuelle Hilfsmittel sind das Flip-Chart, der Overhead-Projektor, die Pinnwand und der Beamer.

## Flip-Chart

Das Flip-Chart ist eine transportable Haltevorrichtung für Papierblätter im Format von etwa 70 x 100 cm. Das Papier wird mit speziellen Filzstiften beschrieben. Das Flip-Chart lässt sich überall dort einsetzen, wo Informationen für andere sichtbar zu entwickeln sind. Bereits beschriftete Blätter kann man mit Klebefolie an der Wand anbringen und somit die Entwicklung der Gedanken dokumentieren. Für Protokolle von Sitzungen, in denen ein Flip-Chart verwendet wurde, gibt es spezielle Geräte zur Ablichtung und Ausgabe der Kopien im Format DIN A 4. Genauso gut kann man die Blätter auch einfach abfotografieren.

Wegen des relativ geringen Platzbedarfs und der unkomplizierten Technik eignet sich das Flip-Chart praktisch an jedem Arbeitsplatz sowie in allen Sitzungs- oder Konferenzräumen. Für eine Präsentation können die Blätter mit Bildern, Skizzen und Karikaturen bereits vorher erstellt sein. Während der Präsentation lassen sich dann Ergänzungen hinzufügen, Verbindungen herstellen oder Zusammenhänge aufzeigen.

Eine Karikatur oder ein schwierig zu zeichnendes Bild lassen sich am einfachsten übertragen, indem man die Vorlage von einer Folie aus mit einem Overhead-Projektor auf das Papier des Flip-Charts projiziert und anschließend mit einem Filzstift nachzeichnet. Wenn Sie eine komplizierte Grafik vor den Augen der Teilnehmer entwickeln wollen, können sie das Blatt vorher präparieren, indem Sie das Bild mit einem dünnen Bleistift (vor)zeichnen.

Weitere wichtige Vorteile des Flip-Charts im Überblick:

➤ Es ist sowohl spontan als auch mit gründlicher Vorbereitung einsetzbar.

➤ Die Verwendung von farbigen Filzstiften als gestalterisches Element ist problemlos möglich.

➤ Man kann jederzeit auf bereits behandelte Blätter zurückgreifen und den Lern- und Erkenntnisfortschritt dokumentieren.

➤ Das Flip-Chart fördert die Konzentration auf das Wesentliche.

➤ Der Präsentator kann die Aufmerksamkeit gezielt lenken.

Zu den Nachteilen zählen:

➤ Der Einsatz des Flip-Charts ist nur bei einer kleinen Teilnehmerzahl von maximal 15 Personen sinnvoll.

➤ Das Gestell steht vor und nach der Präsentation oft im Wege (Stolperfalle).

➤ Einmal beschriebene Blätter lassen sich nicht mehr korrigieren.

➤ Der Präsentator ist gezwungen, dem Publikum beim Schreiben den Rücken zuzuwenden.

# Pinnwand

Die Pinnwand ist eine auf zwei Standbeinen stehende Platte aus Hartschaum. Sie ist mit weißem Karton überklebt und meist durch einen Rahmen zusätzlich stabilisiert. Die Pinnwand hat eine Höhe von etwa 195 cm, eine Breite von etwa 125 cm und eine Dicke (der Platte) von circa 2 cm. Für den Transport lassen sich die Beine abschrauben. Die Wand selber ist in der Regel so konstruiert, dass man sie in der Mitte zusammenklappen kann. Beim Transport hat die Pinnwand daher nur die halbe Größe. Für eine Präsentation oder Moderation wird die Pinnwand mit Bögen aus Packpapier bespannt. Das erfolgt mit Stecknadeln. Anschließend kann man direkt auf dem Papier oder auf Karten schreiben und diese ebenfalls mit Stecknadeln oder Klebestiften befestigen.

Die Pinnwand ist ein sehr wichtiges interaktives Medium zur Unterstützung moderierter Gruppenarbeit wie Workshops, Brainstormings, Problemlösungszirkel. Sie sollte immer dann eingesetzt werden, wenn es darum geht, ein Thema oder eine Problemlösung in der Gruppe gemeinsam zu erarbeiten. Auf diese Weise erreicht man eine sehr intensive Mitarbeit und eine hohe Identifikation der Beteiligten mit den Ergebnissen. Der Teilnehmerkreis sollte nicht mehr als 15 Personen umfassen.

Wichtige weitere Vorteile der Pinnwand sind:

- Die körperliche Aktivität und das Gefühl, einmal angeheftete Karten jederzeit wieder entfernen zu können, regen auch die geistige Aktivität der Teilnehmer an.

- Die Gestaltungsmöglichkeiten und der Raum für Kreativität werden erheblich ausgeweitet.

- Die Arbeitsfläche ist vergleichsweise groß. Ferner kann man Vorder- und Rückseite verwenden.

➤ Durch das geringe Gewicht ist die Pinnwand leicht zu transportieren.

➤ Die Pinnwand bietet die größte Flexibilität und vielfältige Möglichkeiten der Strukturierung.

➤ Die Teilnehmer lassen sich hervorragend aktivieren und einbinden.

Zu den Nachteilen zählen:

➤ Die Vorbereitung muss sorgfältig geplant sein.

➤ Der Aufbau ist etwas mühsam.

➤ Das benötigte Material beansprucht viel Raum.

➤ Die Archivierung ist problematisch und aufwendig.

➤ Für Fotoprotokolle ist die Schrift auf den Karten häufig zu klein und die Pinnwand zu groß.

## Overhead-Projektor

Ein Overhead-Projektor ist ein Projektionsgerät für Darstellungen auf Klarsichtfolien. Die Folie hat in der Regel das Format DIN A 4. Der Projektor ist – je nach Qualität – einsetzbar für Präsentationen vor bis zu 200 Personen.

Der Overhead-Projektor und das Flip-Chart zählen zu den am häufigsten eingesetzten Techniken zur Visualisierung bei Präsentationen. Welche der beiden Techniken „besser" ist, dürfte zu einem großen Teil eine Sache des Geschmacks oder der Gewöhnung sein. Jedem Medium kann eine Reihe von Vor- und Nachteilen zugesprochen werden.

Auf der Aktivseite des Flip-Charts stehen (im Vergleich zum Overhead-Projektor):

➤ Teilnehmerbeiträge lassen sich jederzeit einbeziehen und schriftlich festhalten.

- Die Arbeit mit dem Flip-Chart ermöglicht einen näheren Kontakt mit den Teilnehmern.

- Die Entwicklung von Grafiken oder Stichwortlisten vor den Augen des Publikums wirkt meist spontan und erhöht die Aufmerksamkeit.

- Die Teilnehmer haben das Gefühl, beteiligt zu sein.

- Spontane Ideen sind sofort umsetzbar.

Diesen Vorteilen stehen wesentliche Nachteile gegenüber:

- Für eine Präsentation mit Hilfe von Flip-Charts benötigt man etwa doppelt so viel Zeit wie im Falle der Verwendung von Folien.

- Viele Gestaltungsmöglichkeiten stehen gar nicht zur Verfügung, es sei denn, jemand hat ein besonderes zeichnerisches Talent.

- Zur Dokumentation ist zusätzlich noch ein „Paper" erforderlich, das aber kaum einen Bezug zu den präsentierten Inhalten hat.

Diese Nachteile überwindet die Verwendung von Folien mit einem Overhead-Projektor. Außerdem besteht die Möglichkeit, bereits vor der Präsentation den Adressaten zur Vorbereitung einige Informationen zu geben. Auch ein Protokoll ist mit Hilfe von Kopien der Folien problemlos möglich.

Einen weiteren Vorteil bietet die Möglichkeit, von jeder Folie eine Kopie (ein Chart) zum Beispiel im Format DIN A 3 oder DIN A 2 anzufertigen. Diese Charts erfüllen die gleiche Funktion wie ein Flip-Chart und sind darüber hinaus schneller und einfacher angefertigt. Diese Charts lassen sich auch in einer so genannten Tisch-Präsentation (zum Beispiel beim Verkaufsgespräch) verwenden.

## Beamer

Mit einem Beamer kann man Bilder (z. B. Folien) von einem Laptop aus direkt auf eine Leinwand projizieren. Der Einsatz eines Beamers bietet folgende Vorteile:

- Es sind jederzeit Änderungen möglich.

- Das Bild lässt sich systematisch, das heißt inhaltlich sinnvoll aufbauen. Das fördert das Mitdenken und die Konzentration der Teilnehmer.

- Man kann Video-Clips einbauen.

- Es ist eine aktuelle Nutzung des Internet möglich.

- Der Aufwand für das Zusammenstellen einer Präsentation ist wesentlich einfacher und kostengünstiger, weil man keine Folien ausdrucken muss.

- Animierte (bewegte) Bilder können das Behalten fördern.

Diesen Vorteilen stehen auch einige Nachteile gegenüber:

- Der Vorbereitungsaufwand – insbesondere bei animierten Bildern – ist extrem hoch und nur dann sinnvoll, wenn man die Präsentation häufig wieder verwenden kann.

- Es besteht die Gefahr, dass der Eindruck entsteht, es sei zwar eine tolle Show, die Inhalte aber eher mager.

- Der Kontakt zu den Teilnehmern kann leiden, weil der Beamer eine Konsumhaltung fördert.

- Es ist nicht möglich, Beiträge der Teilnehmer in die Präsentation zu integrieren.

- Wenn man in einen Beamer investiert, bei dem man den Raum nicht abdunkeln muss und der geräuscharm ist, erscheint der Anschaffungsaufwand extrem hoch.

➤ Das schwierigste Problem: Auch der teuerste Beamer kann technisch versagen. Als Backup wird man dann doch wieder Folien mitnehmen müssen.

## Regeln für die Gestaltung einer Folie

➤ Verwenden Sie möglichst wenig Text (keine vollständigen Texte schreiben, sondern nur Stichworte und Leitsätze).

➤ Jede Folie sollte nur ein Thema oder einen Gedanken enthalten.

➤ Der Text sollte gut gegliedert sein.

➤ Verbinden Sie Texte mit grafischen Elementen wie zum Beispiel Pfeilen, Kreisen etc.

➤ Möglichst nur eine Schriftart und eine Schriftgröße verwenden (mehrere Schriftarten und/oder Schriftgrößen können verwirrend wirken).

➤ Als Faustregel gilt: nur 6 bis 8 Zeilen mit je 6 bis 8 Wörtern pro Folie.

➤ Gestalten Sie die Folien im Querformat. Dadurch erhalten sie weniger Schatten und Ränder. Ferner vermeiden Sie den „Grabstein-Effekt" (nach unten aufeinander zulaufende Randlinien).

➤ Empfehlenswert sind spezielle Prospekthüllen mit undurchsichtigen, ausklappbaren Rändern (Flip-Frames). Diese Ränder können Sie als „Spickzettel" nutzen.

➤ Bei Farbfolien nicht mehr als drei Farben verwenden. Diese sollten komplementär sein. Es gilt der Grundsatz: Farben sollten funktionell und nicht einfach bunt sein. Mit anderen Worten: Sie sollen zum Verständnis und zur Einprägsamkeit beitragen und nicht als Schmuck dienen.

## Arbeitstechniken mit Folien

Grundsätzlich sollte der Projektor ein visuelles Hilfsmittel sein und als solches behandelt werden (keine Tonbildschau oder „Folienschlacht"). Professionelle Folien können unpersönlich wirken. Deshalb empfiehlt es sich, genügend Raum für handschriftliche Ergänzungen zu lassen oder die Folien nur zum Teil vorzubereiten. Das schrittweise Aufdecken einer Folie kann bevormundend oder schulmeisterlich wirken (auch „Nikolaus-Effekt" genannt). Sollte ein sukzessives Aufdecken notwendig sein, dann ist es ratsam, dies anzukündigen und zuvor die ganze Folie kurz zu zeigen. Eine andere Methode besteht darin, mit einem Stift oder Pfeil den Punkt zu zeigen, über den Sie gerade sprechen.

Statt schrittweise aufzudecken, können Sie auch eine leere Folie auf das Original legen und anschließend Bild- oder Textteile unterstreichen und markieren, Teilnehmerbeiträge aufnehmen und Ergänzungen einfügen. Für schwierige Zusammenhänge und Überschneidungen können Sie mehrere Folien übereinander legen und ein Bild systematisch aufbauen.

Beim Auflegen der Folien ist die folgende Reihenfolge empfehlenswert:

1. Folie auflegen

2. Gerät einschalten

3. Gerät ausschalten

4. Folie wegnehmen.

Zeigen Sie einzelne Punkte überwiegend auf der Folie und nicht auf der Projektionswand (damit das Gesicht den Zuhörern zugewandt bleibt). Vermeiden Sie das Ablesen der Folien. Das Stichwort auf der Folie sollte das Ergebnis eines Gedankenganges sein. Sie können auch die Bausteine eines Argumentationsplans auf die Folie bringen.

# Umgang mit Lampenfieber

Lampenfieber ist eine besondere Form der Angst bei Präsentationen oder öffentlichen Auftritten. Präziser müsste man sagen: Die Präsentation ist eine Angst auslösende Situation. Es hat wenig Sinn, sich gegen Angstgefühle innerlich zu wehren. Sie werden dadurch noch verstärkt. Es kommt nämlich die Angst vor der Angst hinzu.

Angstgefühle zählen zu den angeborenen Emotionen (siehe Kapitel 3 „Motivation"). Solche Emotionen kann man anhand der Pulsfrequenz, des Blutdrucks, des elektrischen Hautwiderstandes und der Gehirnströme quantitativ messen. Die körperlichen Begleiterscheinungen wie trockene Kehle, feuchte Hände oder Herzklopfen sind deutlich zu spüren.

In der Entwicklungsgeschichte des Menschen diente die Angst dazu, unsere Vorfahren in gefährlichen Situationen zu Schutz- und Fluchtreaktionen zu bewegen (motivieren). Das Gefühl der Angst versorgt den Organismus mit Energie und versetzt ihn in einen Zustand der Leistungsbereitschaft, Leistungsfähigkeit und Aufmerksamkeit. Die Stärke der inneren Erregung ist ein Maß dafür, wie wach, reaktionsbereit und leistungsfähig der Organismus ist. Erst wenn dieser Erregungszustand eine gewisse Grenze überschreitet, kommt es zu Panik-Reaktionen oder zu „Lähmungserscheinungen" wie zum Beispiel beim so genannten Black-out.

So gesehen ist Angst – solange sie in den üblichen Grenzen bleibt – etwas Positives. Sie hilft uns, die von Angst besetzte Situation besser zu bewältigen, weil wir in solchen Fällen Informationen schneller aufnehmen, effizienter verarbeiten und nachhaltiger speichern. Wir haben also einen deutlichen Vorteil gegenüber den Zuhörern, die nicht so stark aktiviert sind. Daraus leiten sich folgende, Erfolg versprechende Strategien für den Umgang mit Lampenfieber ab:

➢ Versuchen Sie, die Angst als etwas Positives zu akzeptieren, statt dagegen anzukämpfen.

➢ Die Stärke der Angstgefühle nimmt ab, je häufiger Sie sich in Angst auslösende Rede-Situationen begeben und immer wieder die Erfahrung machen, dass eigentliche nichts Schreckliches passiert. Achten Sie dabei ganz bewusst auf Ihre körperlichen Reaktionen. Beim gezielten Aufsuchen von Angst auslösenden Situationen sollten Sie den Schwierigkeitsgrad stufenweise erhöhen.

➢ Zuvor können Sie mit mentalem Training systematisch alle möglichen Angst auslösenden Situationen gedanklich durchspielen. Dabei sollten Sie lösungsorientiert denken. Als typische Auslöser von Ängsten kommen unter anderem folgende Situationen in Frage:
- Vor mehreren Menschen zu sprechen
- Vor bestimmten Personen zu sprechen
- Vor anderen etwas darstellen oder leisten
- Sich unbeliebt zu machen
- Abgelehnt, nicht akzeptiert zu werden
- Sich nicht durchsetzen zu können
- Verletzt zu werden
- Eine Außenseitermeinung zu haben
- Etwas zu sagen, was ich nicht wollte
- Sich nicht wehren zu können
- Den Erwartungen nicht gerecht zu werden
- Der Verlierer zu sein
- Mangelndes Interesse an meiner Person
- Etwas „Unerlaubtes" zu tun/sagen
- Dass Erwartungen/Hoffnungen enttäuscht werden
- Dass sich im Nachhinein etwas als negativ erweist
- Seine Gefühle zu äußern/zeigen
- Dass andere die eigene Unsicherheit merken
- Streit, Konflikt.

Neben dem mentalen Training gibt es noch ein paar zusätzliche pragmatische Regeln zum Umgang mit Lampenfieber:

> Bereiten Sie sich gründlich auf Ihre Präsentation vor!

> Halten Sie die Präsentation gegebenenfalls mehrfach in Gedanken (mentales Training)!

> Eine optimale Analyse der Zielgruppe wirkt beruhigend!

> Überlegen Sie mögliche Fragen und Einwände!

> Proben Sie jede Präsentation (z. B. Video)!

> Machen Sie eine Checkliste für alles, was Sie nicht vergessen sollen!

> Lassen Sie sich zeitlich nicht unter Druck setzen!

> „Inhalieren" Sie vorher die Raum- und Publikumsatmosphäre!

> Ändern Sie nicht in letzter Minute den Inhalt Ihrer Präsentation!

> Hände weg von Aufputschmitteln oder Alkohol!

> Schaffen Sie Ordnung bei Ihren Unterlagen!

> Prägen Sie sich die Einleitung Ihrer Präsentation gut ein!

> Spielen Sie alle Pannen und Störungen vorher gedanklich durch!

> Seien Sie auf alle Überraschungen gefasst!


Eine häufige Ursache für Lampenfieber sind Zwischenrufe, unangenehme Fragen, kritische Bemerkungen und persönliche Angriffe aus dem Publikum. Um damit souveräner umgehen zu können, sollten Sie folgende Reaktionen gedanklich durchspielen:

1) Überhören, Übergehen
   - nur möglich bei vereinzelten Zwischenrufen
   - richtig bei Zwischenrufen, die nicht auf das Thema bezogen sind

2) Beantworten
   - unbedingt erforderlich bei Verständnisfragen, die zeigen, dass ein Zuhörer Ihren Ausführungen nicht folgen konnte
   - Fragen, ob die Antwort ausreicht
   - Fragen zum Thema kurz beantworten
   - evtl. erst dem Frager danken (Zeitgewinn), dann beantworten

3) Verschieben auf einen späteren Zeitpunkt
   - Fragen, deren Beantwortung sich im Verlauf der Rede ergeben
   - Fragen, die in einer anschließenden Aussprache oder Diskussion zu klären sind

4) Rückfragen
   - Zeitgewinn, um nachzudenken
   - Begriffe definieren lassen (Achtung: Verunsicherung des Fragers)

5) Fragen weitergeben
   - Fragen weitergeben an das Publikum (eventuell vorher Frage oder Fragenden aufwerten)
   - gegebenenfalls Antwort durch den Fragenden selbst anregen

6) Beantwortung ablehnen
   - Fragen, die nicht zum Thema gehören oder die zu persönlich sind
   - polemische Anmerkungen inhaltlich widerlegen, den persönlichen oder emotionalen Angriff als nicht beantwortbar ablehnen

7) Bestätigen
   - unterstützende Zwischenrufe positiv aufnehmen (nicken, zustimmen)
   - gegenteilige Meinungen inhaltlich akzeptieren.

# 7. Mit Teamgeist moderieren

## Die Vorteile der Moderationsmethode

Die Moderation ist eine Arbeitsmethode zur effektiven Gestaltung von Besprechungen, Sitzungen, Konferenzen und Workshops. Das Besondere an dieser Methode sind:

- die Aufgabe des Leiters (des Moderators)
- der Ablaufplan
- die eingesetzten Hilfsmittel.

Der Moderator sorgt dafür, dass die Teilnehmer möglichst effizient an der Problemlösung arbeiten können. Er konzentriert sich auf den Ablauf statt auf den Inhalt. Durch die Arbeitsteilung zwischen Team und Moderator entstehen Synergieeffekte, wie sie in „normalen" Sitzungen nicht vorkommen.

Für den Ablauf gibt es je nach Art der Aufgabe einen anderen „roten Faden". Typische Aufgaben sind: Entscheidungen treffen, Konsens herstellen, Probleme lösen oder informieren.

Die eingesetzten Hilfsmittel dienen der Visualisierung. Es sind mit Packpapier bespannte Pinnwände. Hinzu kommen Karten in verschiedenen Farben und Formen. Mit den Karten und Filzstiften lassen sich die Wortbeiträge der Teilnehmer visualisieren und strukturieren. Man kann die Moderationsmethode als eine visuelle, ziel- und ergebnisorientierte Diskussion umschreiben. Sie spielte ursprünglich an deutschen Hochschulen eine wichtige Rolle, als es in den 60er Jahren darum ging, den Hochschulunterricht zu reformieren.

In den 70er Jahren hat vor allem die Firma Metaplan zur Popularität der Moderationsmethode in der Industrie beigetragen. Deswegen spricht man häufig auch von der Metaplan-Methode.

Zum endgültigen Durchbruch haben vor allem große Unternehmensberatungen beigetragen, als ihnen klar wurde, dass sie bei der Umsetzung ihrer Konzepte ganz wesentlich auf die aktive Mitarbeit der betroffenen Know-how-Träger vor Ort angewiesen sind. Heute ist die Moderationsmethode als Führungsinstrument nicht mehr wegzudenken. In jüngster Vergangenheit haben zahlreiche gruppenorientierte Konzepte wie KVP, Kaizen sowie das Qualitäts- und Projektmanagement der Moderationsmethode zusätzlichen Schub gegeben.

Die Moderation bietet gegenüber traditionellen Sitzungen und Konferenzen mehrere Vorteile:

- Die Beteiligung aller Teilnehmer ist wesentlich höher und auch engagierter. Damit lassen sich die jeweiligen Stärken und Fachkenntnisse der Teammitglieder besser nutzen.

- Obwohl die Moderationsmethode auf den ersten Blick aufwendiger erscheint, erzielt man Ergebnisse wesentlich schneller und zuverlässiger.

- Die Arbeit ist weniger ermüdend, weil sich die Diskussion nicht so oft im Kreise dreht. Penetrante Monologe Einzelner sind nur selten möglich.

- Die Aufmerksamkeit der Teilnehmer ist höher und lässt sich gezielter auf die Kernprobleme konzentrieren.

- Alle Beteiligten sind im Verlauf der Moderation auf dem gleichen Informationsstand. Es entfällt das Problem, dass einige zwei Schritte voraus sind, während andere noch zwei Schritte hinterherhinken.

- Durch die Visualisierung ist der Fortschritt in Richtung Ziel und Ergebnis jederzeit sichtbar. Das wirkt motivierend. Es kommt nur selten vor, dass am Ende einer Sitzung keine konkreten Ergebnisse vorliegen.

> Durch die Aktivierung, die höhere Beteiligung und das Gruppenerlebnis können sich die Teilnehmer mit den Ergebnissen wesentlich stärker identifizieren. Diese Tatsache erleichtert die anschließende Umsetzung der konkreten Maßnahmen.

> Diese Vorteile kann man im Wesentlichen allein der Moderationsmethode zuschreiben. Hinzu kommen noch Vorteile aufgrund der Gruppendynamik. Dazu zählen:

> Fehlerausgleich. Nach dem Motto: „Vier Augen sehen mehr als zwei" finden die Gruppenmitglieder Fehler schneller und können Wissenslücken oder falsche Schlussfolgerungen schneller erkennen und ausgleichen. Das Team merkt wesentlich früher als der Einzelne, wenn es auf dem Holzweg ist.

> Horizonterweiterung. Durch die Verschiedenheit der Menschen vermeidet die Gruppe Einseitigkeit im Denken (Scheuklappen oder Betriebsblindheit).

> Wissensvorteil. Jeder Teilnehmer bringt sein Spezialwissen und seine individuellen Erfahrungen mit ein. Dadurch kommt es zu einer Summierung des Wissens.

> Leistungsvorteil. Jedes Mitglied eines Teams kann sich auf Aufgaben spezialisieren, die es auf Grund seiner Erfahrungen besonders gut beherrscht. Demnach hat bei der Problemlösung eine Einzelperson so gut wie keine Chance gegen ein Team.

> Kreativitätsvorteil. Die Gruppenarbeit mobilisiert soziale Motive und den Wettbewerb. Das wirkt anregend und gibt neue Anstöße. Ferner tendieren Gruppen dazu, die Leistungsmaßstäbe höher zu setzen als es der Einzelne tun würde. Experimente haben ergeben, dass selbst die körperliche Leistungsfähigkeit steigt. Versuchspersonen haben ein bestimmtes Gewicht mit einem Finger gehoben. Sobald andere hinzukamen, konnten die Gewichte wesentlich schwerer sein.

Diese Vorteile der Teamarbeit zeigen, dass ein Führungsstil unter Einbeziehung der Mitarbeiter der Leistung eines Einzelnen haushoch überlegen ist. Insofern sind Partizipation sowie Teamarbeit nicht nur ethisch, sondern auch ökonomisch sinnvoll. Man kann nur staunen, dass so viele Unternehmen in der Praxis es sich noch leisten können, auf diese Vorteile zu verzichten.

# Aufgaben des Moderators

Der Moderator ist verantwortlich für eine möglichst reibungslose und effiziente Kommunikation und Zusammenarbeit in der Gruppe. Er führt das Team zu bestimmten Ergebnissen. Um diese Aufgabe erfüllen zu können, sollte der Moderator seine persönlichen Meinungen und Ziele zurückstellen und die Meinungsäußerungen und Verhaltensweisen der anderen nicht bewerten oder beurteilen. Die Führungsaufgabe des Moderators lässt sich in die folgenden Teilaufgaben untergliedern:

### Zeitmanagement

Der Moderator sorgt für eine realistische Zeitplanung. Es muss den Ablauf beschleunigen oder bremsen, auf zeitliche Restriktionen aufmerksam machen und die Gruppe darauf hinweisen, wenn sie vom Thema abweicht. Typische Fragen: „Können wir das Thema X abschließen, damit wir in der nächsten Stunde noch die Aspekte Y und Z behandeln können?" „Gibt es noch Diskussionsbedarf zu diesem Aspekt?" Außerdem ist es bei längeren Sitzungen wichtig, Zwischenergebnisse festzuhalten oder das Erreichen zuvor vereinbarter Meilensteine festzuhalten.

**Prozess-Steuerung**

Das Kernproblem besteht darin, dass die Gruppe innerhalb der vereinbarten Zeit bestimmte Ergebnisse erarbeiten muss. Dazu ist eine sinnvolle Struktur notwendig. Wenn es zum Beispiel darum geht, ein Problem zu lösen, ist es sinnvoll, folgende Phasen nacheinander abzuarbeiten: Analyse, Suche nach Alternativen, Vereinbarung von Entscheidungskriterien und schließlich Auswahl der besten Möglichkeit. Schafft es die Gruppe nicht, diese Reihenfolge einzuhalten, hat sie so gut wie keine Chance, in der vorgegebenen Zeit eine sinnvolle Problemlösung zu erarbeiten. Der Moderator muss also darauf achten, dass der Ablauf eingehalten wird; er muss Zwischenergebnisse visualisieren, festhalten und zusammenfassen.

**Arbeitsklima**

Es kommt so gut wie nie vor, dass eine Gruppe gute Sachergebnisse erzielt, ohne dass das Arbeitsklima angenehm ist. Der Moderator kann dazu beitragen, indem er Konflikte schlichtet, gegensätzliche Standpunkte verdeutlicht, dafür sorgt, dass alle zu Wort kommen und einen sinnvollen Beitrag zum Ergebnis leisten. Der Moderator muss für konstruktive Entscheidungen sorgen (zum Beispiel Konsens durch Argumente statt Überreden oder Abstimmung); er sollte störende oder unpassende Verhaltensweisen taktvoll ansprechen und für Auflockerung sorgen.

**Ergebnisorientierung**

Wenn eine Gruppe die Erfahrung gemacht hat, derartige Sitzungen seien zwar erfreulich, würden aber zu keinen sinnvollen Ergebnissen führen, kann dies ein erheblicher Nachteil für die Zukunft sein. Deswegen sind konkrete Ergebnisse gleichzeitig als Erfolgserlebnisse zu werten. Der Moderator sollte stets darauf achten, dass die Gruppe das Ziel der Sitzung im Auge behält und ergebnisorientiert arbeitet. Dazu muss er regelmäßig eine Standortbestimmung durchführen, den Fortschritt kontrollieren und Prioritäten setzen. Er sollte verdeutlichen, welche Teilergebnisse bereits vorliegen und wie sie sich zum Gesamtergebnis zusammenfügen.

Weitere Aspekte und Tipps enthält die folgende Checkliste:

### Tipps zur Moderation/Diskussionsleitung

➢ Die Arbeitsbesprechung eröffnen und das Thema vorstellen

➢ Ziele und gewünschtes Ergebnis definieren

➢ Klarstellen, was mit den Ergebnissen geschieht

➢ Nutzen der Arbeitssitzung für die Teilnehmer herausstellen (persönlichen Bezug herstellen)

➢ Rolle des Moderators erläutern

➢ Die Regeln für den Ablauf vorschlagen und abstimmen

➢ Dafür sorgen, dass die vereinbarten Regeln eingehalten werden

➢ Das zu erarbeitende Thema strukturieren, dies mit den Teilnehmern abstimmen und dann darauf achten, dass die Diskussion nicht vom Wege abkommt

➢ Die Teilnehmer durch Fragen zum Ziel führen

➢ Regelmäßig zusammenfassen und Zwischenbilanz ziehen

➢ Wortmeldungen in eine Reihenfolge bringen

➢ Dafür sorgen, dass die Teilnehmer einander ausreden lassen

➢ Teilergebnisse festhalten und weiterführende Hinweise geben

➢ In Abstimmung mit den Teilnehmern Entscheidungen herbeiführen, die dazu geeignet sind, dem Ziel näher zu kommen

- Abschweifende Beiträge mit Zustimmung der Teilnehmer festhalten, um diese später zu behandeln
- Das Ergebnis festhalten und die Gruppenarbeit beenden
- Für eine gelockerte Atmosphäre sorgen
- Keine persönlichen Angriffe oder Beleidigungen dulden
- Störungen unterbinden.

## Steuerung der Gruppenprozesse

Um das Team bei der Sach-, Zeit-, Gruppen- und Prozessaufgabe wirksam voranzubringen, benötigt der Moderator effiziente Steuerungsinstrumente. Das wichtigste Instrument ist die Fragetechnik. Es gilt der Grundsatz: „Wer fragt, der führt." Für das Steuern mit Hilfe von Fragen gelten drei einfache Regeln:

1. Die Antworten sollten grundsätzlich von den Gruppenmitgliedern kommen. Das gilt auch dann, wenn der Moderator selbst eine Antwort geben könnte. Er sollte sich also zurückhalten und auf den Ablauf konzentrieren.

2. Jeder Teilnehmer ist für sich selbst verantwortlich und entscheidet selbst, ob und wann er etwas sagt. Deswegen sollte der Moderator seine Fragen nicht an einzelne Gruppenmitglieder richten, sondern an das Team als Ganzes. Von dieser Regel sind zwei Ausnahmen unproblematisch: Die eine ist gegeben, wenn der Moderator einen passiven Teilnehmer anregen möchte, und die andere, wenn der Rat eines Experten gefragt ist.

3. Die dritte Regel verlangt eine sorgfältige Unterscheidung zwischen offenen und geschlossenen Fragen. Offene Fragen beginnen mit einem „W" (Wer? Was? Wann? Wo? Wie? Wie viel?) und lassen viele Antwortmöglichkeiten zu. Beispiel: „Was folgt aus diesem Vorschlag?" Geschlossene Fragen erlauben als Ant-

Antwort im Wesentlichen nur ein „Ja" oder „Nein". Beispiel: „Sind Sie der gleichen Meinung?"

Offene Fragen regen an und lenken die Diskussion in eine bestimmte Richtung. Beispiele:

- Wie wollen wir weiter vorgehen?
- Was spricht dafür/dagegen?
- Welche Erfahrungen haben andere gemacht?
- Woran denken Sie im Einzelnen?
- Wo liegen Ihre Bedenken?
- Woran kann das liegen?

Geschlossene Fragen eignen sich vor allem als Entscheidungsfragen, wenn es also darum geht, eine neue Phase im Gruppenprozess einzuleiten. Beispiele:

- Ist dieser Punkt damit erledigt?
- Stimmen Sie dem zu?
- Können wir mit dem Thema X weitermachen?
- Hilft uns der Vorschlag weiter?
- Ist dieser Vorschlag konsensfähig?
- Haben wir das Ziel oder Teilziel erreicht?
- Sind Sie mit diesem Vorschlag einverstanden?

Ein besonderes Steuerungsproblem ist der so genannte Dramaturgiebogen einer Moderation. Er betrifft die Komplexität und die Emotionalität (siehe Abbildung 7/1).

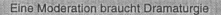

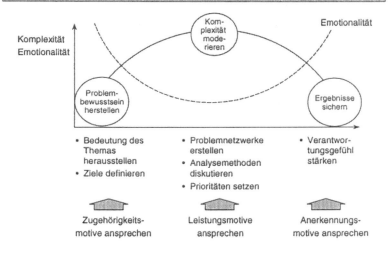

Abbildung 7/1: Der Dramaturgiebogen

Eine hohe Komplexität am Anfang oder am Ende einer Moderation kann zu „Lähmungserscheinungen" führen. Der Moderator beobachtet häufig Abwehrreaktionen, die sich gegen die Methode oder gegen den Moderator selbst richten können. Diese Reaktionen äußern sich darin, dass die Effizienz der Methode oder die Kompetenz des Moderators in Frage gestellt wird. Den Hintergrund bilden Unsicherheiten oder Angstgefühle der Teilnehmer. Typische Fragen oder Gefühle sind:

➢ Was kommt auf mich zu?
➢ Wer sind die anderen?
➢ Wie wirke ich auf die anderen?
➢ Welche meiner Rollen soll ich hier spielen?

➤ Kann ich mich hier behaupten?

➤ Werde ich akzeptiert oder anerkannt?

Derartige Unsicherheiten schaffen ein Bedürfnis nach Orientierung und nach Regeln. Deswegen ist es sinnvoll, sich an erprobte Ablaufpläne und Rituale zu halten. Empfehlungen zur Gestaltung des Ablaufs und zum Umgang mit den Unsicherheiten sind Gegenstand des nächsten Abschnitts (Ablaufpläne). Auf der sachlichen Ebene ist den Teilnehmern zum Beginn das Thema in seinen vielfältigen Verzweigungen, Konsequenzen und Ursachen noch gar nicht bewusst. Ihre Erwartungen zu den Ergebnissen der Sitzung sind diffus und haben keinen erkennbaren, persönlichen Bezug zum Thema.

Der Bedarf an Emotionalität ist in der Eröffnungsphase besonders groß. Die Gruppenmitglieder müssen die unsichere Situation überwinden und ihre Aufmerksamkeit auf die Sache und die konkreten Ziele der Sitzung lenken. Das Aktivieren der Gruppenmitglieder gelingt am besten dadurch, dass der Moderator persönliche Betroffenheit erzeugt, die diffusen Erwartungen konkretisiert und auf das Ziel hinlenkt. Hilfreiche Fragen für diese Phase sind solche, die den Sinn vermitteln:

➤ Warum bin ich überhaupt hier?

➤ Was erwarte ich von dieser Sitzung?

➤ Welche Bedeutung hat das Thema für mich und für unsere Zusammenarbeit?

Es sind offene Fragen erforderlich. Die visualisierten Antworten helfen jedem Teammitglied, sich sehr schnell in das Netz sozialer Beziehungen einzuordnen und die verschiedenen Rollen zu besetzen. Die Gruppe gewinnt zügig ihre Arbeitsfähigkeit.

In der zweiten Phase ist die Emotionalität nicht so wichtig. Hier besteht eher das Problem, dass die Teammitglieder meistens sehr angeregt diskutieren, zu große Aktivitäten entwickeln und weit über das Ziel hinausschießen. Der Moderator sollte im wörtlichen Sinne moderieren, also mäßigen. Das geschieht am sinnvollsten mit geschlossenen Fragen wie zum Beispiel:

- Ist das Problem allen klar?

- Löst der Vorschlag X das Problem?

- Haben wir unser Teilziel erreicht?

- Gibt es noch ergänzende Gesichtspunkte?

- Können wir das als Zwischenergebnis festhalten?

In der dritten Phase ist die Emotionalität wiederum sehr wichtig. Der Eindruck, der bei den Teilnehmern am Ende der Sitzung bleibt, sollte so stark sein, dass er in der Zeit nach der Sitzung hineinwirkt.

Am Ende sollten konkrete Vereinbarungen stehen, damit alle wissen, was zu tun ist. Diese Vereinbarungen können sehr leicht vergessen sein, sobald die Gruppenmitglieder wieder ihrem sonstigen Tagesgeschäft nachgehen. Mit anderen Worten: Die Moderations-Sitzung sollte mit einem nachhaltigen Eindruck enden. Um dies zu erreichen, ist eine Reflexion des Gruppenprozesses sehr gut geeignet. Es empfiehlt sich, die Teilnehmer nach ihrem Eindruck und nach ihrer Zufriedenheit zu befragen, und zwar bezüglich des Gruppenergebnisses, der eigenen Leistung, der Stimmung und des Ablaufs der Sitzung. Damit holt der Moderator viele Eindrücke und Erlebnisse aus der ersten und zweiten Phase wieder ins Gedächtnis. Diese Maßnahme dient als Brücke für den Transfer der Ergebnisse ins Tagesgeschäft. Für diesen Transfer sind zwei Aufgaben zu erledigen:

- Verantwortlichkeiten definieren (Wer macht was bis wann?)

- Kontrolle vereinbaren (zeigen, wann und wo die Ergebnisse der Sitzung einfließen und warum sie wichtig sind; Folgesitzungen – so genannte Follow-ups – festlegen).

Der Dramaturgiebogen stellt sich erfahrungsgemäß automatisch ein, wenn man das gewöhnliche Ablaufschema beachtet. Er ist wichtig zum Verständnis der Gruppendynamik. Der Moderator sollte ihn konstruktiv nutzen und beachten, dass die Teilnehmer in der Phase der Ergebnissicherung ganz andere Bedürfnisse haben als in der Phase des Problembewusstseins oder der Moderation von Komplexität. Die Beachtung dieser Gesetzmäßigkeiten kann die Ergebnisse eines Workshops erheblich beeinflussen – im positiven wie im negativen Sinne. Für die meisten Moderationen ist es völlig ausreichend, wenn sich der Moderator an folgendes Ablaufschema hält:

**Eröffnung**

- Thema formulieren (worum es geht)
- Ziele definieren, Nutzen herausstellen
- Zeitplan und Vorgehensweise vereinbaren
- Rolle des Moderators erläutern

**Hauptteil**

- Rollen verteilen (festlegen, wer die Ergebnisse festhält und wer sie präsentiert)
- Diskussion leiten, auf Einhaltung des Zeitplans achten
- Konflikte schlichten
- Regelmäßig Zwischenbilanz ziehen

**Abschluss**

- Zusammenfassen
- Ergebnisse sichern
- Meinungen über Ablauf/Ergebnisse erfragen
- Reste / Unerledigtes festhalten
- Auf nächste Sitzung (gedanklich) vorbereiten.

# Technische Hilfsmittel

Wichtige technische Hilfsmittel sind Karten, Nadeln, Klebestifte, Filzschreiber, Klebefolie und Schere. Im Handel sind komplette Ausrüstungen (so genannte Moderationskoffer) erhältlich.

Zur Orientierung kann man für eine Moderation eines eintägigen Workshops mit 16 Teilnehmern den folgenden **Materialbedarf** ins Auge fassen:

- zwei Pinnwände für 4 Teilnehmer, also insgesamt 8,
- 30 Bogen Packpapier,
- 20 Karten in Form von Streifen (50 cm),
- 200 rechteckige Karten 10 x 21 cm,
- 200 ovale Karten,
- 100 runde Karten,
- 20 Filzschreiber,
- 10 Schachteln Nadeln,
- je 20 Bogen rote, grüne und gelbe Markierungspunkte,
- 4 Scheren,
- 20 Klebestifte,
- 4 Rollen Krepp-Klebeband.

Der **Veranstaltungsraum** sollte folgenden Kriterien genügen:

- Bei 16 Teilnehmern, die zwischendurch auch in Kleingruppen zu vier Personen arbeiten, sollte der Raum etwa 40 qm groß sein.

➢ Wegen des hohen Geräuschpegels ist es sinnvoll, einen Raum auszusuchen, der mit einem schallschluckenden Belag ausgestattet ist (zum Beispiel Teppichboden).

➢ Die Arbeitsatmosphäre ist besser, wenn der Raum hell und freundlich ist und außerdem Blickkontakt nach draußen besteht.

➢ Die typische Sitzform ist der Halbkreis, jeweils um eine Pinnwand gruppiert. Tische sollte es keine geben, mit Ausnahme von Ablagemöglichkeiten für Material und Getränke.

Beim **Umgang mit Karten und Stiften** sollte man folgende Regeln beachten:

➢ Mit breiten Filzstiften schreiben (nicht mit Kuli oder Bleistift)

➢ Karten verwenden (nicht direkt auf die Wand schreiben, weil man die Karten leichter entfernen kann als die Schrift auf der Pinnwand)

➢ Auf jeder Karte darf nur ein Gedanke stehen

➢ Maximal drei Zeilen (mit insgesamt sieben Wörtern) pro Karte

➢ Groß- und Kleinbuchstaben verwenden, also bitte NICHT SO SCHREIBEN!

➢ Druckschrift verwenden (statt Schreibschrift)

➢ Karten sollten aus fünf Metern Entfernung lesbar sein.

# Die wichtigsten Methoden

Die nachfolgende Zusammenstellung der am häufigsten eingesetzten Moderationsmethoden und -techniken beruht auf einem Vorschlag von Seifert und ist um Aspekte modifiziert, die für Führungskräfte relevant sind.

## Erwartungsabfrage

Teilnehmer und Moderatoren lernen die Erwartungen, Befürchtungen und Vorbehalte der Teilnehmer kennen. Diese Transparenz trägt zum Abbau von Spannungen und zur Verbesserung des Arbeitsklimas bei. Wenn eine Vorstellungsrunde hinzukommt, fällt es den Teilnehmern leichter, sich frühzeitig in die soziale Matrix einzuordnen. Die Gruppe gewinnt rasch ihre Arbeitsfähigkeit.

Empfehlenswert ist zu Beginn ferner eine Vereinbarung über die Spielregeln, die beispielsweise den Umgang miteinander beinhalten können. Zur Durchführung gibt es zwei Möglichkeiten, und zwar die Satzergänzung und die Ein-Punkt-Abfrage. Bei der Satzergänzung stellt der Moderator ein vorbereitetes Plakat mit einem Satzanfang vor und fordert die Teilnehmer auf, diesen Satz zu ergänzen (siehe Abbildung 7/3).

Abbildung 7/3: Erwartungsabfrage

Bei der Ein-Punkt-Abfrage erstellt der Moderator eine Skala, die zur Einschätzung persönlicher Erwartungen oder einer These dient. Die Teilnehmer sollen dann durch das Kleben eines Punktes ihr Votum abgeben (Abbildung 7/4).

## Karten-Abfrage

Die Karten-Abfrage ist in der Regel Ausgangspunkt einer Moderation. Sie dient der Sammlung von Themen, Fragen, Ideen, Lösungsansätzen oder Maßnahmen. Der Moderator heftet eine Frage an die Pinnwand. Die Teilnehmer antworten, indem sie Stichworte auf Karten schreiben. Die verschiedenen Farben und Formen kann man als Bedeutungsträger verwenden. Beispiel: rechteckig = Ursachen; oval = Ziele; oder Grün = Gruppe eins; Gelb = Gruppe zwei usw.

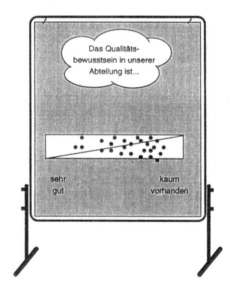

Abbildung 7/4: Ein-Punkt-Abfrage

Als nächsten Schritt sammelt der Moderator die Karten ein, liest sie nacheinander vor und heftet sie an die Pinnwand. Anschließend werden die Karten zu sinnvollen Themengruppen zusammengefasst. Eine weniger zeitaufwendige Möglichkeit besteht darin, dass jeder Teilnehmer seine Karten selbst anheftet. Wenn alle Teilnehmer die angehefteten Karten gelesen haben, kann der Moderator die wichtigsten auf eine neue Pinnwand übernehmen und zu Gruppen zusammenfassen. Erfahrungsgemäß gibt es nämlich zahlreiche Wiederholungen und Redundanzen bei einer Kartenabfrage. Anschließend überprüft die Gruppe die Zuordnung der Karten zu den verschiedenen Überbegriffen und sucht gegebenenfalls nach neuen Überschriften. Ein Beispiel enthält die Abbildung 7/5.

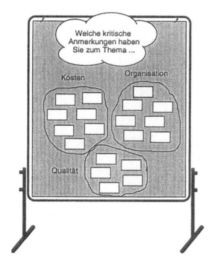

Abbildung 7/5: Gruppierung von Karten

## Themenspeicher

Der Themenspeicher resultiert in der Regel aus der Kartenabfrage. Er enthält die Überbegriffe der gefundenen Gruppen von Karten. Diese Überbegriffe dienen als Zwischenergebnis oder als Ausgangspunkt für die weitere Arbeit. Mit dem Kleben von Punkten lässt sich zum Beispiel eine Prioritätenliste erzeugen. Dazu dient die Mehr-Punkt-Abfrage, wie sie weiter unten beschrieben ist. Der Themenspeicher kann aussehen wie in Abbildung 7/6 dargestellt.

Abbildung 7/6: Themenspeicher

Mit der Ein-Punkt-Abfrage kann man Transparenz schaffen und Entscheidungen herbeiführen. Sehr häufig wird sie angewandt, um beim Einstieg in ein Thema den Informationsstand oder die Stimmungslage der Teilnehmer zu erkunden. Der Moderator fordert die Gruppe auf, eine vorab formulierte Frage durch das Kleben eines Punktes zu beantworten. Besonders geeignet sind Fragen, die eine

Polarität ausdrücken (groß/klein, häufig/selten, gut/schlecht oder leicht/schwierig).

## Mehr-Punkt-Abfrage

Ausgehend vom „Themenspeicher" dient die Mehr-Punkt-Abfrage der Entscheidung und Abstimmung. Man kann eine Auswahl treffen, die Reihenfolge der Abarbeitung von Themen bestimmen oder die wichtigsten Maßnahmen herausfinden. Wenn man zehn mögliche Themen gefunden hat, kann man durch das Kleben von Punkten die vier wichtigsten bestimmen. Anschließend bildet man Kleingruppen, wobei jede Gruppe eines der Themen intensiver bearbeitet. Die Ergebnisse der Kleingruppenarbeit werden dann im Plenum präsentiert.

Abbildung 7/7: Auswahl mit der Mehr-Punkt-Abfrage

## Fadenkreuz oder Vier-Felder-Tafel

Das „Fadenkreuz" gibt eine Struktur vor, die es erleichtert, ein Thema systematisch in Kleingruppen zu bearbeiten. Für den Ablauf gibt es im Wesentlichen zwei Möglichkeiten. Die eine besteht darin, dass eine Gruppe die vier Felder der Abbildung 7/8 nacheinander bearbeitet. Nach der zweiten Möglichkeit kann je eine Kleingruppe ein Feld bearbeiten. Die Teilergebnisse werden dann im Plenum zu einem Gesamtergebnis zusammengeführt.

Grundsätzlich ist es sinnvoll im Sinne einer möglichst großen Effizienz, wenn Kleingruppen als spezialisierte Teams an Teilproblemen arbeiten, die dann zu einem Gesamtergebnis zusammengefasst werden können.

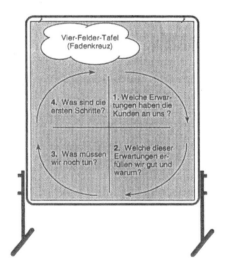

Abbildung 7/8: Arbeitsstruktur nach dem „Fadenkreuz"

## Prozess-Ablauf

Ob Fertigung, Marketing oder Verwaltung – überall geht es regelmäßig darum, Prozesse kritisch zu überprüfen, um sie gegebenenfalls umzugestalten. Alle Beteiligten müssen den jeweiligen Prozess vor Augen haben und ihn verstehen, bevor sie Verbesserungsvorschläge machen können. Das ist die Hauptaufgabe des Ablaufplans für Geschäftsprozesse (siehe Abbildung 7/9).

Die Abbildung zeigt einen vereinfachten Ablauf in einer Automobil-Werkstatt. Tatsächlich war für jeden Teilprozess eine Pinnwand notwendig. Auch die kritischen Erfolgsfaktoren waren wesentlich detaillierter. Hier sieht man das zusammenfassende Ergebnis der Arbeit von fünf Kleingruppen. Die Folge war eine völlige Neuorganisation der Abläufe.

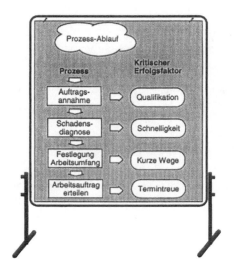

Abbildung 7/9: Prozess-Ablauf

## Brainstorming

Das Brainstorming zählt zu den bekanntesten und einfachsten Methoden der Ideenfindung. Zur Gestaltung kann man sich an dem folgenden Ablaufschema orientieren:

➢ Die Gruppe sollte nur fünf bis acht Mitglieder haben

➢ Die Phasen der Ideenfindung und der Bewertung strikt trennen

➢ Auch scheinbar unwichtige, unrealistische oder „schlechte" Ideen sind zugelassen und wichtig. Oft sind es gerade diese „verrückten" Kleinigkeiten, die zum Durchbruch verhelfen.

➢ Der Sitzungsraum sollte außerhalb des gewohnten Arbeitsbereichs liegen.

➢ Bei der Sitzordnung sollte man beachten, dass ein physisches Nebeneinander das emotionale Miteinander fördert.

➢ Den Prozess visualisieren und nachvollziehbar gestalten, so dass jederzeit Zwischenergebnisse sichtbar sind. Das vermittelt Erfolgserlebnisse und beflügelt die Phantasie.

➢ Für Auswahl und Bewertung der Ideen eignet sich die Mehr-Punkt-Abfrage besonders gut.

## Blitzlicht und Stimmungsbarometer

Beide Methoden geben dem Moderator Auskunft über die sachliche und emotionale Situation in der Gruppe. Das ist besonders im Hinblick auf den Dramaturgiebogen und die Steuerung des Gruppenprozesses wichtig. Das Blitzlicht wird meist ohne Visualisierung durchgeführt. In einem kurzen Statement von etwa 15 Sekunden Dauer beantwortet jedes Gruppenmitglied die Fragen:

➢ Wie fühle ich mich momentan?

➢ Wie zufrieden bin ich mit der Zusammenarbeit in der Gruppe?

Beim „Stimmungsbarometer" kann man folgende Fragen erheben und mit Punkten ein Meinungsbild erstellen (siehe Abbildung 7/10).

Abbildung 7/10: Stimmungsbarometer

# Ablaufpläne

Jeder Ablaufplan ist davon abhängig, ob ein fremder Moderator oder die Führungskraft selber ein Moderations-Projekt gestaltet. In beiden Fällen ist es notwendig, den Ablauf sorgfältig zu planen. Häufig ist es nicht sinnvoll, dass die Führungskraft die Rolle des Moderators übernimmt. Das gilt insbesondere für Fälle, in denen die Führungskraft inhaltlich mitarbeiten will oder wenn die Gefahr besteht, dass sie den Ablauf zu stark dominieren könnte. Auch bei Themen, die die Führungskraft unmittelbar betreffen, sollte sie bei dem Workshop entweder als gleichberechtigtes Gruppenmitglied oder gar nicht mitmachen.

Sobald ein fremder Moderator engagiert wird, ist es Aufgabe der Führungskraft, eine Vereinbarung mit dem Moderator zu treffen. Ein solches „Contracting-Gespräch" sollte folgende Fragen klären:

➤ Wie kam es zu diesem Projekt?

➤ Was sind die Ziele und Vorstellungen des Auftraggebers?

➤ Wie sieht der zeitliche Rahmen aus?

➤ Wie lässt sich das Projekt gegen konkurrierende Fragen und Probleme abgrenzen? (Was sollte ausgeklammert sein?)

➤ Wie soll das konkrete Ergebnis aussehen?

➤ Was passiert mit den Ergebnissen? Welche Konsequenzen sollen die Ergebnisse haben?

➤ Gab es schon ähnliche Projekte?

➤ Wo ist mit Widerständen zu rechnen?

➤ Gibt es typische Vorbehalte, Vorurteile oder „Killer-Phrasen"?

➤ Was ist bei der Zusammensetzung von Kleingruppen zu beachten? (z. B. besondere Fachkenntnisse oder persönliche Feindschaften)

➤ Wer erhält in welcher Form einen Bericht über das Moderationsprojekt?

➤ Wie groß ist der Aufwand im Verhältnis zu den erwarteten Ergebnissen – oder: Lohnt sich ein solcher Workshop?

Ausgehend von diesen Fragen plant der Moderator den Ablauf. Dabei berücksichtigt er sowohl den zeitlichen als auch den gruppendynamischen Prozess. Beide Dimensionen lassen sich überblicksartig in der folgenden Matrix abbilden:

210

| Gruppen-dynamik | Zeitlicher Ablauf | | |
|---|---|---|---|
| | Eröffnung | Hauptteil | Abschluss |
| Rationale Ebene | Meinungen/Vorurteile sichtbar machen<br>Problembezug herstellen<br>Ziele erklären | Informieren<br>Probleme bearbeiten<br>Lösungen und Alternativen diskutieren | Ergebnisse festhalten<br>Folgeaktivitäten definieren<br>Vereinbarungen treffen |
| Emotionale Ebene | Kennen lernen<br>Aufwärmen<br>Aufschließen | Wünsche, Befürchtungen und Stimmung ansprechen | Zufriedenheit mit Ergebnissen und Ablauf erfragen |
| Methodische Ebene | Ein-Punkt-Fragen<br>Erwartungsabfrage | Karten-Abfrage<br>Kleingruppenarbeit | Tätigkeitskatalog erstellen<br>Bewertungen vornehmen |

Unter Berücksichtigung dieser Rahmenbedingungen erstellt der Moderator einen Ablaufplan. Dieser ist abhängig von der konkreten Aufgabe, wie sie im „Contracting-Gespräch" vereinbart wurde. Ein allgemein gültiger Ablaufplan umfasst folgende Phasen:

1. Eröffnung
   - Thema formulieren (worum geht es?)
   - Durchführung einer Vorstellungsrunde
   - Erläuterung des Zwecks der Sitzung
   - Vorstellung des Moderators
   - Klärung der Protokollfrage
   - Sicherung der Ergebnisse
   - Erläuterungen des Moderators zu seiner Rolle
   - Klarstellung, was mit den Ergebnissen der Veranstaltung geschieht
   - Abfrage von Erwartungen
   - Nutzen für die Teilnehmer herausstellen

2. Themen sammeln
   - Mit einer Karten-Abfrage Vorschläge und Ideen sammeln, Überblick gewinnen und Transparenz schaffen
   - Karten strukturieren, Überschaubarkeit herstellen und inhaltliche Schwerpunkte bilden
   - Mit einem Themenspeicher Zwischenergebnisse festhalten
   - Mit einer Ein-Punkt-Frage Stimmung und Trends ermitteln

3. Thema auswählen
   - Mit einer Mehr-Punkt-Frage eine Abstimmung durchführen
   - Gesammelte Themen in eine Rangfolge bringen
   - Reihenfolge der Bearbeitung festlegen

4. Thema bearbeiten
   - Mit einer Karten-Abfrage Komplexität verdeutlichen und
   - somit eine Vertiefung des Themas einleiten
   - Ursachenanalyse durchführen
   - Lösungsvorschläge sammeln und mit Punkten bewerten
   - Entscheidungen herbeiführen
   - Für eine Vertiefung oder die Bearbeitung von Teilproblemen Kleingruppen mit klaren Arbeitsaufträgen bilden
   - Gegebenenfalls Fadenkreuz oder Ablaufplan als Hilfsmittel zur strukturierten Arbeit vorschlagen
   - Ergebnisse der Arbeit von Untergruppen im Plenum präsen-tieren

5. Maßnahmen planen
   - Mit einer Karten-Abfrage oder einem Brainstorming einen Maßnahmenkatalog in einen Themenspeicher einbringen
   - Mögliche Ergebnisse der Maßnahmenplanung können sein:
     - ein gewichteter, konsensfähiger Maßnahmenkatalog
     - Arbeitsaufträge an Personen oder Untergruppen
     - ein abgestimmtes weiteres Vorgehen
     - Selbstverpflichtungen

6. Abschluss
   - Gemeinsame Besprechung folgender Fragen:
     - Wurden meine Erwartungen erfüllt?
     - Bin ich mit dem Ergebnis zufrieden?
     - Habe ich mich in der Gruppe wohl gefühlt?
     - Habe ich die Arbeit als effektiv erlebt?
   - Stimmungsbarometer mit der Frage: Wie zufrieden bin ich mit dem Ergebnis?
   - Blitzlicht mit einem kurzen Statement zu den Fragen:
     - Was war mir wichtig?
     - Was nehme ich mit auf den Weg?
     - Was möchte ich der Gruppe sagen?

**Fallbeispiel**

Ein inhaltlicher Ablaufplan, wie er zum Beispiel bei einer strategischen Umorientierung einer internen Service-Abteilung denkbar ist, könnte wie folgt aussehen:

Teilnehmer des moderierten Workshops sind Gruppenleiter, Stäbe und ausgewählte Funktionsträger der internen Service-Abteilung (insgesamt 16 Teilnehmer). Einzelgespräche des Abteilungsleiters mit den 16 Mitarbeitern wären zu aufwendig. Mit großer Sicherheit käme in diesen Gesprächen auch kein Konsens zustande, mit dem sich alle identifizieren könnten. Der Abteilungsleiter möchte seine Sachkenntnis und seine Ideen mit einbringen und schlüpft während der Moderation in die Rolle eines normalen Teilnehmers. Zuvor einigt er sich mit dem externen Moderator in einem Contracting-Gespräch auf folgende Thesen:

Zur besseren Unterstützung des operativen Geschäftes sollten wir

➢ die Kundenorientierung erhöhen

➢ das Kostenbewusstsein schärfen

➢ die interne Kommunikation verbessern

➢ Reibungsverluste zwischen X und Y abbauen

➢ Ziele und Strategien klarer definieren

➢ (sonstige Anmerkungen).

Es sind vom Abteilungsleiter vermutete Kernprobleme, von denen er aber nicht weiß, inwiefern sie den Teilnehmern wirklich bewusst sind. Es geht also darum, diejenigen Kernprobleme herauszuarbeiten, die möglichst alle betreffen und die besonders erfolgswirksam sind. Mit Hilfe einer Mehr-Punkt-Frage wählt die Gruppe die drei wichtigsten Themen aus. Sie werden anschließend in drei Kleingruppen behandelt, wobei jede Gruppe ein anderes Thema bearbeitet. (Hinweis: Wenn ausreichend Zeit zur Verfügung steht, sollte jede Gruppe dieselben Themen diskutieren, weil der Wettbewerb der Gruppen die Kreativität anregt, und somit auch die Zahl der Lösungsmöglichkeiten deutlich steigt.)

Die Kleingruppen präsentieren die Ergebnisse ihrer Arbeit. Das Plenum erarbeitet anschließend eine Liste konkreter Maßnahmen. Mit Hilfe einer Mehr-Punkt-Frage werden die wichtigsten Maßnahmen ausgewählt. Anschließend folgen Vereinbarungen nach dem Prinzip: Wer macht was bis wann? Mit Gruppen, die mit der Moderationsmethode bereits vertraut sind, ist ein solcher Workshop an einem halben Tag durchführbar. Um die Gruppe mit der Moderationsmethode vertraut zu machen, benötigt der Moderator etwa 30 Minuten.

Sowohl für einen externen Moderator als auch für die Führungskraft selbst sollte es selbstverständlich sein, dass beide regelmäßig Feedback darüber einholen, wie sie ihre Aufgabe als Moderator bewältigt haben. Besonders gut eignet sich hierfür der nachfolgende Feedback-Bogen, den man mit einer Ein-Punkt-Abfrage in etwa fünf Minuten am Ende einer jeden Moderation bearbeiten kann. Auf diese Weise hat der Moderator die Möglichkeit, seine Fähigkeiten systematisch zu verbessern. Erfahrungsgemäß genügen schon zwei bis fünf Workshops, bis die Führungskraft in der Lage ist, selbst komplexe Führungsaufgaben zu lösen. Den nachfolgenden Feedback-Bogen kann man auf das Format DIN A 3 vergrößern und für eine Ein-Punkt-

Abfrage einsetzen. Das Ergebnis ist ein Stärken-Schwächen-Profil, aus dem Verbesserungsmöglichkeiten ersichtlich sind.

| Feedback-Bogen | | | | | |
|---|:---:|:---:|:---:|:---:|:---:|
| **Aufgaben des Moderators** | – – | – | o | + | + + |
| **Besprechungsziele festlegen** | | | | | |
| Waren die Aufgaben und Ziele der Sitzung klar? Gab es Teilziele? | | | | | |
| **Ablauf planen** | | | | | |
| Gab es einen Konsens über die sinnvollste Vorgehensweise? | | | | | |
| **Alle einbeziehen** | | | | | |
| Konnten alle ihre Spezialkenntnisse einbringen? | | | | | |
| **Lösungsvorschläge erarbeiten** | | | | | |
| Wurden vor der Entscheidung mehrere Alternativen erarbeitet? | | | | | |
| **Alternativen bewerten** | | | | | |
| Gab es einen Konsens über sinnvolle Entscheidungskriterien? | | | | | |
| **Entscheidung treffen** | | | | | |
| Wie fielen Entscheidungen? (Konsens, Überreden, Übergehen, Abstimmen) | | | | | |
| **Sonstiges** | | | | | |

Abbildung 7/11: Feedbackbogen für den Moderator

# 8. Führungsaufgaben optimieren

## Planung setzt Erfolgsmaßstäbe

Beim Vergleich erfolgreicher mit erfolglosen Menschen kam Sokrates vor 2500 Jahren zu dem Ergebnis: „Als ich merkte, dass von Leuten mit gleichen Fähigkeiten die einen sehr arm, die anderen aber sehr reich sind, verwunderte ich mich, und es schien mir eine Untersuchung wert, wie das kommt. Da stellte sich heraus, dass das ganz natürlich zuging. Wer nämlich ohne Plan handelte, an dem rächte es sich; wer sich aber mit angespanntem Verstand bemühte, der arbeitete schneller, leichter und gewinnbringender."

Diese Sichtweise hat bis heute nichts an Aktualität verloren. Trotzdem ist die Planung in der Praxis äußerst unbeliebt. Sie wird häufig nur widerwillig durchgeführt und meistens auch als Last empfunden. Typische Aussagen sind:

> ➤ „Wir haben keine Zeit zu planen!"

> ➤ „Wie können wir planen, wenn sich die Märkte so schnell verändern?"

> ➤ „Wir werden nicht für das Planen, sondern für gute Arbeit bezahlt!"

> ➤ „Wozu planen? Die Geschäfte laufen doch gut!"

Derartige Meinungen beruhen auf einem fundamentalen Missverständnis dessen, was Planung bedeutet. Der wichtigste Grundsatz der Planung besteht nicht darin, die Zukunft vorherzusagen. Das kann nicht die Aufgabe des Managements sein. Dazu müsste man hellseherische Fähigkeiten haben. Die wichtigste Aufgabe der Planung ist der Zeitgewinn. Wenn beispielsweise für das Jahresende ein bestimmter Betrag für Ausgaben geplant wurde, und man stellt im Oktober fest, dass die Ausgaben um 50 Prozent überschritten werden, ist effektives Handeln kaum noch möglich. Stellt man aber bereits im März eine signifikante Soll-Ist-Abweichung fest, hat man neun Monate Zeit, Gegenmaßnahmen einzuleiten. Im November ist es für Gegenmaßnahmen meistens zu spät.

Das gesamte Unternehmen kann nur dadurch funktionieren, dass auf nahezu allen Ebenen und in allen Abteilungen Ziele (Soll) festgelegt werden, um sie nach Ablauf der Planungsfrist mit den Ergebnissen (Ist) zu vergleichen. Aus diesem Soll-Ist-Vergleich leiten sich dann unzählige Maßnahmen ab. Der Erfolg des gesamten Unternehmens ist von der Fähigkeit des Managements abhängig, (ehrgeizige) Ziele zu erreichen. Folglich ist auch die Karriere sehr eng an die Unternehmensziele gekoppelt. Ziele findet man überall: Forschungsziele, Produktionsziele, Vertriebsziele, Marketingziele, Beschaffungsziele, Personalziele, Finanzziele, Produktivitätsziele, Rentabilitätsziele, Liquiditätsziele, Wachstumsziele, Kostenziele usw. Für alle Ziele gilt der zentrale Grundsatz der Planung (Zeitgewinn). Aus diesem Grund ist der Satz von Sokrates bis heute uneingeschränkt gültig.

Aus heutiger Sicht müsste man noch hinzufügen: Je schneller sich die Kundenwünsche, Märkte, das wirtschaftspolitische Umfeld und die Unternehmen verändern, desto wichtiger wird unternehmerische Planung. – Allerdings nicht Planung im Sinne einer Vorhersage der Zukunft, sondern im Sinne des Zeitgewinns.

Aus der Bedeutung der Ziele für den Erfolg des Unternehmens, und somit seiner Führungskräfte, folgt die Bedeutung der Zielvereinbarungen. Diese sind Gegenstand des nächsten Kapitels.

# Durch Zielvereinbarungen Leistung steigern

Es scheint eine empirisch abgesicherte Tatsache zu sein, dass persönliche Ziele die Leistung steigern. Kleinbeck zählt über einhundert Studien, die belegen, dass eine Erhöhung von Zielsetzungen zur Leistungssteigerung führt. Dieser Zusammenhang gilt bis zu einem gewissen Punkt, an dem die Grenzen der Leistungsfähigkeit erreicht sind. Dieses Prinzip soll die Abbildung 8/1 veranschaulichen.

Als wichtigste Mechanismen, die für die Leistungssteigerung durch Zielvorgabe verantwortlich sind, nennt Kleinbeck

➤ Richtung,

➤ Anstrengung,

➤ Ausdauer und

➤ Lernen.

Durch ein Ziel bekommt das Handeln eine bestimmte Richtung. Damit sind andere Richtungen ausgeschlossen. Man kann sich voll auf das eine Ziel konzentrieren. Ferner neigen Menschen mit einem hohen Leistungsmotiv dazu, ihre Ziele in den Bereich mittlerer Erfolgswahrscheinlichkeit zu setzen. Der Erfolg verstärkt die Zielorientierung.

Bei hohen Zielen strengen sich Menschen mehr an als bei niedrigen. Sie mobilisieren mehr körperliche und geistige Energien. Außerdem steigern Ziele die Ausdauer, die notwendig ist, um gegen Widerstände bei der Zielverfolgung ankämpfen zu können. Ziele beschleunigen das Lernen und Auffinden von speziellen Strategien und Plänen, die bei der Lösung von Aufgaben hilfreich sind. Das stärkt die Selbstsicherheit und das Selbstvertrauen.

| Ziele motivieren so lange, bis die Leistungsgrenze erreicht ist |

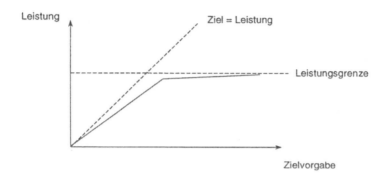

Abbildung 8/1: Abhängigkeit der Leistung von der Zielvorgabe

**So beeinflussen Ziele die Leistung**

Damit der Zusammenhang von Zielen und Leistung erhalten bleibt, sollte die Führungskraft folgende Einflussfaktoren beachten:

➤ Rückmeldung
➤ Zielgenauigkeit
➤ Komplexität und
➤ Zielbindung.

Es scheint eher die Ausnahme zu sein, dass die Ergebnisse der Anstrengung allein ausreichen, um den Mitarbeiter zur weiteren Leistung anspornen zu können. Meistens führt erst die Anerkennung durch den Vorgesetzten oder durch andere Mitarbeiter dazu, dass die Leistung eine attraktive und wirksame „Belohnung" darstellt.

Allerdings sollte man beachten, dass eine Rückmeldung durch den Vorgesetzten wirkungslos sein kann, wenn die Aufgabe aus sich heraus ausreichend Rückmeldungen anbietet.

Die Führungskraft muss also über ein entsprechendes Einfühlungsvermögen verfügen, um beurteilen zu können, wann und in welcher Form ein Lob angebracht ist. Ziele müssen einen angemessenen Grad der Genauigkeit haben. Unspezifische Ziele lauten etwa: „Tun Sie Ihr Bestes!" oder „Schauen Sie sich mal das Problem X an!"

Tendenziell gilt, dass spezifische Ziele im Hinblick auf die Leistung wirksamer sind als unspezifische oder abstrakte. Es ist eine wichtige Aufgabe jeder Führungskraft, die zwangsläufig abstrakten Ziele der übergeordneten Hierarchieebenen in konkrete Ziele für die eigene Mannschaft zu „übersetzen". Der Schwierigkeitsgrad oder die Komplexität einer Zielsetzung hat ebenfalls eine große Bedeutung für die Leistung. Man kann davon ausgehen, dass Zielsetzungen umso stärker wirken, je einfacher sie empfunden werden. Bei komplexen Aufgaben stehen mehrere Strategien und Lösungsmöglichkeiten zur Verfügung. Oft besteht dabei das Problem, die effektivste Strategie herauszufinden. Einfachheit der Aufgabe ist nicht mit Anspruchslosigkeit gleichzusetzen. Vielmehr sollte der Mitarbeiter erkennen, dass eine Aufgabe anspruchsvoll und seinen Fähigkeiten entsprechend lösbar ist.

Schließlich hat die Bindung an Ziele einen wesentlichen Einfluss auf die Leistung. Der Mitarbeiter muss sich dem Ziel verpflichtet fühlen und darf das Ziel nicht aufgeben, sobald die ersten Probleme auftauchen. Für eine starke Zielbindung sind die in Abbildung 8/2 dargestellten Faktoren verantwortlich. Gelingt eine solche Bindung nicht, spricht man von „weichen Plänen". Beispiel: Der Verkäufer erreicht die Zielvorgabe von fünfzig Kundenbesuchen pro Monat – Die Qualität der Gespräche war aber derart schlecht, dass kaum Aufträge zustande kamen.

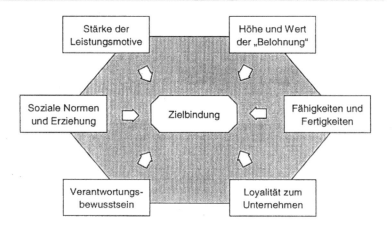

Abbildung 8/2: Faktoren, die eine starke Zielbindung bewirken

**Leistung und Verhaltenstyp**

Die Steigerung der Leistung durch anspruchsvolle Ziele ist auch vom Typus des Mitarbeiters abhängig: Ist er erfolgsorientiert (Erfolgssucher) oder misserfolgsorientiert (Misserfolgsmeider)? Erfolgsorientierte Menschen neigen dazu, Erfolge ihren persönlichen Fähigkeiten zuzuschreiben. Misserfolge spornen sie zu höheren Leistungen an. Sie saugen Honig aus Niederlagen und den dabei gemachten Erfahrungen.

Dagegen können misserfolgsorientierte Verhaltenstypen selbst aus guten Leistungen keinen Bezug zu ihrem Selbstwertgefühl herstellen und glauben, ihr Erfolg sei auf Zufall oder auf günstige Umstände zurückzuführen. Sie neigen dazu, sich zurückzuziehen, wenn ihnen die Probleme über den Kopf wachsen. Leistung bringen sie erst, wenn sie Druck verspüren.

Beide Verhaltenstypen interpretieren die gleiche Situation also völlig anders. Erfolgsorientierte Menschen lassen sich meistens nur dann demotivieren, wenn sie es auf Dauer mit unfähigen, aber mächtigen Vorgesetzten zu tun haben. Bei misserfolgsmotivierten Menschen ist es besonders wichtig, realistische Ziele zu entwickeln, an denen der Mitarbeiter selbst mitgewirkt hat. Es ist in der Regel ein langer Lernprozess für den Vorgesetzten, bis er es versteht, diesen Typus zur Leistung zu motivieren.

**Der Praxistest**

Klare und zugleich herausfordernde Ziele sind keineswegs selbstverständlich. In der Praxis kommt es häufig vor, dass ganze Unternehmen oder Abteilungen praktisch ohne oder ohne verbindliche Ziele arbeiten. Das gilt besonders für zentrale Stabs- und Service-Abteilungen, für die es schwierig ist, klare Leistungsmaßstäbe zu definieren. Sie sind daher häufig der Inbegriff an Ressourcenverschwendung. Zur kritischen Prüfung Ihrer eigenen Praxis können Sie einmal folgende Fragen stellen:

1. Sind Ihre Führungskräfte in der Lage, die drei wichtigsten kurz-, mittel- und langfristigen Unternehmensziele aufzuschreiben?

2. Haben alle Führungskräfte (annähernd) gleiche Ziele genannt? Besteht also Konsens, der auf eine gemeinsame Richtung schließen lässt?

3. Verfügen Ihre Führungskräfte und Mitarbeiter über messbare oder zumindest objektivierbare Ziele oder Erfolgskriterien zur Selbst- und Fremdkontrolle?

4. Kennen Ihre Manager ihren jeweiligen Mindestbeitrag zur Sicherung des Unternehmenserfolges?

5. Können Ihre Manager spontan fünf Aufgaben nennen, die am wirksamsten zur Erreichung der Unternehmensziele beitragen?

Je mehr Fragen Sie mit „Nein" oder „wahrscheinlich Nein" beantworten, desto größer ist der Handlungsbedarf, der mit der Planung beginnen sollte.

**Umsetzung von Zielvereinbarungen**

Zur praktischen Umsetzung der Ziele in der Tagesarbeit dienen Zielvereinbarungen. Dabei kann man zwei Extrempositionen beobachten. Auf der einen Seite sind Mitarbeiter völlig frei, sich selbst Ziele zu setzen. Das andere Extrem sind detaillierte Zielvorgaben durch den Vorgesetzten. Zwischen diesen Extrempunkten liegt eine Fülle von Möglichkeiten. Für Zielvereinbarungen kann man folgende Arten von Zielen unterscheiden:

- Standardziele. Sie legen bestimmte Standards hinsichtlich des Verhaltens oder der Arbeitsergebnisse fest. Beispiele für Verhaltensstandards sind Regeln für den Umgang miteinander, für das Konfliktverhalten oder das Betriebsklima. Standards für Arbeitsergebnisse legen im Wesentlichen den Umfang der quantitativen und qualitativen Leistung fest.

- Innovative Ziele. Hierbei bekommt der Mitarbeiter Gelegenheit, selbständig neue Problemlösungen oder Produkte und Verfahren zu erarbeiten.

- Qualitätsziele. Dazu kann man etwa den Abbau von Reklamationen, die Erhöhung der Kundenzufriedenheit oder die Senkung der Ausschussquote zählen.

- Produktivitätsziele. Sie beziehen sich auf das Verhältnis von Aufwand und Ertrag in nahezu allen betrieblichen Bereichen – von der Warenannahme bis hin zum Versand.

- Projektziele. Sie sind im Wesentlichen mit dem Auftraggeber vereinbart. Als nächsten Schritt muss der Projektleiter Teilziele, die so genannten Meilensteine definieren und in eine zeitliche Reihenfolge bringen.

➢ Informationsziele. Sie dienen der Verbesserung des Informationsflusses und der Informiertheit der Mitarbeiter in einer organisatorischen Einheit.

➢ Qualifikationsziele. Ihre Aufgabe ist es, Kenntnisse, Fähigkeiten und Fertigkeiten zu verbessern und die Mitarbeiter auf neue Tätigkeiten vorzubereiten.

➢ Persönliche Entwicklungsziele. Sie betreffen das persönliche Fortkommen, und zwar sowohl hierarchisch als auch im Sinne des Erwerbs bestimmter Qualifikationen. Beispiele sind: Verbesserung des Arbeitsstils, des Problemlösungs- und Entscheidungsverhaltens, der Kommunikations-, Konflikt- und Teamfähigkeit und der Überzeugungskraft.

**Das Zielvereinbarungsgespräch**

Die Vereinbarung von Zielen aus diesem Katalog erfolgt im Zielvereinbarungsgespräch. Dieses kann man in drei Phasen einteilen: Vorbereitung, Hauptteil und Abschluss. Bei der Vorbereitung klärt der Vorgesetzte folgende Fragen:

➢ Inwiefern soll der Mitarbeiter bei der Zieldefinition mitwirken? Sind eher klare Vorgaben oder Forderungen angemessen?

➢ Liegt das Ziel im Kompetenzbereich des Mitarbeiters?

➢ Erlaubt es die momentane Arbeitsbelastung, neue Ziele zu definieren?

➢ Wie fügt sich das Ziel in die übergeordneten Organisationsziele ein?

➢ Welche Priorität hat das Ziel?

Der Mitarbeiter prüft, ob er über die notwendige Zeit und die erforderlichen Qualifikationen verfügt. Er entwickelt eigenständig Zielvorschläge und wägt die Möglichkeiten der Zielerreichung ab.

Im Hauptteil spricht der Vorgesetzte die Aufgabe an und lässt den Mitarbeiter Vorschläge machen. Dabei sollten frühere Fehlschläge und herausragende Erfolge weitgehend ausgeblendet bleiben. Jede Zielvereinbarung bietet die Chance für einen Neubeginn. Beiden Gesprächspartnern sollte klar sein, dass die Zielvereinbarung häufig einen Kompromiss darstellt. Im weiteren Verlauf lässt der Vorgesetzte keinen Zweifel daran, dass die Zielvereinbarung für beide Seiten verbindlich ist. Zur Zielvereinbarung gehört auch eine Übereinkunft darüber, wie und wann der Fortschritt und das Ergebnis zu kontrollieren sind. Der Vorgesetzte achtet ganz besonders darauf, dass das gewünschte Ergebnis Gegenstand der Zielvereinbarung ist und – bis auf wenige Ausnahmen – nicht die Aktivität. Mit anderen Worten: Die Ergebnisse sind entscheidend und der Aufwand, den der Mitarbeiter getrieben hat. Das setzt voraus, dass das Ziel erreichbar und gleichzeitig herausfordernd sein sollte. Um den Fortschritt und das Ergebnis sinnvoll beurteilen zu können, sollte das Ziel operationalisiert oder möglichst auch quantifiziert sein.

Zum Abschluss des Gesprächs gehören eine Zusammenfassung der wesentlichen Inhalte und Ergebnisse sowie eine ehrlich gemeinte Ermunterung.

Die nachfolgende Zusammenstellung von Tipps und Hinweisen für gute Ziele nach Stroebe kann im Zielvereinbarungsgespräch zusätzlich wertvolle Hilfe leisten:

- Lassen Sie den Mitarbeiter begründen, warum er bestimmte Ziele in das Zielsystem aufnimmt und andere nicht. So sichern Sie die Zielentscheidung ab.

- Vereinbaren Sie zur Fortschrittskontrolle messbare Zwischenziele, messbar nach Qualität, Quantität, Kosten, Terminen und Güte der Zusammenarbeit.

- Vereinbaren Sie nicht nur Ziele, die Selbstverständliches beinhalten, sondern auch Ziele, die Außergewöhnliches anstreben (Durchbruchsziele).

- Leistungs- und selbstbewusste Manager setzen meist auch bessere und höhere Ziele.

- Ziele werden häufig nicht ehrlich, sondern aus taktischen Überlegungen heraus formuliert, z. B. um ein größeres Budget zu erhalten.

- Ziele müssen so formuliert sein, dass ihre Erreichung nicht auf Kosten anderer und damit der gesamten Leistung der Organisation geht. Sie müssen den Beitrag zum Unternehmenserfolg sichtbar machen.

- Setzen Sie Kundenforderungen oder typische Probleme des Unternehmens in Ziele um. Beispiel: Die Anzahl der Reklamationen um 20 Prozent senken.

- Setzen Sie sich konstruktiv mit den Schwierigkeiten auseinander, die Ihre Mitarbeiter bei der Zielerreichung haben, und bieten Sie Ihre Hilfestellung an. Machen Sie sich aber nicht zum Problemlöser der Mitarbeiter (Prinzip der Rückdelegation).

- Nehmen Sie den Mitarbeitern auf keinen Fall die Verantwortung für die Zielerreichung ab, sie werden sonst unmündig!

# Problemlösung und Entscheidung rationalisieren

Das Lösen von Problemen ist eine der wichtigsten Aufgaben im Tagesgeschäft einer Führungskraft. Fehlentscheidungen können zu substanziellen materiellen und immateriellen Verlusten führen und ein Unternehmen in ernste Existenznot bringen. Die Fähigkeit der effektiven Problemlösung ist auf allen Hierarchieebenen ein kritischer

Erfolgsfaktor. Deswegen lohnt es sich, einen Blick darauf zu werfen, welche Arten von Problemen es gibt, wie ein effektiver Prozess der Problemlösung funktioniert und wie man Fehlentscheidungen vermeiden kann. Typische Probleme im betrieblichen Alltag sind:

- Eine Instandhaltung beansprucht die doppelte Zeit.
- Ein Störfall legt den Betrieb lahm.
- Ein neuer Wettbewerber dringt in den Markt mit einem wesentlich besseren Produkt ein.
- Das Produktionsergebnis eines Monats entspricht nicht der vom Kunden geforderten Spezifikation.
- Ein wichtiger Know-how-Träger wechselt zur Konkurrenz, und ein Ersatz ist kurzfristig nicht in Sicht.
- Ein Produkt muss vorzeitig vom Markt genommen werden, weil es gesundheitliche Schäden zu verursachen droht.
- Ein Forschungsprojekt liefert nicht die erhofften Ergebnisse und muss aufgegeben werden.
- Die dringend notwendige Preiserhöhung erweist sich als nicht durchsetzbar.
- Die Absatzmenge bricht unerwartet ein, so dass die Produktion und der Verkauf mit ernsthaften Auslastungsproblemen zu kämpfen haben.
- Ein wichtiger Zulieferer geht in Konkurs, und andere Lieferanten können nicht die geforderte Qualität liefern.
- Ein bedeutender Kunde storniert einen Großauftrag.

Zu derartigen Fällen kommt noch das gesamte Spektrum von Problemen im zwischenmenschlichen und kommunikativen Bereich hinzu. Angesichts der Fülle von Problemen im Tagesgeschäft erscheint es verständlich, wenn die Fähigkeit, Probleme effizient und zügig zu lösen, zu den wichtigsten Kernkompetenzen einer Führungskraft zählt.

Für die Problemlösung scheint das Pareto-Prinzip zu gelten. Demnach zählen etwa 80 Prozent aller Entscheidungen zu Routine-Entscheidungen. Sie beanspruchen etwa 20 Prozent des Arbeits-Aufwandes. Entsprechend zählen 20 Prozent der Probleme zu einer Kategorie, bei der die bisherigen Kenntnisse des Entscheiders häufig nicht ausreichen. Er muss über seine Erfahrungen hinausgehen. Dabei ist auf die Intuition nicht immer Verlass. Diese Kategorie von Problemen verursacht allerdings etwa 80 Prozent des Aufwandes.

**Der Prozess des Problemlösens**

Grundsätzlich ist ein Problem dadurch lösbar, dass man es in Teilprobleme zerlegt. Anschließend wählt man für diese Teilprobleme oder für das Problem als Ganzes aus einer Vielzahl von Lösungsmöglichkeiten die – hoffentlich – beste aus. Das allgemeine Schema des formalen Prozesses der Problemlösung versucht die Abbildung 8/3 zu veranschaulichen. Das Schema soll auch auf die Notwendigkeit einer effizienten Methode der Problemlösung hinweisen: Wird das Problem beim ersten Durchgang nicht gelöst, müssen weitere Schleifen folgen. Das bedeutet, dass der Entscheidende andere Probleme zwangsläufig vernachlässigen muss. Deswegen ist es so wichtig, das Problem so zu strukturieren, dass es möglichst beim ersten Durchlauf lösbar ist.

Der rationale oder sachliche Aspekt der Problemlösung ist in der Regel recht einfach zu handhaben. Die eigentlichen Schwierigkeiten stecken in der emotionalen Dimension. So kann der Marketingleiter die drastisch gesunkene Umsatzrendite und die Hintergründe dieser Entwicklung völlig anders interpretieren als etwa der Produktions-leiter oder der Controller. Erschwerend kommt hinzu, dass der Entscheidungsträger manchmal gar nicht in der Lage oder gewillt ist, eine Entscheidung zu treffen. Ferner sind die Informationen oft widersprüchlich oder einfach nicht vorhanden. Auch über die Anzahl der möglichen Alternativen ist der Entscheidungsträger meistens nur unzureichend informiert – oder er bewertet sie nur oberflächlich.

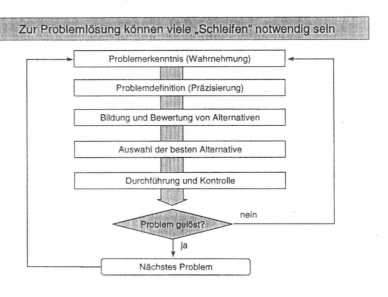

Abbildung 8/3: Schematischer Ablauf der Problemlösung

**Gefahren intuitiver oder emotionaler Entscheidungen**

In der Praxis gleicht der Entscheidungsprozess häufig einem Durchwursteln. Der Entscheidungsträger vergleicht nacheinander einige Lösungsmöglichkeiten, bis er eine findet, die ihm plausibel oder sympathisch erscheint. Hinzu kommen meistens Zeitdruck und Stress. Je dringlicher das Problem und je wichtiger die Entscheidung, desto größer ist der Anteil emotionaler und irrationaler Einflüsse. Beteiligt sind nicht nur die Emotionen des Entscheidungsträgers, sondern auch die Gefühle und Hintergrundmotive betroffener Gegenspieler mit oftmals divergierenden Interessen. Die Entscheidungssituation gleicht dann einem unentwirrbaren, scheinbar irrationalen Knäuel von Gefühlen aller Betroffenen. Man spricht in diesem Zusammenhang auch von „intuitiven" Entscheidungen. Erst nachträglich sucht (und findet) man eine „rationale" Begründung für die Entscheidung. Häufig ist es allerdings eine reine Rechtfertigung. Intuitive oder emotionale Entscheidungen müssen nicht nachteilig sein. Dennoch sollte man die wichtigsten Gefahren kennen, die mit solchen Entscheidungen verbunden sind:

- Sachinformationen und Fakten enthalten regelmäßig eine Beimischung vager Eindrücke. Diese vagen Eindrücke können die Oberhand gewinnen – ohne dass es dem Entscheidungsträger bewusst ist.

- Urteile tendieren zur Mitte hin. Mit wachsender „Erfahrung" schwindet der Blick für Chancen, die außerhalb des Gewohnten liegen.

- „Gute" Problemlösungen auf einem Gebiet wie Personalentscheidungen überstrahlen die (geringe) Fähigkeit, auch Investitionsentscheidungen mit der gleichen Qualität fällen zu können.

- Zurückliegende Entscheidungen haben oft eine derart große Nachwirkung, dass sie auch künftige Urteile beeinflussen, obwohl die Rahmenbedingungen völlig anders sind.

- Entscheider neigen ungewollt dazu, ihre Urteile in Richtung ihrer subjektiven Erwartungen oder persönlichen Vorteile zu lenken. Sie tendieren zu angenehmen oder sympathischen statt zu „richtigen" Lösungen.

- Auch „objektive" Informationen lassen sich unterschiedlich auslegen (das halb volle oder das halb leere Glas). Das gilt insbesondere für den Einfluss der Beziehungsebene der Kommunikation (siehe hierzu Kapitel 4 „Wirksam kommunizieren").

**Typische „Fehler" beim Entscheidungsverhalten**

Zu den wichtigsten Störfaktoren, die das Entscheidungsverhalten beeinflussen, gehören:

➢ Unentschlossenheit,

➢ Impulsivität,

➢ übertriebener Optimismus oder Pessimismus sowie

➢ Angstgefühle.

Unentschlossenheit kann eine grundlegende charakterliche Eigenschaft sein. Häufig ist sie jedoch situationsabhängig und leicht nachvollziehbar. Das lässt sich an dem folgenden Gedankenexperiment verdeutlichen:

Ein Einkäufer mit einem großen Budget hat die Gelegenheit, wertvolle Geschenke eines bestimmten Anbieters entgegenzunehmen, wenn er sich für sein Produkt entscheidet. Es kann für ihn ein langer und aufreibender innerer Kampf beginnen, der die Fantasie anregt. Diese innere „Zerrissenheit" ist umso größer, je schwächer seine eigene Identität mit klaren Wert- und Zielvorstellungen ausgeprägt ist. Hat er dagegen gefestigte und klare Wertvorstellungen und Ziele, ist die Entscheidung in Bruchteilen einer Sekunde getroffen.

Das Beispiel soll zeigen, dass gefestigte persönliche Werte und Zielvorstellungen eine wesentliche Voraussetzung für eine sichere und ökonomische Urteilsfähigkeit darstellen. In Unternehmen oder Abteilungen ohne klare und verbindliche Ziele neigen die Führungskräfte dazu, Entscheidungen vor sich herzuschieben oder zurückzu- delegieren. Sie wollen sich nach allen Seiten absichern für den Fall, dass eine Entscheidung sich als „falsch" herausstellen könnte. Sie verwenden mehr Zeit für das politische Taktieren und für das Verschleiern ihrer Unentschlossenheit als für den Entscheidungsprozess selbst.

Ein weiterer Störfaktor des Entscheidungsverhaltens kann die Impulsivität sein. Impulsive Menschen entscheiden zwar schnell, müssen aber anschließend einen großen Aufwand betreiben, um die negativen Folgen ihres Verhaltens zu korrigieren oder zu neutralisieren. Manchmal ist die Impulsivität mit mangelndem Einfühlungsvermögen verbunden. Diese Führungskräfte merken dann gar nicht, wie viel unsinnige Entscheidungen sie täglich fällen.

Gegen Impulsivität helfen bestimmte Regeln oder Rituale. Manche Führungskräfte haben es zum Prinzip gemacht, jede Entscheidung zuvor mit dem Lebenspartner zu besprechen – auch wenn dieser zur Problemlösung nichts beitragen kann. Es sind sehr nützliche „Verzögerungstaktiken" vom Typ: „Erst einmal eine Nacht darüber schlafen". Weit verbreitet ist auch das Vier-Augen-Prinzip. Demnach muss in vielen Unternehmen jeder Brief von zwei Personen unterschrieben sein.

Ein ausgeprägter Optimismus behindert Entscheidungen genauso wie ein übermäßiger Pessimismus. Optimisten neigen dazu, Probleme durch die rosarote Brille zu sehen und erwarten häufig unrealistische Ergebnisse. Sie können eine große Begeisterungsfähigkeit entwickeln, die aber in keinem angemessenen Verhältnis zu den Fakten steht.

Das gegenteilige Entscheidungsverhalten gilt für den Pessimisten. Beiden Personengruppen kann man empfehlen, ihre ausgeprägte Haltung in ihren Entscheidungen zu berücksichtigen. Abgesehen davon ist das Problemlösen in Gruppen mit Hilfe der Moderationsmethode eine hervorragende Möglichkeit, einen Ausgleich extremer Verhaltensweisen herbeizuführen.

Schließlich wären noch die Angstgefühle als Störfaktor im Entscheidungsprozess zu nennen. Es kann zum einen die Angst vor Fehlentscheidungen sein. Das ist häufig eine Frage der Unternehmenskultur und ihrer Fehlertoleranz. Eine risikoscheue Unternehmenskultur kann andere Angstgefühle fördern, nämlich die Scheu vor Konflikten.

Das gilt besonders für Manager mit ausgeprägten sozialen Bedürfnissen nach Zugehörigkeit oder dem Wunsch, möglichst überall beliebt zu sein. Sie sind angewiesen auf die Zuwendung durch andere und fürchten, ihre Mitarbeiter oder Kollegen enttäuschen zu müssen, weil jede Entscheidung andere Möglichkeiten ausschließt. Die Folge ist, dass diese Führungskräfte Problemen möglichst aus dem Weg gehen oder sie unter den Teppich kehren.

**Lösungsansätze**

Aus den Überlegungen des vorherigen Abschnittes folgt der Grundsatz, wonach der Entscheider in erster Linie realistisch sein sollte. Das bedeutet, dass er sich alle Gefühle (seine und die seiner Gegenspieler) bewusst machen und deren möglichen Einfluss auf die Entscheidung abschätzen sollte. Er könnte sich beispielsweise fragen: „Wie würde ich entscheiden, wenn ich bestimmte Ängste ignoriere?", oder: „Was würde ich tun, wenn die Personen X und Y von meiner Entscheidung nicht betroffen wären?", oder: „Wie hätte ich in der gleichen Situation vor fünf Jahren entschieden?" Es handelt sich hierbei mentales Training, bei dem der Betroffene verschiedene Konstellationen gedanklich durchspielt und sich dabei über den Einfluss seiner Gefühle auf die Entscheidung klar wird. Weitere brauchbare Methoden sind:

➢ Labyrinthstrategie: Durchführen von Versuchen, Testläufen und Experimenten, bis der richtige Weg gefunden ist.

➢ Turmstrategie: Sie löst einen Fall ähnlich wie der Kriminalist nach Indizien, die er von einer höheren geistigen Warte aus beobachtet und dabei verschiedene Perspektiven einnimmt. Dazu gehört auch die berühmte Vogelperspektive sowie die Fähigkeit, vom Tagesgeschäft abstrahieren zu können.

➢ Schichtenstrategie: Sie ist vergleichbar mit der Arbeit eines Archäologen. Er trägt Schicht für Schicht eines Problems ab, um sie in anderem Zusammenhang wieder der Reihe nach aufzubauen. Dabei versucht er, Regeln, Prinzipien oder Schemata zu entdecken.

➢ Modellstrategie: Modelle sind vereinfachte oder verkleinerte Abbilder der Realität. Sie ermöglichen es, Funktionen und Zusammenhänge zu studieren und Experimente durchzuführen.

# Effektiv delegieren

Ziele sollen den Mitarbeiter zur Leistung motivieren und seiner Arbeit einen Sinn geben. Der Vorgesetzte führt den Mitarbeiter zu den Zielen durch:

➢ Weisungen,

➢ Aufträge oder

➢ Delegation.

Bei einer Weisung legt der Vorgesetzte sowohl das Ziel als auch den Weg zum Ziel fest. Hinzu kommt noch ein Termin, an dem das Ziel zu erreichen ist. Der Mitarbeiter hat nur geringe Möglichkeiten zur Mitwirkung und zur Gestaltung seiner Arbeit.

Damit das Führen mit Weisungen überhaupt funktionieren kann, muss der Vorgesetzte das gesamte Aufgabengebiet seines Mitarbeiters beherrschen. Nur so kann er einschätzen, ob das Ziel realistisch und das Ergebnis angemessen ist. Häufig glaubt der Vorgesetzte, er müsste das Aufgabengebiet sogar besser beherrschen als sein Mitarbeiter, um als Vorbild gelten zu können. Tatsächlich ist ein solches Bemühen meistens zum Scheitern verurteilt.

Mit der steigenden Vielschichtigkeit der Aufgaben und dem raschen technischen Wandel sind die Mitarbeiter ihren Vorgesetzten bei Spezialaufgaben in aller Regel überlegen. Außerdem müsste der Vorgesetzte nicht nur das Arbeitsgebiet eines einzelnen, sondern aller seiner Mitarbeiter beherrschen. Damit wäre er in einem arbeitsteiligen Unternehmen hoffnungslos überfordert. Die Weisung dürfte daher nur in wenigen Ausnahmefällen sinnvoll sein. Hinzu kommt der Reifegrad des Mitarbeiters.

Beim Auftrag sind die Ziele vorgegeben oder zwischen Vorgesetztem und Mitarbeiter vereinbart. Dem Mitarbeiter steht es frei, den besten Weg zur Zielerreichung selbst zu suchen und auszuwählen. Der Vorgesetzte nutzt die Sach- und Fachkenntnisse seiner Mitarbeiter zur Lösung von Problemen oder zur Realisierung von Zielen, indem jeder einen sinnvollen Beitrag leistet. Der Vorgesetzte ist also Koordinator, der das Gesamtziel im Auge behält und die Teilprobleme zu einem einheitlichen Konzept zusammenfasst.

Die Delegation geht noch einen Schritt weiter. Ihr wichtigstes Merkmal ist die Übertragung (1) einer Aufgabe mit entsprechenden Befugnissen und von (2) Verantwortung auf den Mitarbeiter. Bei den Befugnissen geht es um Entscheidungs-, Mitsprache-, Informations- und Anordnungsrechte sowie um materielle und personelle Ressourcen, die zur sinnvollen Erfüllung der Aufgabe notwendig sind.

Bei der Aufgabe handelt es sich meistens um ein abgegrenztes Aufgabengebiet, das aus vereinbarten grundsätzlichen oder übergeordneten Zielvorstellungen und Rahmenbedingungen resultiert. Ein Beispiel für eine Aufgabe wäre die Leitung eines Forschungslabors, eines Produktionsbetriebes oder eines Profit-Centers auf der Grundlage der geltenden Unternehmensstrategie. Verantwortung bedeutet zugleich, dass das Erfüllen oder Verfehlen von Zielen positive oder negative Konsequenzen für die Betroffenen haben muss – ansonsten besteht die Gefahr, dass Mitarbeiter ihre Aufgabengebiete nicht ernst nehmen. Statt einer Kultur der Verbindlichkeit und Verantwortung entsteht dann eine Kultur der Rechtfertigung und des politischen Taktierens.

**Voraussetzungen für den Erfolg der Delegation**

Die Delegation ist dann erfolgreich, wenn der Mitarbeiter bereit und gewillt ist, die Verantwortung mit den dazugehörigen Konsequenzen zu übernehmen. Damit der Mitarbeiter gern und erfolgreich Verantwortung übernimmt, ist es wichtig, dass Aufgaben, Befugnisse und Verantwortung übereinstimmen.

Im betrieblichen Alltag ist diese Übereinstimmung keineswegs selbstverständlich. Häufig bekommt der Mitarbeiter schwierige Aufgaben mit großer Verantwortung übertragen – die dazu notwendigen Befugnisse oder Ressourcen fehlen, weil der Vorgesetzte nicht bereit ist, einen Teil seiner Macht- oder Informationsbefugnisse abzugeben. Das Abgeben von Befugnissen bereitet vielen Vorgesetzten große Probleme. Mit der Delegation verliert der Vorgesetzte direkten Einfluss; er macht sich in Teilbereichen entbehrlich, und er verzichtet auf die Früchte und Erfolge der Arbeit. Besonders betroffen sind Vorgesetzte, die die Misserfolge in erster Linie ihren Mitarbeitern zuschreiben und Erfolge besonders gern auf ihr eigenes Konto verbuchen.

Problematisch ist nicht nur der Fall mangelnder Befugnisse des Mitarbeiters. Genauso schwierig ist es, wenn er über weitgehende Rechte verfügt, ohne entsprechende Verantwortung zu tragen oder ohne herausfordernde Aufgaben zu sehen. Die Notwendigkeit der sinnvollen Harmonisierung von Aufgaben, Befugnissen und Verantwortung macht deutlich, dass die Delegation hohe Ansprüche an die Fähigkeiten der Führungskraft stellt. Sie muss in der Lage sein, die Qualifikation und die Motivationslage jedes einzelnen Mitarbeiters richtig einzuschätzen, zu koordinieren und gegebenenfalls zu entwickeln. Die Führungskraft muss bereit sein, Fehler in gewissem Umfang zuzugestehen und Wege zum Ziel zuzulassen, die sie selbst nicht gegangen wäre. Es sind ein hohes Maß an Vertrauen und Toleranz erforderlich.

Viele Führungskräfte behaupten, ihre mangelnde Bereitschaft, Befugnisse abzugeben, sei darauf zurückzuführen, dass ihre Mitarbeiter nicht über die erforderliche „Reife" oder Qualifikation verfügen. Bei genauerem Hinsehen stellt man aber fest, dass die erste Hierarchieebene das über die zweite behautet, die zweite über die dritte und so weiter. Derartige Überzeugungen fördern das Entstehen sich selbst erfüllender Prophezeiungen: Wenn ein Vorgesetzter davon überzeugt ist, dass sein Mitarbeiter nicht in der Lage ist, die Verantwortung für eine bestimmte Aufgabe zu übernehmen, wird er an ihn nur wenig anspruchsvolle Aufgaben delegieren. Dieser fühlt sich unterfordert und hat kaum Gelegenheit, seine Qualifikationen zu entwickeln. Das Ergebnis ist eine unzureichende Arbeitsleistung.

So gesehen kann man davon ausgehen, dass jeder Vorgesetzte diejenigen Mitarbeiter bekommt, die er verdient.

Eine weitere Voraussetzung für den Erfolg der Delegation ist die vorausschauende Planung, die es vermeidet, dass regelmäßig Krisensituationen entstehen oder „unerwartete" Probleme auftauchen. Bei Problemen hat die Führungskraft das ihr generell zugestandene Recht, in den Zuständigkeitsbereich des Mitarbeiters korrigierend einzugreifen. Diese Eingriffe fallen der Führungskraft meistens nicht schwer, weil sie ihre Bedeutung als „wichtiger" Krisenmanager unterstreichen. Der Vorgesetzte genießt das Gefühl, dass nur er in schwierigen Situationen helfen kann. Er erzielt eine Aufwertung seiner eigenen Persönlichkeit, die meist auf Kosten des Mitarbeiters geht. Die tatsächliche Ursache ist allerdings nicht die geringere Fähigkeit des Mitarbeiters, sondern die mangelhafte Planung und Vorausschau des Vorgesetzten. Auf diese Weise kann er seine Unfähigkeit in einen Vorteil ummünzen und auch noch den Anschein erwecken, er sei unentbehrlich.

### Möglicher Umfang der Delegation

Der Führungsprozess umfasst folgende Phasen:

- Zielvereinbarung,

- Planung,

- Entscheidung,

- Umsetzung und

- Kontrolle.

Der Vorgesetzte kann den Führungsprozess so gestalten, dass praktisch alle Befugnisse zur Zielvereinbarung, Planung, Entscheidung, Umsetzung und Kontrolle in seiner Hand liegen. Das wäre das eine Extrem. Im entgegengesetzten Extremfall kann er alle diese Befugnisse auf seinen Mitarbeiter übertragen. Die Praxis liegt irgendwo dazwischen. Zur Befugnis der Zielvereinbarung gehören:

- Ziele und Umfang der Arbeit definieren
- Abstimmung mit Abteilungs- und Unternehmenszielen durchführen
- Teilziele aus dem Gesamtziel ableiten
- Bedeutung der Teilziele abklären
- Termine zur Zielerreichung festlegen.

Zur Befugnis der Planung gehören:
- Prognosen entwickeln
- Aktionen planen
- Vorschläge entwickeln
- Ressourcen bereitstellen
- Ideen und Vorschläge sammeln
- Probleme in ihrer Bedeutung und ihrem Umfang definieren.

Zur Befugnis der Entscheidung gehören:
- Zuständigkeiten festlegen
- Mögliche Folgen von Entscheidungen ausloten
- Alternativen suchen und entwickeln
- Vorschläge untersuchen und gewichten
- Aktionen erarbeiten
- Ablaufmöglichkeiten analysieren
- Richtung und Intensität bestimmen.

Zur Befugnis der Umsetzung gehören:

- Verfügung über Arbeitsmittel und Personen
- Engpässe und Reibungsverluste minimieren
- Abläufe beschleunigen oder verlangsamen
- Aufträge oder Anweisungen erteilen
- Dauerregelungen treffen
- Struktur und Prozess organisieren
- Randbedingungen definieren und einhalten.

Zur Befugnis der Kontrolle gehören:

- Überwachung der Arbeitsabläufe sicherstellen
- Standards, Regeln und Normen definieren
- Randbedingungen einhalten
- Arbeitsergebnis definieren und feststellen
- Soll-Ist-Abweichungen ermitteln
- Korrekturvorschläge für Plan- und Zielvorgaben erarbeiten.

Diese Befugnisse kann der Vorgesetzte ganz oder teilweise an seine Mitarbeiter delegieren. In welchem Ausmaß das möglich oder sinnvoll erscheint, ist in hohem Maße von der Reife und Qualifikation des Mitarbeiters abhängig (siehe Abbildung 8/4).

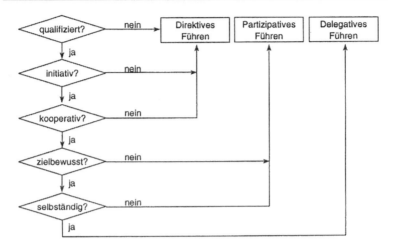

**Abbildung 8/4:** Führung je nach Reife des Mitarbeiters

Betrachtet man die Reife des Mitarbeiters, ist seine fachliche und intellektuelle Qualifikation nur ein Aspekt. Hinzu kommen weitere Eigenschaften wie

- Initiative, Leistungs- und Kooperationsfähigkeit sowie die Bereitschaft, sich in eine soziale Gemeinschaft oder ein Team einzuordnen;

- Kooperations- und Kommunikations- und Konfliktfähigkeit sowie der Wille, etwas voranzubringen;

- Selbständigkeit, Urteils- und Entscheidungsfähigkeit und Organisationstalent.

Je nachdem, welches Eigenschaftsprofil der Mitarbeiter hat, kann die Führungskraft mit einer Fülle von Verhaltensweisen reagieren. Diese lassen sich zu drei Hauptformen zusammenfassen. Dazu gehören:

**Direktives Führen**

Der Vorgesetzte ist zuständig für die Zielvereinbarung, Planung, Entscheidung und Kontrolle. Der Mitarbeiter trägt die Verantwortung für die exakte Durchführung der Vorgaben. Der Vorgesetzte plant und entscheidet alles selbst. Ferner kontrolliert er das Verhalten und die Arbeitsergebnisse seiner Mitarbeiter.

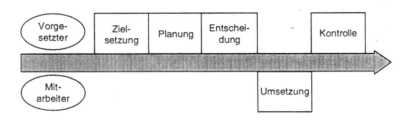

Dieses direktive Führungsverhalten erscheint angebracht, wenn der Mitarbeiter wenig qualifiziert ist, kaum Initiative entfaltet und geringe Kooperationsbereitschaft zeigt.

**Partizipatives Führen**

Der Vorgesetzte lässt den Mitarbeiter bei Planung, Entscheidung und Kontrolle mitwirken. Die Befugnis zur Zielvereinbarung behält er voll in seinen Händen, während die Ausführung oder Umsetzung allein in den Verantwortungsbereich des Mitarbeiters fällt. Partizipatives Führen setzt voraus, dass der Mitarbeiter nicht nur qualifiziert ist, sondern auch Initiative, Kooperationsbereitschaft und Zielbewusstsein zeigt.

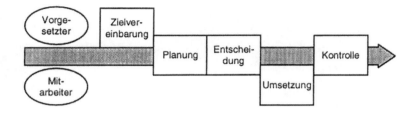

**Delegatives Führen**

Beim delegativen Führen sollte der Mitarbeiter zusätzlich noch ein hohes Maß an Selbständigkeit mitbringen. Der Vorgesetzte vereinbart mit seinen Mitarbeitern bestimmte Ziele. Alle anderen Befugnisse gehen im Wesentlichen auf die Mitarbeiter über. Sie planen selbst, treffen allein die notwendigen Entscheidungen und sorgen für die Kontrolle (Selbstkontrolle). Der Vorgesetzte konzentriert sich auf die Ergebnisse und koordiniert diese.

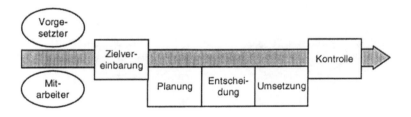

In der praktischen Führungsarbeit sollte der Vorgesetzte bei jüngeren Mitarbeitern in der Regel mit einem weitgehend direktiven Führungsstil beginnen. Je nach Reife und Entwicklungspotenzial seiner Mitarbeiter kann er schrittweise zu einem rein delegativen Führungsstil übergehen. Das erfordert auf Seiten der Führungskraft eine wesentlich höhere Reife als auf Seiten der Mitarbeiter. Deshalb gilt die faktische Anzahl der Nachwuchskräfte, die eine Führungskraft erfolgreich entwickelt hat, zu Recht als einer der wichtigsten Indikatoren für die Qualifikation des Vorgesetzten. Einer schwachen Führungskraft wird es in aller Regel nicht gelingen, Mitarbeiter mit hohem Potenzial zu entwickeln.

Zusammenfassend lassen sich folgende Vorteile des delegativen Führens festhalten:

- Durch fachlich hoch qualifizierte Mitarbeiter, die auf vielen Gebieten sogar besser als der Vorgesetzte sein können, kann dieser seine Fähigkeiten potenzieren. Die Angst vor der Überlegenheit einzelner Mitarbeiter ist zwar weit verbreitet, aber meistens völlig unbegründet.

- Traditionelle Maximen der Erziehung wie Gehorsam und Abhängigkeit haben heute kaum noch eine Bedeutung für die Leistungsbereitschaft. Delegatives Führen passt wesentlich besser zu modernen Wertvorstellungen und Motiven wie Selbständigkeit, Unabhängigkeit und Selbstverwirklichung. Ein Ansprechen dieser Motive erhöht die Leistungsbereitschaft besonders wirksam.

- Der Durchschnitt der Mitarbeiter ist heute wesentlich qualifizierter als noch vor zwanzig Jahren. Menschen mit guter Ausbildung wollen ihre Kenntnisse auch anwenden, eigene Erfahrungen machen und fachlich wie auch menschlich wachsen. Der Erfolg ihrer Arbeit trägt dazu bei, Sinnhaftigkeit zu empfinden.

- Der Vorgesetzte kann sich weitgehend vom Tagesgeschäft entlasten. Er entwickelt eine neue Kernkompetenz, die darin besteht, eine Vielzahl von Fachergebnissen auf ein Ziel hin zu konzentrieren. Man nennt dies auch die Fähigkeit zu funktionsübergreifendem Denken, die im Topmanagement unentbehrlich ist.

- Je direktiver der Führungsstil, desto größer ist im Allgemeinen der Kontrollaufwand. Als Faustregel gilt, dass ein Mitarbeiter im Durchschnitt 10 bis 15 Prozent der Kapazität eines Vorgesetzten bindet. Folglich sinkt der Kontrollaufwand beim delegativen Führen erheblich.

- ➤ Delegatives Führen steigert die Kreativität und Innovationsfähigkeit. Gerade bei innovativen Aufgaben, bei denen es um Erfindungen, völlig neue Wege, Verfahren und Produkte geht, ist ein Höchstmaß an Fantasie, Flexibilität und Engagement gefordert. Durch Delegation hat der Vorgesetzte die Chance, sich diese Freiräume zu schaffen, statt in einer buchhalterischen Art die Mitarbeiter anzuleiten und zu überwachen.

- ➤ Durch delegatives Führen fallen Entscheidungen dort, wo die Kompetenz am größten ist. Gleichzeitig steigt das Verantwortungsgefühl für die Ergebnisse der Arbeit. Das gilt in besonderem Maße für das Prinzip der Kundenorientierung und betrifft sowohl interne als auch externe Kunden.

- ➤ Das Delegationsprinzip fördert die Entwicklung und Qualifikation der Mitarbeiter. Es steigert ihr Selbstwertgefühl und schafft die Voraussetzung dafür, dass Menschen bereit sind, ihre persönlichen Leistungsmaßstäbe kontinuierlich anzuheben.

- ➤ Das Delegationsprinzip begünstigt eine Firmenkultur der Eigenverantwortung, Leistung, Fehlertoleranz, Zukunftsorientierung und des Selbstbewusstseins.

## Motivierend kontrollieren

Die Kontrolle hat eine ähnlich große Auswirkung auf die Arbeitsleistung wie die Zielsetzung. Ziele geben dem Mitarbeiter eine Richtung und einen Sinn. Feedback und Kontrolle lassen den Fortschritt im Hinblick auf die Zielsetzung erkennen und wirken verstärkend. Die Information über die eigene Leistung ist Voraussetzung für die nachfolgende Anstrengung.

Es scheint nur wenige Menschen zu geben, die weitgehend ohne äußere Anerkennung auskommen können und aus sich selbst heraus das Gefühl entwickeln, etwas Sinnvolles oder Besonderes geleistet zu haben. Für die meisten Menschen ist ein äußeres, von anderen stammendes Feedback wichtig. Die Anerkennung ist umso wirksamer, je mehr Glaubwürdigkeit, Ansehen und Vertrauen die anerkennende Person besitzt. Negatives Feedback oder Kritik ist dann besonders wirksam, wenn der Betroffene über ein hohes Selbstvertrauen verfügt und wenn das Gespräch problem- und zukunftsorientiert verläuft. Das Gegenteil wäre ein Gespräch, das sich an Fehlern, Schuldzuweisungen und der ohnehin nicht änderbaren Vergangenheit orientiert.

„Kontrolle"

Kontrolle und Leistungsbewertung zielen in der Regel auf

> den Arbeitsfortschritt,
> das Arbeitsverhalten und
> die Arbeitsergebnisse.

Beim Arbeitsfortschritt geht es um die Abweichung vom Soll. Es kommt darauf an, eine Soll-Ist-Abweichung möglichst frühzeitig zu erkennen, um korrigierende Eingriffe zu ermöglichen.

Die Kontrolle des Arbeitsverhaltens soll darüber Auskunft geben, inwiefern der Mitarbeiter seine Aufgaben effizient bewältigt und die geforderten Verhaltensweisen wie Initiative, Belastbarkeit und Lernfähigkeit zeigt. Bei der Kontrolle des Arbeitsergebnisses geht es um die Realisierung der vereinbarten Arbeitsziele. Die Zielerreichung kann man in quantitativer (Arbeitsmenge und Arbeitstempo), in qualitativer (Genauigkeit, Zuverlässigkeit) und in zeitlicher (Termintreue) Hinsicht bewerten.

Die Aspekte Arbeitsfortschritt, Arbeitsverhalten und Arbeitsergebnisse gehören zur klassischen Feedback-Kontrolle. Fehlentwicklungen und Abweichungen lassen sich dabei erst im Nachhinein feststellen. Oft kommen die notwendigen Korrektur-Maßnahmen zu spät, um Ziele und Standards verändern zu können. Deswegen ist neben der Feedback-Kontrolle auch die Feedforward-Kontrolle wichtig. Dabei geht es um Rahmenbedingungen und Voraussetzungen für hohe Leistung und Motivation. Zu den Voraussetzungen zählen:

➢ Leistungszufriedenheit (Befriedigung der Leistungsmotive)

➢ Selbstvertrauen (Zuversicht in eigene Fähigkeiten)

➢ Anspruchsniveau (Höhe und Schwierigkeitsgrad der Ziele)

➢ Erfolgserwartung (Wahrscheinlichkeit des Erfolges)

➢ Identifikation mit den Zielen und Werten der Organisation

➢ Persönliches Wachstum (Möglichkeiten zur Weiterentwicklung der Kompetenzen).

Der Vorgesetzte sollte für sich allein oder im Gespräch mit seinem Mitarbeiter ständig kritisch prüfen, inwiefern diese Voraussetzungen erfüllt sind und was konkret zu verändern ist. In einigen Unternehmen sind derartige Gespräche institutionalisiert und finden im Abstand von ein bis zwei Jahren statt. Andere Unternehmen haben derartige Gespräche als Instrument im Tagesgeschäft fest verankert und zu einer Selbstverständlichkeit gemacht. Somit entfällt das formelle Ritual und begünstigt eine offene und vertrauensvolle Gesprächs- und Streitkultur.

## Pragmatische Regeln der Kontrolle

Die Aufgabe des Kontrollierens empfinden viele Führungskräfte als unangenehm. Sie müssen mögliche Schwachstellen, Probleme und Fehler des Mitarbeiters offen ansprechen. Aus einem falsch verstandenen Harmoniebedürfnis und mangelnder Konfliktbereitschaft he-raus sehen manche Führungskräfte über Leistungsmängel hinweg. Sie „warten" so lange, bis das berühmte Fass überläuft. Die Folge sind dann irreparable Schäden im Arbeitsklima. Vor diesem Hintergrund sollen folgende, auf dem gesunden Menschenverstand beruhende, pragmatische Regeln der Kontrolle weiterhelfen:

### Transparenz

Die wichtigsten Kontrollen festlegen und die Mitarbeiter informieren.

### Häufigkeit

Die Kontrollen angemessen durchführen. Das Vertrauen zu den einzelnen Mitarbeitern und Führungskräften fördern.

### Offenheit

Beurteilungskriterien bekannt machen und möglichst objektiv anwenden.

### Angst abbauen

Kooperativen Stil anstreben. Mit den betreffenden Mitarbeitern reden. Meinungen und Standpunkte abwägen. Kontrolle sollte für alle selbstverständlich sein.

### Konsequenzen

Mit angemessenen Konsequenzen bei Nichteinhalten von Vorgaben reagieren. Verstöße auf Motive hin analysieren. Ideen und Veränderungsvorschläge kritisch mit Mitarbeitern prüfen, besprechen und realisieren.

### Verantwortlichkeit

Die Eigenverantwortung des Einzelnen fördern. Breite Informationspolitik anstreben. Die Kontrolle als Chance und Hilfe bei der Realisierung von Zielen und Maßnahmen sehen.

### Förderung der Selbstkontrolle

Manche Mitarbeiter haben ein starkes Bedürfnis nach Anerkennung und Feedback. Dadurch machen sie sich aber abhängig vom Lob des Vorgesetzten. Ermunterung zur Selbstkontrolle fördert die reife Persönlichkeit.

### Respekt vor dem Menschen

Bei der Durchführung von Kontrollen immer den Menschen im Mittelpunkt sehen – aber sachlich und hart in der Sache bleiben.

### Keine Überreaktion

Angemessenes Verhalten bei Abweichungen von Anweisungen oder bei Fehlern.

## Beurteilungskriterien

Für die eine sinnvolle Kontrolle benötigt man Kriterien, anhand deren die Leistung und das Verhalten der Mitarbeiter zu messen sind. Gaugler hat über 600 solcher in der Praxis angewandter Kriterien gefunden. Ihre Auswahl und Gewichtung ist in erster Linie vom strategischen Personalmanagement abhängig und ist folglich von Unternehmen zu Unternehmen anders. Zu den am häufigsten erhobenen Kriterien zählen:

### Arbeitsergebnis

➢ Nutzung von Sach- und Fachwissen/Erfahrungen

➢ Arbeitsmenge und Arbeitstempo

➢ Qualität der Arbeit (Genauigkeit und Zuverlässigkeit)

➢ Berücksichtigung neuer Entwicklungen und Trends

➢ Termintreue.

### Arbeitsverhalten

➢ Persönliche Arbeitsorganisation und Selbstmanagement

➢ Lernbereitschaft und Lernfähigkeit

➢ Stressresistenz und Ausdauer

➢ Kostenbewusstsein und wirtschaftlicher Umgang mit Ressourcen

➢ Konstruktive Kritik an Abläufen, Spielregeln und Kollegen

➢ Engagement, Initiative und Identifikation mit den Zielen

➢ Verantwortungsbereitschaft

➢ Bewältigung außergewöhnlicher und belastender Situationen und Aufgaben.

**Arbeitsplanung**

- Vorausschau künftiger Probleme und Aufgaben

- Festlegen von Zielen und Standards im Einklang mit den Abteilungs- und Unternehmenszielen

- Einbeziehung von Kollegen und Mitarbeitern in den Planungsprozess

- Eigenständigkeit bei der regelmäßigen Überprüfung der Planung auf Aktualität und Plausibilität.

**Kundenorientierung (interne/externe Kunden)**

- Maßnahmen zur kontinuierlichen Verbesserung im Hinblick auf Kundenwünsche

- Prompte und positive Reaktion auf Anforderungen von Kunden

- Sorgfältiges Abwägen zwischen Anforderungen des Kunden und dem erforderlichen Aufwand.

**Intellektuelles Potenzial**

- Logisches, strukturiertes und effizientes Vorgehen bei der Analyse von Problemen und deren Lösungsmöglichkeiten

- Interesse für Zusammenhänge, die über das eigene Arbeitsgebiet hinausgehen

- Qualität der Analysen, Prognosen und Empfehlungen

- Verantwortungsvolle Weitergabe von Informationen

- Entscheidungs- und Urteilsfähigkeit auf der Basis rationaler Abwägung von Chancen und Risiken

- Geistige Beweglichkeit als Bereitschaft, Fragen und Probleme von verschiedenen Standpunkten aus zu betrachten

- Blick für das Wesentliche und Fähigkeit Wichtiges von Unwichtigem zu trennen
- Bereitschaft zur Selbstreflexion und Selbstkritik.

**Zusammenarbeit und Teamverhalten**

- Positive und konstruktive Reaktion auf Kritik
- Weitergabe von Informationen, Know-how und Erfahrungen
- Konstruktives Konfliktlösen
- Ausgleich und Schlichtung in schwierigen Situationen
- Umgang mit Spannungen, Aggressionen und unterschiedlichen Interessen
- Integrationsfähigkeit
- Hilfsbereitschaft und Fähigkeit, auf andere zuzugehen.

**Kommunikation**

- Überzeugungskraft und Durchsetzung auch gegen Widerstände
- Qualität und Angemessenheit der Argumente
- Einfühlungsvermögen
- Fähigkeit, Gedanken und Sachverhalte klar und verständlich zu formulieren
- Effiziente Besprechungen, Sitzungen und Workshops
- Beherrschen von Techniken der Präsentation und Moderation
- Offenheit und Aufrichtigkeit
- Klare, konsistente und vollständige Briefe und Vorlagen

➤ Unmissverständliche und eindeutige Äußerung der eigenen Meinung.

**Unternehmerische Haltung**

➤ Anstreben von Verantwortung und Bereitschaft, für Fehler geradezustehen

➤ Berücksichtigung des Gesamtinteresses im Planungs- und Entscheidungsprozess

➤ Interesse an allen wesentlichen Funktionen des Unternehmens

➤ Ausgeprägtes zielbewusstes und strategisches, langfristiges Denken und Handeln

➤ Organisationstalent und Gestaltungswille

➤ Bereitschaft zum Risiko

➤ Ausgeprägte Initiative und Engagement

➤ Vorbildliches Führen der eigenen Person

➤ Effizientes Entscheidungsverhalten.

**Führungsverhalten**

➤ Vermittlung von Visionen, Zielen und Sinn

➤ Angemessene und offene Anerkennung und Kritik

➤ Koordinations- und Konfliktfähigkeit

➤ Aufrichtigkeit, Fairness und gegebenenfalls Strenge

➤ Aktives Fördern und Entwickeln von Mitarbeitern

➤ Übertragung von Verantwortung und Ausstattung mit den notwendigen Ressourcen

➤ Regelmäßige, konstruktive Erfolgskontrolle

- Qualität und Zuverlässigkeit der Planung
- Effektivität der Zielvereinbarungen und der Delegation
- Erfüllen der Vorbildfunktion.

## Das Beurteilungsgespräch

Je nach Unternehmens- und Personalstrategie kann man aus den zuvor genannten Beurteilungskriterien eine Auswahl treffen und zur Basis des Beurteilungsgesprächs machen. Für das Gespräch selbst gelten die allgemeinen Regeln der Kommunikation und Argumentation. Diese Themen wurden ausführlich in den Kapiteln 4 „Wirksam kommunizieren" und 5 „Überzeugend argumentieren" behandelt.

Das Beurteilungsgespräch zielt nicht nur auf die Arbeitsergebnisse und das Arbeitsverhalten. Gegenstand sind in der Regel auch künftige Aufgaben und längerfristige berufliche und persönliche Perspektiven des Mitarbeiters sowie Maßnahmen zur Personalentwicklung.

Im Hinblick auf den Stil der Gesprächsführung hat sich das nondirektive Gesprächsverhalten bewährt. Seine Einordnung in andere Gesprächshaltungen soll die Abbildung 8/5 verdeutlichen.

Beim direktiven Gespräch steuert der Vorgesetzte den Verlauf nach seinen Vorstellungen und Ideen. Die Sichtweisen und Belange des Mitarbeiters kommen dabei kaum zur Geltung. Das direktive Gespräch kann im Wesentlichen folgende Formen annehmen:

- Stressgespräch,
- autoritäres Gespräch und
- patriarchalisch-autoritäres Gespräch.

Das Stressgespräch gleicht eher einem Verhör. Es versucht, dem Mitarbeiter „Geständnisse" oder „Zugeständnisse" abzuverlangen, ohne auf seine Bedürfnisse und Meinungen einzugehen. Das autoritäre Gespräch ist zwar etwas milder; dennoch hat der Mitarbeiter dabei kaum Gelegenheit, seine Vorstellungen und Sichtweisen einzubringen. Im patriarchalisch-autoritären Gespräch berücksichtigt der Vorgesetzte die persönlichen Bedürfnisse des Mitarbeiters. Dennoch verhält er sich wie ein überlegener, autoritärer Vater.

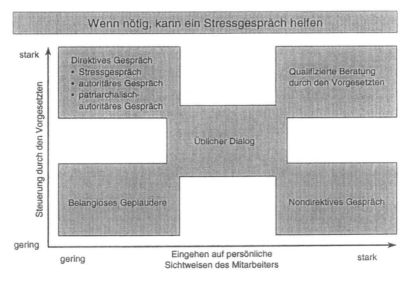

Abbildung 8/5: Mögliche Gesprächsformen nach Neumann

Im üblichen Dialog steuert der Vorgesetzte das Gespräch weniger stark. Zentrales Anliegen ist es vielmehr, Informationen und Meinungen auszutauschen. Beim belanglosen Geplaudere sind Lenkung und Einfluss zwischen beiden Gesprächspartnern in etwa gleich verteilt. Das kann sehr angenehm sein, führt aber dazu, dass zentrale Probleme, Anliegen oder Wünsche unausgesprochen bleiben. Das Gespräch verläuft oberflächlich.

Das besondere Merkmal des nondirektiven oder mitarbeiterorientierten Gesprächs ist die Tatsache, dass der Vorgesetzte den Verlauf nur wenig nach seinen Vorstellungen steuert. Vielmehr richtet er sich danach, was er den Äußerungen des Mitarbeiters entnehmen kann. Der Chef ist einfühlsam und bereit, sich in die Lage des Mitarbeiters hineinzuversetzen.

Die Zurückhaltung des Vorgesetzten und das Eingehen auf den Mitarbeiter bedeuten keineswegs den Verzicht auf Steuerung im Sinne einer Ergebnisorientierung. Als Steuerungsinstrumente dienen:

- aktives Zuhören (wörtliches, sinngemäßes oder nachempfindendes Wiederholen des Gesagten) und

- offene Fragen (Wer? Wie? Was? Wann? – also Fragen, die mehrere Antwortmöglichkeiten zulassen)

Neumann nennt folgende Merkmale der direktiven und nondirektiven Gesprächsführung:

Der direktive Vorgesetzte
- steuert das Gespräch allein, so wie er es für richtig hält
- vernachlässigt die Ansichten, Wünsche und Bedürfnisse des Mitarbeiters
- spricht viel, ohne sich in den Mitarbeiter einzufühlen
- unterbricht, wann er will
- demonstriert Autorität
- bewertet die Antworten explizit, widerspricht und erteilt Ratschläge
- stellt präzise, meist geschlossene Fragen (Fragen, die meistens nur mit einem bloßen „Ja" oder „Nein" zu beantworten sind).

Der nondirektive Vorgesetzte
- deutet zu Beginn den Gesprächsrahmen an und überlässt das Wort seinem Mitarbeiter
- geht auf seinen Mitarbeiter geduldig: Er ist an den Problemen seines Mitarbeiters aufrichtig interessiert

- spricht wenig und versucht, den Mitarbeiter zum Sprechen zu bringen
- stellt offene Fragen, also Fragen, die geeignet sind, das Gespräch zu öffnen
- gibt keine Werturteile über die Äußerungen seines Mitarbeiters ab
- erteilt Ratschläge nur als „Angebote" und hält seine eigenen Vorschläge tendenziell zurück.

Das nondirektive Gesprächsverhalten bewirkt in erster Linie eine Entspannung der Beziehungsebene und begünstigt eine Atmosphäre des Vertrauens. Durch die Wiederholungen des aktiven Zuhörens lassen sich Missverständnisse sofort entdecken und ausräumen. Die Gesprächspartner sprechen die gleiche Sprache.

Es wäre ein Fehler anzunehmen, die Anzahl und Eindringlichkeit der Argumente sei ein Indikator für den Gesprächserfolg. Bei Spannungen auf der Beziehungsebene dienen etwa 80 Prozent der ausgetauschten Argumente allein dazu, den eigenen Standpunkt zu verteidigen oder zu behaupten. Dabei übersehen beide Gesprächspartner, dass Argumente gegen Gefühle (Beziehungsebene) meistens völlig sinnlos oder gar destruktiv sind. In solchen Situationen hören die Gesprächspartner einander gar nicht zu und konzentrieren ihre Energie darauf, einen Verteidigungsgürtel aus Argumenten aufzubauen. Das zwingt zu vielfachen Wiederholungen, Klarstellungen und Entgegnungen. Das Gespräch wird immer anstrengender und länger. Gleichzeitig rückt die konstruktive Lösung in weite Ferne.

Ein verbaler Wettbewerb oder Machtkampf mit Scheinargumenten, langatmigen Erklärungen, Kampf um Redeanteile, Ausreden, Rechtfertigungen und „Gegenbeweisen" führt in der Regel dazu, dass es einen „Sieger" und einen „Verlierer" gibt. Der Verlierer versucht oftmals, die „Problemlösung" im Nachhinein zu sabotieren oder beim nächsten Mal zu „gewinnen". Er investiert seine Energie in den Kampf statt in die Arbeitsleistung. Mit anderen Worten: Ein direktives Gesprächsverhalten ist unwirtschaftlich. Deswegen ist es sinnvoll, Ergebnisse im Gespräch zu erzielen, an denen der Mitarbeiter mitwirkt. Ergebnisse unter Beteiligung des Mitarbeiters haben in der Regel eine höhere Qualität, weil viele Aspekte, Sichtweisen und Sachkenntnisse eingeflossen sind, sowie eine größere Akzeptanz, weil der Mitarbeiter sich mit dem Ergebnis identifizieren kann.

Aufgrund dieser Vorteile sollte man das nondirektive Gespräch nicht nur bei der Erörterung künftiger Aufgaben oder Entwicklungsmöglichkeiten des Mitarbeiters einsetzen: Es eignet sich auch bei der Beurteilung der Arbeitsergebnisse und des Arbeitsverhaltens. Das Problem besteht eher darin, dass es vielen Führungskräften nicht gelingt, die freundliche Haltung des nondirektiven Gesprächs mit der unmissverständlichen Einforderung von 100 Prozent Leistung zu vereinbaren. Manche Führungskräfte meinen, Leistungsmängel ließen sich nur mit unfreundlichen oder direktiven Haltungen beseitigen. Tatsächlich dürfte es wirksamer sein, auch Leistungsmängel und Fehlverhalten in einem vertrauensvollen Gesprächsklima zu behandeln.

Zusammenfassend kann man folgende Regeln für das Mitarbeitergespräch festhalten:

➤ Wählen Sie einen verbindlichen Einstieg; kommen Sie sofort auf den Punkt, ohne Umschweife und allgemeine Themen wie Urlaub, Familie oder das Wetter!

➤ Vermitteln Sie den Eindruck, dass Ihnen das Gespräch genauso wichtig ist wie dem Mitarbeiter!

➤ Vermeiden Sie zu Beginn mögliche Unsicherheiten und emotionale Spannungen, indem Sie einleitend Zweck, Ablauf und gewünschtes Ergebnis des Gesprächs klar benennen!

➤ Lassen Sie zunächst den Mitarbeiter schildern, wie er die Erfüllung seiner Aufgabe sieht und wie er selbst seine Tätigkeit, seine Leistung und sein Verhalten beurteilt!

➤ Seien Sie zu einer Änderung Ihrer Meinung bereit, wenn unzureichende Leistungen zum Beispiel auf Umstände zurückzuführen sind, die Sie vorher nicht kannten!

- Geben Sie eine Einschätzung des Verhaltens und der Arbeitsergebnisse des Mitarbeiters aus Ihrer Sicht. Nehmen Sie dabei Bezug auf die Selbsteinschätzung des Mitarbeiters!

- Der Mitarbeiter sollte erkennen, woran er ist. Beurteilen Sie die Leistung nicht nur anhand messbarer Leistungskriterien. Darüber hinaus sollten Sie auch klarmachen, was Ihnen gefällt, was Sie freut, stört, nachdenklich macht oder ärgert. Sie geben dadurch dem Mitarbeiter emotionale Sicherheit und helfen ihm bei der Selbstfindung und Orientierung. Sie erreichen dadurch emotionale Akzeptanz!

- Sprechen Sie ausführlich über positive Aspekte im Verhalten des Mitarbeiters. Dadurch erhöhen Sie die Akzeptanz der Kritik und vermeiden Trotzreaktionen!

- Nachdem beide Seiten Gelegenheit hatten, ihre Einschätzungen darzulegen, sollten Sie klar herausarbeiten, wo Übereinstimmungen und wo Differenzen bestehen.

- Diese unmissverständliche Klärung der Standpunkte ist die Basis für die weitere Zusammenarbeit.

- Die Klarheit und Akzeptanz beider Standpunkte ist Voraussetzung für eine Zielvereinbarung.

- Zum Abschluss sollten beide Gesprächspartner in möglichst einem Satz sagen, wie sie den Gesprächsverlauf, das Gesprächsklima und das Ergebnis empfunden haben. Damit dokumentieren Sie Ihre Rolle als Führungskraft und erhalten gleichzeitig Feedback zu Ihrer Gesprächsführung.

# Konfliktmanagement und Verhandlungen

Zum Konfliktmanagement gehört nicht nur die Konfliktlösung, sondern gelegentlich auch die bewusste Stimulierung von Konflikten, weil Konflikte den Wettbewerb und die Kreativität beflügeln und eine konstruktive Streitkultur fördern, sofern man dabei ein paar grundlegende Regeln beachtet. Im unternehmerischen Alltag sind Verhandlungen von essenzieller Bedeutung. Das gilt nicht nur für Gespräche zwischen Vorgesetzten und Mitarbeitern, sondern auch für Verhandlungen mit Kunden, Lieferanten, Behörden, Wettbewerbern und internen organisatorischen Einheiten. Manche Themen sind geradezu auf Konflikt angelegt. Man denke zum Beispiel an Budgetverhandlungen, Entscheidungen über Investitionen, Verteilungsschlüssel für Gemeinkosten, Auflösung von Abteilungen, Abgrenzung von Kompetenzen oder Streitigkeiten mit dem Betriebsrat.

Im Prinzip benötigen alle Mitarbeiter sinnvolle Lösungsstrategien für Konflikte, damit diese nicht in destruktive Kämpfe ausarten. In diesem Kapitel geht es folglich um die Konfliktlösung. Grundsätzlich beginnt diese mit der Analyse der Konfliktart und der Konfliktsymptome. Anschließend kommt die Suche nach geeigneten Lösungskriterien und Lösungsstrategien. Diese Themen stehen im Vordergrund dieses Kapitels. Bei den Lösungsansätzen konzentrieren wir uns auf die beiden Klassiker, nämlich das Harvard-Konzept und den Ansatz der New Yorker Polizei. Dieses Konzept stammt zwar aus dem juristischen Bereich, kann aber auch im unternehmerischen Bereich sehr nützlich sein.

Der Begriff Konflikt stammt von dem lateinischen Wort „conflictus" und bedeutet soviel wie Zusammenstoß, Kampf. Es handelt sich also um ein Aufeinandertreffen von Gegensätzen. An dem Zusammenstoß können unterschiedliche Ziele, Wertvorstellungen, Ansprüche auf Ressourcen oder Verhaltensweisen beteiligt sein. Bei Zielkonflikten geht es um die Auseinandersetzung darüber, welche Ziele zu verfolgen sind und wie aus widerstrebenden Teilzielen ein übergeordnetes Gesamtziel zu bilden ist. Dazu ein Beispiel: Ein Marketingleiter ist der Ansicht, man solle die Rendite durch Kostensenkungen in der Produktion erhöhen. Der Leiter der Fertigung widerspricht mit dem Argument, im Marketingbudget seien die größten Einsparungspotenziale zu finden. Der Controller vertritt die Meinung, die Preise müssten angehoben werden. Darüber ist der Vertriebsleiter gar nicht erfreut und wehrt sich vehement gegen diesen Vorschlag. Die Betroffenen haben offensichtlich völlig unterschiedliche Vorstellungen darüber entwickelt, wie die Ziele zu erreichen sind, wie anspruchsvoll die Ziele sein sollen und wann ein Ziel als erreicht gelten soll.

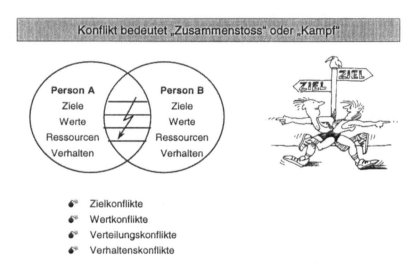

Abbildung 8/6: Typologie von Konflikten

Die unterschiedlichen Einschätzungen nennt man Bewertungskonflikte. Hinzu kommen persönliche Ziele, die meist mit sachlichen Zielen untrennbar verbunden sind. Jede Zielverfehlung wird auch als persönliches Scheitern interpretiert. Bei gegensätzlichen Ansprüchen auf materielle und immaterielle Ressourcen handelt es sich um Verteilungskonflikte. Diese Art von Konflikten dürfte in Unternehmen am häufigsten vorkommen. Nahezu alle Ressourcen sind nämlich knapp: Budgets, Investitions- und Finanzmittel, Mitarbeiter, Aufstiegsmöglichkeiten, Gehaltserhöhungen, Erfolgsbeteiligung, Ansehen, Macht, Informationen, Einfluss, Autorität, Privilegien usw.

Beim Zusammenstoß von Verhaltensweisen geht es um die unterschiedliche Wahrnehmung und Bewertung des Verhaltens von Vorgesetzten, Kollegen und Mitarbeitern. Dazu gehört auch das gesamte Spektrum politischer Verhaltensweisen wie Pokern, Bluffen, Sabotieren, Fakten verschleiern, Vetternwirtschaft betreiben und Seilschaften bilden – um nur einige Beispiele zu nennen. Die Abbildung 8/6 soll das Gesagte zusammenfassen.

Konflikte haben grundsätzlich produktive und destruktive Wirkungen. Zu den produktiven Wirkungen zählen:

➢ Größere Anpassungsfähigkeit durch den Wandel der Organisation, weil Unzufriedenheit herrschende Normen hinterfragt

➢ Mehr Innovation durch die Stimulierung von Ideen und die Mobilisierung emotionaler Energien

➢ Beseitigung von Missständen und Abbau von Spannungen sowohl zwischen verschiedenen Hierarchieebenen als auch zwischen unternehmerischen Funktionen wie Einkauf, Produktion und Verkauf.

Destruktive Wirkungen sind unter anderem:

➢ Reibungsverluste und Blockaden, bei denen einzelne Mitarbeiter oder manchmal komplette Abteilungen gegeneinander kämpfen statt sich um ihre eigentliche Aufgabe zu kümmern

➢ Persönlicher Stress und Frustration

➢ Störungen in der Aufbau- und Ablauforganisation

➢ Verschwendung von Ressourcen durch Doppelarbeiten etc.

Generell kann man davon ausgehen, dass bis zu einem gewissen Punkt ein steigendes Konfliktniveau auch zu einer Erhöhung der Effizienz einer Organisation führt. Ein zu hohes Konfliktniveau kann dagegen die Organisation lähmen und Effizienzverluste bewirken.

Für die Unternehmensführung ist es häufig eine Gratwanderung, die darin besteht, einen Weg zwischen den produktiven und destruktiven Wirkungen von Konflikten zu finden. Es geht also darum, eine konstruktive Streit- und Konfliktkultur aufzubauen und zu pflegen.

## Konfliktsymptome

Eine wesentliche Voraussetzung für die Konfliktlösung ist das rechtzeitige Erkennen und Wahrnehmen von Zusammenstößen, also die richtige Diagnose. Je früher man einen Konflikt in seiner Bedeutung und Tragweite erkennt, desto geringer ist die Gefahr, dass er großen Schaden anrichtet. Dementsprechend kann die Angst vor Konflikten sehr schädlich sein. Das Gleiche gilt für die weit verbreitete Praxis, Konflikte unter den Teppich zu kehren. Konflikte sind nicht immer klar erkennbar. Deshalb sollte man auf typische Symptome achten. Typische Konfliktsymptome können sein:

### Formalität

- ➢ Distanzierte oder ausgeprägte Höflichkeit
- ➢ Betonen der schriftlichen Kommunikation (Briefe, Notizen etc.)
- ➢ Ausarbeiten formaler Regelungen für alltägliche Probleme wie Büro- oder Vertretungsordnung.

### Konformität

- ➢ „Nach dem Mund reden" und „Rad fahren"
- ➢ Gute Vorschläge zurückhalten, Fehler ignorieren

➢ Negative Nachrichten unterdrücken oder verschleiern.

## Flucht

➢ Fehler vertuschen oder „aussitzen"
➢ Vermeiden von Kontakten, auch wenn sie notwendig wären
➢ Regelmäßige Arbeitsüberlastung
➢ Vorschieben wichtigerer Probleme und Aufgaben.

## Desinteresse

➢ Nur das Notwendigste tun, sich vor Verantwortung „drücken"
➢ Entscheidungen hinausschieben durch Scheinargumente
➢ Häufiges Zuspätkommen
➢ Niedergeschlagenheit und feindseliges Betriebsklima
➢ Nur auf den persönlichen Vorteil bedacht sein.

### Sturheit

➢ Starres Festhalten am eigenen Standpunkt oder Routinen
➢ Pedantisches Einhalten von überholten Vorschriften
➢ „Dienst nach Vorschrift."

## Widerstand

➢ Häufiges Widersprechen und Monologisieren
➢ Trotzreaktionen und „Vetternwirtschaft"
➢ Aufbauschen von Differenzen und Fehlern (anderer)
➢ Betonen von Schwierigkeiten und Problemen

> Verbreitetes Anwenden von Killer-Phrasen

> Indirekter Widerstand in Form von „Auflaufenlassen"

> Häufige Beschwerden und Herumnögeln.

**Feindseligkeit**

> Verletzende, herabsetzende Bemerkungen (meist hinter dem Rücken des Betroffenen)

> Nicht-Anerkennen guter Leistungen

> Gereiztes Klima durch Anheizen von Gerüchten, Intrigen, „Verpfeifen" und Denunzieren

> Bildung von Gruppen und Koalitionen (Seilschaften).

**Lösungskriterien**

Eine wichtige Aufgabe der Führungskraft besteht darin, aus den Konfliktsymptomen auf den eigentlichen Konflikt oder den Kern des Konfliktes zu schließen. Es geht zunächst darum, die Komplexität auf ein bearbeitbares Maß zu reduzieren. Ansonsten besteht die Gefahr, dass der Konflikt ausufert. In den meisten Fällen lässt sich ein Konflikt auf die Interessen von drei Konfliktparteien reduzieren. Typische Beispiele hat das Institut Mensch und Arbeit in einer Grafik zusammengetragen (siehe Abbildung 8/7).

Im Prinzip stellt jede der Verhaltensweisen in der Abbildung 8/7 eine „Lösung" dar. Selbst der offene Machtkampf führt irgendwann zu einer „Lösung" – etwa dann, wenn eine der betroffenen Parteien ihren Standpunkt mit aller Macht durchsetzt. Ein solcher Machtkampf kann unter Umständen sehr lange dauern, mit hohen Kosten verbunden sein und gravierende Auswirkungen auch für Unbeteiligte haben. Deshalb wäre diese „Lösung" unproduktiv oder gar destruktiv. Es kann allerdings auch sein, dass der Machtkampf zu einer schnellen, effizienten und nachhaltigen Lösung führt.

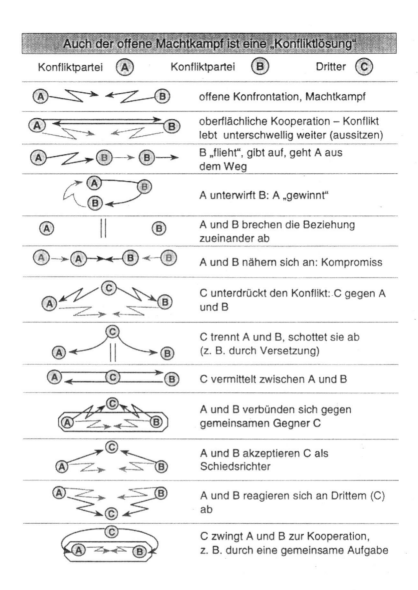

Abbildung 8/7: Konfliktverhalten

In diesem Fall müsste der nächsthöhere Vorgesetzte einen Machtkampf zulassen, weil andere Lösungen wie Flucht oder Nachgeben möglicherweise einen noch größeren Schaden anrichten könnten. Um einzuschätzen, wie gravierend ein Konflikt sein kann, sollte man folgende Kriterien für die Einordnung von Konflikten beachten:

- Zeitbedarf

- Geldbedarf

- Nebenwirkungen

- Moral

- Wirksamkeit

- Schwierigkeitsgrad

- Transparenz und

- Akzeptanz.

Auf den ersten Blick scheint die kooperative Problemlösung die genannten Kriterien am besten zu erfüllen. Tatsächlich kann sie aber durch mangelnde Transparenz oder eine zu geringe Wirksamkeit unakzeptabel sein. Das bedeutet, dass es keine absolut gültigen oder richtigen Kriterien für die Konfliktlösung geben kann. Mit anderen Worten: Die Kriterien sind situationsabhängig. Die Führungskraft muss in jedem Einzelfall entscheiden, welches Kriterium gelten soll und dementsprechend verschiedene Verhaltensweisen fördern oder bremsen.

Anhand der Kriterien kann man dann die am besten geeignete Problemlösung auswählen. Dazu sollte man die Kriterien entsprechend der jeweiligen Situation und der Unternehmenskultur nach ihrer Bedeutung gewichten. So dürfte zum Beispiel in einer leistungsorientierten Kultur der Zeitbedarf die größte Bedeutung haben. Einen Überblick über den Zusammenhang von Kriterien und Verhaltensweisen soll die nachfolgende Übersicht vermitteln.

| Kriterien für die Auswahl der „besten" Konfliktlösung | | | | | | | | |
|---|---|---|---|---|---|---|---|---|
| Konfliktlösung \ Kriterium | Zeitbedarf | Geldbedarf | Nebenwirkungen | Moral | Wirksamkeit | Akzeptanz | Transparenz | usw. |
| Machtkampf: Durchsetzung des eigenen Standpunktes | | | | | | | | |
| Oberflächlich kooperieren, den Konflikt überspielen | | | | | | | | |
| Nachgeben | | | | | | | | |
| Flucht: Versetzung oder Kündigung | | | | | | | | |
| Kontrahenten unterwerfen | | | | | | | | |
| Beziehung zum Kontrahenten abbrechen | | | | | | | | |
| Kompromiss | | | | | | | | |
| Kooperative Problemlösung | | | | | | | | |
| Tauschgeschäfte anbieten, „ködern" | | | | | | | | |
| Sich auf Regeln, Vorschriften, Präzedenzfälle berufen | | | | | | | | |
| Einen gemeinsamen Feind finden | | | | | | | | |
| Sich an einem Dritten abreagieren | | | | | | | | |
| Starke Verbündete suchen | | | | | | | | |
| Konflikt delegieren (an Vorgesetzten) | | | | | | | | |
| Umorganisation, Versetzung | | | | | | | | |

Die Situationsabhängigkeit einer „richtigen" Konfliktlösung legt es nahe, einen Konflikt nach denjenigen Regeln zu behandeln, wie sie auch für die allgemeine Problemlösung gelten. Demnach sollte die Führungskraft versuchen, einen drohenden destruktiven Kampf der Konfliktparteien in einen Verhandlungsprozess oder in einen Kampf um die beste Lösung umzufunktionieren.

Mit anderen Worten: Man muss die Konfliktparteien dazu bringen, ihre Energie in die Suche nach der „besten" Lösung zu investieren. Häufig ist es heilsam, wenn man den betroffenen verdeutlicht, welche Nachteile andere „Lösungen" haben. Es ist eine Strategie der Nützlichkeit, indem die Betroffenen den Konflikt systematisch analysieren, auf den Kern reduzieren und so lange suchen, bis eine Lösung gefunden ist, die für möglichst alle Betroffenen akzeptabel ist (siehe Abbildung 8/8).

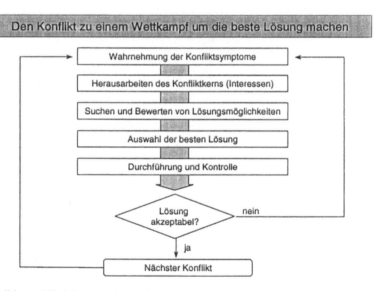

Abbildung 8/8: Lösungsstrategien

Auch wenn diese formale Konfliktlösung sinnvoll erscheint, wird sie in der Praxis durch die Emotionalität erschwert. Dies sei am folgenden Beispiel von Meinungen über eine Gehaltserhöhung verdeutlicht:

| Der Mitarbeiter meint ... | Der Vorgesetzte meint ... |
|---|---|
| Mein Gehalt wurde schon lange nicht mehr erhöht. | Im Vergleich zur Leistung verdient er schon jetzt zu viel. |
| Alles wird teurer. Ich muss doch über die Runden kommen. | Alle Kosten steigen. Wir müssen die Personalkosten bremsen. |
| Die letzten Aufgaben habe ich doch sehr gut erledigt. | Schon seit langem engagiert er sich nicht mehr so richtig. |
| In anderen Firmen verdient man wesentlich mehr bei gleicher Arbeit. | Andere Firmen sind nicht so großzügig mit Gehaltserhöhungen wie wir. |
| Junge Leute wie ich müssen gerade am Anfang ihrer Karriere große Gehaltserhöhungen bekommen, weil alles im Aufbau ist. | Junge Leute müssen erst noch etwas leisten und ihre Fähigkeiten unter Beweis stellen, bevor sie sich auf ihren Lorbeeren ausruhen können. |
| Ich bin fleißig und selbstständig in meiner Arbeit. Ich frage nicht wegen jeder Kleinigkeit, weil ich mich so gut auskenne. Ich halte andere nicht von der Arbeit ab und bin nicht geschwätzig. | Er ist eigenbrötlerisch und umständlich. Er fragt erst dann, wenn es meistens schon zu spät ist. Er zeigt wenig Kooperationsbereitschaft. Außerdem ist er nur selten hilfsbereit. |
| Dass ich viel arbeite, sieht man doch schon an meinem vollen Schreibtisch. | Sein voller Schreibtisch zeigt doch, dass er mit dem Tagesgeschäft gar nicht richtig fertig wird. |

Eine verbreitete „Lösungsstrategie" ist das weit verbreitete „Ja-aber-Gespräch". Der eine Gesprächspartner sagt zunächst „Ja" oder: „Ich stimme mit Ihnen völlig überein." Dann jedoch kommt das „Aber" mit dem Widerspruch. Genau genommen hat der eine Gesprächspartner nur herausgehört, wo er dem anderen widersprechen kann. Gesprächsanalysen zeigen, dass zwei Partner, die in der „Ja-aber-

Form" miteinander sprechen, keine Inhalte oder sinnvolle Informationen austauschen. Eine Verständigung ist gar nicht möglich. Am Ende kommen die gleichen Sätze wie am Beginn des Gespräches – ohne von der Stelle gekommen zu sein.

Die Angst von Interessengegensätzen und das Einlenken führen dazu, dass die Beziehung unecht, fassadenhaft und immer distanzierter wird. Die Basis für eine vertrauensvolle Zusammenarbeit kann nicht entstehen. Die Verschleierung von gegensätzlichen Interessen vernichtet Vertrauen und fördert die Entstehung von Vorurteilen, Vorwürfen und Rechtfertigungen.

Wenn der kämpferische Wettbewerb mehr Schaden als Nutzen stiftet und das Nettsein genauso kontraproduktiv sein kann, dann liegt der Ausweg im konstruktiven Interessenausgleich. In Anlehnung an Schuh und Watzke kann man hierzu die „VIP-Gesprächsregel" vorschlagen. Das V steht für Verstehen des anderen Standpunktes, das I für Interesse und verlangt, dass die Gesprächspartner offen ihre Interessen und Probleme mitteilen. Das P steht für Problemlösung und fordert dazu auf, die Energien nicht in nerven- und zeitraubende Kämpfe und Täuschungsmanöver zu investieren, sondern in die gemeinsame Erarbeitung kreativer Problemlösungen.

Die Gesprächspartner versuchen also – bildlich gesprochen – den Kuchen erst einmal zu vergrößern, bevor sie ihn verteilen. Sie entwickeln zunächst in einer Art Brainstorming verschiedene Alternativen, die sie dann bewerten und die beste Möglichkeit auswählen. Die Abbildung 8/9 fasst das Gesagte zusammen.

Der Kerngedanke einer solchen Gesprächsführung ist einfach: Je besser Sie die Interessen, Motive und Hintergründe Ihres Verhandlungspartners verstehen, desto schneller und einfacher finden Sie eine gemeinsame Problemlösung. Dabei sollte es selbstverständlich sein, dass Sie Ihre Interessen, Motive und Hintergründe genauso offen darlegen wie Ihr Gesprächspartner. Gegebenenfalls sollten Sie Ihre Vorbildfunktion wahrnehmen. Verschwenden Sie Ihre Zeit nicht mit der Suche nach „Schuldigen" oder sonstigen Ursachen. Die Vergangenheit können Sie ohnehin nicht mehr ändern.

> Grundsatz: 20 Prozent ursachen- und 80 Prozent lösungsorientiert

**V (= Verständnis)**

Versuchen Sie dem Konfliktpartner in sachlicher, ruhiger und zugewandter Weise Verständnis für dessen andersgelagerten Motive, Gefühle, Interessen mitzuteilen. Durch diese Haltung können Sie am ehesten auch mit Verständnis für die eigenen Interessen rechnen.

**I (= Interesse)**

Dann sollten Sie dem Partner offen die eigenen Interessen, Absichten und Probleme mitteilen, damit eventuell bestehende Vorurteile und Missverständnisse ausgeräumt werden können.

**P (= Problemlösung, Vereinbarung)**

Anschließend sollten Sie dem Partner Mithilfe anbieten bei der gemeinsamen und gleichberechtigten Regelung des Konfliktes anhand objektiver Kriterien. Dabei sind „Schuldfragen" und „Ursachen" von geringer Bedeutung (die Vergangenheit ist ohnehin unabänderlich). Vielmehr sollten Sie Vereinbarungen für die Zukunft anstreben.

Abbildung 8/9: Verhandlungslösung nach Schuh/Watzke

Das Verhandeln anhand objektiver Kriterien bei Konflikten und anderen kritischen Situationen haben Fisher und Ury unter dem Namen Harvard-Konzept publiziert. Der Kerngedanke besteht darin, dass die Verhandlungspartner nicht um Positionen feilschen sollten, weil sich dadurch die Gegensätze nur verfestigen. Eine Einigung ist dann ohne Gesichtsverlust oder Niederlage einer Seite kaum noch möglich. Auch Nettsein ist keine Lösung, weil die Gegensätze dann unter den Teppich gekehrt werden, und langfristig die Beziehung belasten. Deshalb sollte man sich zunächst auf Kriterien einigen und dann nach der besten Lösung suchen. Zusammenfassend kann man das Harvard-Konzept mit der folgenden Übersicht darstellen:

| Haltungen in Konfliktgesprächen nach dem Harvard-Konzept | | |
| --- | --- | --- |
| **Weich** | **Hart** | **Sachbezogen** |
| Gesprächspartner sind „Freunde". Ziel: Übereinkunft mit der Gegenseite | Gesprächspartner sind „Gegner". Ziel: Sieg über die Gegenseite | Gesprächspartner sind Problemlöser. Ziel: kreativer Interessenausgleich |
| Konzessionen dienen der Verbesserung der Beziehung | Konzessionen sind Voraussetzung der Beziehung | Menschen und Probleme getrennt behandeln |
| Weiche Einstellung zu Menschen und Problemen | Harte Einstellung zu Menschen und Problemen | Weich zu den Menschen, hart in der Sache |
| Vertrauen zum anderen | Misstrauen gegenüber dem anderen | Weder Vertrauen noch Misstrauen |
| Verhandlungslinie ist offen gelegt | Verdeckte Verhandlungslinie | Verhandlungslinie vermeiden |
| Bereitwillige Änderung der Position | Beharren auf der eigenen Position | Interessen, nicht Positionen |
| Angebote werden unterbreitet | Drohungen erfolgen | Interessen erkunden |
| Einseitige Zugeständnisse werden in Kauf genommen | Einseitige Vorteile gelten als Preis für die Übereinkunft | Möglichkeiten für gemeinsamen Nutzen suchen |
| Bestehen auf Übereinkunft | Bestehen auf der eigenen Position | Bestehen auf objektiven Kriterien |
| Vermeidung von Willenskämpfen | Bemühen um einen Sieg | Ein akzeptables Ergebnis erreichen |
| Nachgeben bei starkem Druck | Starken Druck ausüben | Nur Argumente zählen |

## Das Modell der New Yorker Polizei

Was kann man von dem Verhandlungsmodell der New Yorker Polizei lernen? Dazu einige Erfahrungen von Dominick Misino. Er wurde bekannt durch die erfolgreichen Verhandlungen mit den Entführern der Lufthansa-Maschine (Flug 592) im Jahre 1993 in Äthiopien. Sein Konzept erläutert er in einem Interview mit der Harvard Business Review im Oktober 2002. Demnach benötigt man für extrem kritische Verhandlungssituationen keine besonderen Fähigkeiten, sondern in erster Linie „angewandten gesunden Menschenverstand". Grundsätzlich kommt es darauf an, die einfachste Lösung anzustreben. Ferner sollte man ein paar einfache Regeln beachten. Die erste und wohl wichtigste Regel besteht darin, höflich zu sein, auch wenn man es mit einem bewaffneten Schwerverbrecher zu tun hat. Er befindet sich typischerweise in einer Kampf-oder-Flucht-Situation. Um diese zu entspannen, ist es notwendig zu verstehen, was in seinem Kopf vor sich geht. Dazu muss man ihm erst Respekt entgegenbringen, um die eigene Aufrichtigkeit und Zuverlässigkeit zu demonstrieren. Noch bevor der Täter Forderungen stellt, fragt ihn Misino, ob er irgendetwas benötigt. Es geht nicht darum, ihm zum Beispiel ein Fluchtfahrzeug bereitzustellen. Es geht vielmehr darum, ihm zu zeigen, dass man bemüht ist, seine Lage ernst zu nehmen. Diese Art von Respekt führt in der Regel dazu, dass sich auch diese Person zur Gegenleistung verpflichtet fühlt.

Es ist nicht einfach, zu einem Täter, wie zum Beispiel einem Kinderschänder, höflich und verständnisvoll zu sein. Die Professionalität verlangt es aber, die Gefühle und die Aufgabe strikt zu trennen. Im Falle der Entführung der Lufthansa-Maschine bestand die Aufgabe darin, in nur 45 Minuten eine Beziehung zu den Entführern aufzubauen und das Flugzeug mit 104 Passagieren zum Landen zu bringen.

Eine andere Methode besteht darin, den Täter zu fragen, ob er Wert darauf legt, die Wahrheit zu erfahren und was der Verhandlungsführer wirklich denkt. Meistens lautet die Antwort „Ja". Diese Übereinstimmung ist deshalb so wichtig, weil erfolgreiche Verhandlungen

274

meistens aus einer Serie vieler kleiner Vereinbarungen bestehen. Man sollte jede Gelegenheit nutzen, nach gemeinsamen Vereinbarungen zu suchen. Dadurch lernt der andere, dass er Vertrauen zu dem Verhandlungsführer haben kann. Es kommt also darauf an, die Zustimmung zu kleineren Abmachungen zu bekommen um anschließend weitere Vereinbarungen folgen zu lassen. Wenn der Verhandlungsführer anbietet, die Wahrheit zu sagen, dann sagt er auch, dass er dann Dinge sagen muss, die der Täter auf keinen Fall hören will. Er müsse aber versprechen, trotzdem niemanden zu verletzen, wenn es sich zum Beispiel um eine Geiselnahme handelt. In 90 Prozent der Fälle bekommt er diese Zusage. Und das scheint auch bei schwierigen Menschen eine „Ehrensache" zu sein, sich an Vereinbarungen zu halten.

Ein weiterer entscheidender Faktor für den Verhandlungserfolg ist die Fähigkeit, gut zuhören zu können. Gerade bei äußert schwierigen Individuen ist das so wichtig, weil diese Menschen oft jahrelang darunter litten, dass ihnen niemand ernsthaft zugehört hat. Es handelt sich um das so genannte Aktive Zuhören. Misino fordert den Täter dazu auf, seine Sicht der Dinge darzustellen. Dabei achtet er auf Ereignisse, bei denen der Täter sich ungerecht oder unfair behandelt fühlte. Die subjektive Sicht des Täters zu akzeptieren bedeutet nicht, dass man ihm Recht gibt oder seine Taten billigt. Es geht vor allem darum, das emotionale Chaos zu sortieren und die Situation des Täters möglichst bewusst und nachvollziehbar zu machen. Folglich gleichen solche Gespräche einer Achterbahn der Gefühle, und zwar für alle Beteiligten. Durch das Aktive Zuhören hilft man also dem Täter, seine Gefühle zu verarbeiten. Hilfreich ist dabei auch die Technik des Spiegelns, bei der es darauf ankommt, die Aussagen des anderen entweder wörtlich oder sinngemäß zu wiederholen. Auf diese Weise bekommt man viele zusätzliche kritische Informationen, weil der andere geneigt ist, jede Wiederholung mit zusätzlichen Fakten zu ergänzen. Durch das Spiegeln gelangt man schließlich in ein mehr oder weniger normales Gespräch. Schon die alten Griechen kannten diese Technik. Sie heißt „Mäeutik". Beim Aktiven Zuhören sollte man besonders genau auf alle Gefühle achten, die sich hinter den Worten des Täters verbergen. Ab einem gewissen Punkt wechselt man zur Wir-Form, in der man zum Beispiel sagt: „Dieses Problem können wir lösen." Dadurch lässt sich die Isolation vermindern. Bei aller Empathie ist dennoch Vorsicht geboten, weil der Verhandlungsführer nur bis zu einem gewissen Grad in der Lage ist, sich in die Situation des anderen hineinzuversetzen. Er muss also authentisch bleiben. Das ist die Kunst.

Am schwersten haben es Verhandlungsführer, die es kaum ertragen können, persönlich abgelehnt zu werden. Sie müssen über ihren eigenen Schatten springen. Ein weiterer Erfolgsfaktor für kritische Verhandlungen ist die Teamarbeit. Ein solches Team besteht in der Regel aus 5 Personen. Außer dem Verhandlungsführer gibt es noch einen Entscheidungsträger und einen Coach, der für moralische Unterstützung sorgt. Hinzu kommt jemand, der wichtige Informationen aus dem Umfeld sammelt, sowie eine Person, die die Rolle des Protokollanten übernimmt, damit wichtige Namen, Orte, Vereinbarungen und Zwischenergebnisse nicht vergessen werden. Die Trennung von Verhandlungen und Entscheidungen führt zu einer außerordentlich wichtigen Verringerung des Drucks auf den Verhandlungsführer und zu einer enormen Verstärkung seiner Verhandlungsmacht. Außerdem gewinnt man wertvolle Zeit. Dieses Prinzip hat sich übrigens auch in der Diplomatie bestens bewährt.

Was ist für Misino die wichtigste Erkenntnis aus seinen jahrelangen Erfahrungen mit Verhandlungen in äußert kritischen Situationen? „... you have to help the other guy to save face ... They have their own kind of dignity. If you can show these guys a way to maintain their pride while facing a defeat they know is inevitable, they'll go along with what you want."

276

# Literaturverzeichnis

Bennis, W., Schlüsselstrategien erfolgreichen Führens, Düsseldorf 1994

Blake, R. R./Mouton, J. S., Verhaltenspsychologie im Betrieb, 3. Aufl., Düsseldorf 1986

Blank, W., The 9 Natural Laws of Leadership, New York 1995

Cable, D. M./Judge, T., Managers' upward influence tactic strategies: the role of manager personality and supervisor leadership style, in: Journal of Organizational Behavior, 30. Dec. 2002

Cairncross, F., The Company of the Future, Boston 2002

Cialdini, R. B., Influence, Science and Practice, Boston 2001

Clausewitz, C. v., Vom Kriege, Stuttgart 1980

Covey, S., The 7 Habits of Highly Effective People, New York 1989

Covey, S., First Things First, London 1994

Drucker, P. F., Management: Tasks, Responsibilities, Practices, New York 1993

Edwards, M. R./Ewen, A. J., 360 Grad Feedback, New York 1996

Feldman, D. C., Managing Careers in Organizations, Glenview 1988

Fischer, R./Ury, W./Patton, B., Das Harvard-Konzept, 21. Auflage, Frankfurt 2002

Gardner, H., Leading Minds, New York 1997

Goldmann, H., Wie Sie Menschen überzeugen. Kommunikation für Führungskräfte, Düsseldorf 1990

Golemann, D., The New Leaders, London 2002

Gross, G. F., Beruflich Profi, privat Amateur?, 17. Auflage, Landsberg 1999

Grove, A. S., Hocheffizientes Management, Frankfurt 1997

Heinen, E., Betriebswirtschaftliche Führungslehre, 4. Auflage, Wiesbaden 1998

Hersey, P./Blanchard, K. H., Management of Organizational Behavior, 4. Aufl., Englewood Cliffs 1982

Herzberg, F., One more time: How do you Motivate Employees?, in: Harvard Business Review 1968

Hofstätter, P., Gruppendynamik, 15. Auflage, Hamburg 1986

Institut Mensch und Arbeit, Konflikte als Chance, München 1988

Institut der Deutschen Wirtschaft Köln, Möglichkeiten zur Förderung des Erwerbs von Schlüsselqualifikationen durch Studierende, Köln 2001

Judge, T. A./Bono, J. E., The Five-Factor Model of Personality and Transformational Leadership, in: Journal of Applied Psychology 2000, Vol. 85, No. 5, page 751 - 765

Judge, T. A./Bono, J. E., Personality and Leadership: Qualitative and Quantitative Review, in: Journal of Applied Psychology 2002, No. 4, pages 765 - 780

Kamp, D., The 21st Century Manager, London 2001

Kleinbeck, U., Die Wirkung von Zielsetzungen auf die Leistung, in: Schuler, H. (Hrsg.), Beurteilung und Förderung beruflicher Leistung, Stuttgart 1991

Kotter, J. P., Leading Change, Boston 1996

Kotter, J. P., What leaders really do, in: Best of Harvard Business Review, Dec. 2001

Krüger, W., Organisation der Unternehmung, 3. Auflage, Stuttgart 1994

Malik, F., Führen Leisten Leben, Stuttgart 2000

Maslow, A. H., Motivation und Persönlichkeit, Freiburg 1977

McCormack, M., Was Sie an der Harvard Business School nicht lernen, München 1990

McCormack, L./Mellor, D., The Role of Personality in Leadership: An Application of the Five-Factor Model in the Australian Military, in: Military Psychology 2002, 14(3), page 179 – 197

Mintzberg, H., The Manager's Job: Folclore and Fact, Harverd Business Review 1975

Misino, D. J., Negotiating without a net, in: Harvard Business Review 2002

Nage, R./Oswald, M./Wimmer, R., Das Mitarbeitergespräch als Führungsinstrument, 2. Auflage, München 2001

Neuberger, O., Miteinander reden – miteinander arbeiten, 3. Auflage, München 1982

Neuberger, O., Mikropolitik, München 1995

Neuberger, O., Führen und geführt werden, München 1995

Neumann, P., Das Mitarbeitergespräch, in: Rosenstiel, L. v. und andere (Hrsg.), Führung von Mitarbeitern, 4. Auflage, Stuttgart 2000

Noll, H. R., Der kleine Machiavelli, München 1995

Pelz, W., Grundlagen der BWL, 2. Auflage, München 2001

Pelz, W., Strategisches und Operatives Marketing, Ein Leitfaden für die Erstellung eines professionellen Marketing-Plans, Bad Soden am Taunus 2004

Pelz, W., Verkaufsgespräch als kreative Partnerschaft, in: Frankfurter Allgemeine Zeitung/Blick durch die Wirtschaft vom 18.2.1988 (Teil 1) und 19.2.1988 (Teil 2)

Pelz, W., Studie der FH Gießen-Friedberg ermittelt bevorzugte MBA-Inhalte, in: Financial Times Deutschland vom 22.6.2003 (Bericht von Frank Lassak)

Porter, L. W./Lawler, E. E./Hackman J. R., Behavior in Organizations, New York 1975

Reiss, S., Who Am I?, New York 2000

Rosenstiel, L. v., Mitarbeiterführung in Wirtschaft und Verwaltung, München 1992

Rosenstiel, L. v., Kommunikation und Führung in Arbeitsgruppen, in: H. Schuler (Hrsg.), Lehrbuch Organisationspsychologie, Bern 1993

Rosenstiel, L. v., Grundlagen der Führung, in: Rosenstiel, L. v. und andere (Hrsg.), Führung von Mitarbeitern, 4. Aufl., Stuttgart 2000

Schein, E. H., Career Anchors and Job/Role Planning: The Links between Career Pathing and Career Development, MIT Sloan School of Management, Working Paper, Sept. 1990

Schein, E. H., Career Anchors, San Diego 1990

Schneider, W., Deutsch für Profis, 3. Auflage, Hamburg 1984

Schneider, W., Wörter machen Leute, München 1976

Schreyögg, G./Steinmann, H., Grundlagen der Unternehmensführung, 5. Aufl., Wiesbaden 2002

Schuh, H./Watzke, W., Erfolgreich reden und argumentieren, München 1983

Schulz von Thun, F./Ruppel, J./Stratmann, R., Miteinander Reden, Hamburg 2003

Schulz von Thun, F., Miteinander Reden, Band 1 und 2, 2. Aufl., Reinbek bei Hamburg 2003

Schwarz, G., Konfliktmanagement, 2. Aufl., Wiesbaden 1995

Seifert, J. W., Visualisieren, Präsentieren, Moderieren, 18. Auflage, Bremen 2002

Seiwert, L. J., Das 1x1 des Zeitmanagement, 12. Auflage, Bremen 2002

Silverthorne, C., Leadership effectiveness and personality: a cross cultural evaluation, in: Personality and Individual Differences 30, 2001, pages 303 - 309

Sorcher, M./Brant, J., Are you picking the right leaders?, in: Harvard Business Review, Feb. 2002

Sprenger, R. K., Mythos Motivation, 14. Aufl., Frankfurt/M. 2002

Staehle, W. H., Management, 8. Aufl., München 1999

Sunzi, Die Kunst des Krieges, München 1988

Tannenbaum, R./Schmidt, W., Führungsstil: autoritär oder demokratisch, Harvard Manager, Führung und Organisation 1979

Ueding, G.; Steinbrink, B., Grundriss der Rhetorik, 3. Auflage, Stuttgart 1994

Watzlawick, P./Deavin, J. H./Jackson, D. D., Menschliche Kommunikation: Formen, Störungen, Paradoxien, 10. Aufl., Bern 2000

Watzlawick, P., Wie wirklich ist die Wirklichkeit?, 10. Auflage, München 2002

Weinert, A., Lehrbuch der Organisationspsychologie, München 1992

Williams, S., Personality and Self-Leadership, in: Human Resource Management Review, Vol. 7, No. 2/1997, pages 139 – 155

# Quellennachweis der Karikaturen

Karikaturen auf den Seiten 36, 40, 116, 248, 263, 274: Quelle: Rosenstiel, L. v., Mitarbeiterführung in: Wirtschaft und Verwaltung mit Illustrationen von Ute Stumpp, München 1992 (mit freundlicher Genehmigung des Bayerischen Staatsministeriums für Arbeit, Familie und Sozialordnung)
Karikaturen auf den Seiten: 86, 132, 138: Quelle: Neuberger, O., Miteinander arbeiten – Miteinander reden!, mit Illustrationen von Wolfgang Dötz, München 1982 (mit freundlicher Genehmigung des Bayerischen Staatsministeriums für Arbeit und Sozialordnung)
Karikatur auf Seite 87: Zeichnung von Erik Liebermann (mit freundlicher Genehmigung der Baaske Cartoon Agentur München)

# Verzeichnis der Abbildungen

Abbildung 1/1: Führungsmodell von Tannenbaum und Schmidt ... 24

Abbildung 1/2: Führungsverhaltensgitter von Blake & Mouton .... 30

Abbildung 1/3: Reifegradmodell von Hersey & Blanchard............ 32

Abbildung 1/4: Weg-Ziel-Führungsmodell von House & Evans ... 36

Abbildung 1/5: Portfolio Politischen Verhaltens...................... 43

Abbildung 1/6: Führungsprozess und -funktionen ...................... 48

Abbildung 2/1: Kompetenzen und Qualifikationen...................... 52

Abbildung 2/2: Verhaltenstypen und Laufbahnen...................... 56

Abbildung 2/3: „Karriere-Anker" und Leitmotive..................... 72

Abbildung 2/4: Meine persönliche Mission............................. 78

Abbildung 2/5: Einsatzmöglichkeiten des Assessment-Centers..... 82

Abbildung 2/6: Diagnose des Arbeitsstils ............................... 88

Abbildung 2/7: Maßnahmen für typische Zeitfallen.................... 89

Abbildung 2/8: ABC-Analyse mit Dringlichkeit und Wichtigkeit . 93

Abbildung 2/9: Ständige Unterbrechungen (nach Seiwert)........... 94

Abbildung 2/10: Tageseinteilung nach dem Biorhythmus ............. 97

Abbildung 3/1: Ausgangsbasis von Motivationsmodellen .......... 106

Abbildung 3/2: Hierarchie der Bedürfnisse nach Maslow........... 110

Abbildung 3/3: Vergleich Maslow und Herzberg..................... 112

Abbildung 3/4: Verantwortung für Motivation nach Sprenger..... 116

Abbildung 3/5: Weg-Ziel-Modell von Porter und Lawler ........... 117

Abbildung 4/1: Beurteilung im Assessment-Center .................. 128

Abbildung 4/2: Der „vierohrige Empfänger" ......................... 133

Abbildung 4/3: Penetranz und Konzilianz.............................. 136

Abbildung 4/4: Das „Johari-Fenster" .................................... 138

Abbildung 4/5: Drei Säulen der Kommunikation ..................... 141

Abbildung 5/1: Gestaltung der Einleitung ............................. 150

Abbildung 5/2: Gegenteil der motivbezogenen Argumentation ... 163

Abbildung 6/1: Bedeutung der Visualisierung ......................... 174

Abbildung 7/1: Der Dramaturgiebogen ................................. 195

Abbildung 7/3: Erwartungsabfrage ...................................... 201

Abbildung 7/4: Ein-Punkt-Abfrage ...................................... 202

Abbildung 7/5: Gruppierung von Karten ............................... 203

Abbildung 7/6: Themenspeicher .......................................... 204

Abbildung 7/7: Auswahl mit der Mehr-Punkt-Abfrage .............. 205

Abbildung 7/8: Arbeitsstruktur nach dem „Fadenkreuz" ............ 206

Abbildung 7/9: Prozess-Ablauf ........................................... 207

Abbildung 7/10: Stimmungsbarometer .................................. 209

Abbildung 7/11: Feedbackbogen für den Moderator .................. 215

Abbildung 8/1: Abhängigkeit der Leistung von der Zielvorgabe . 220

Abbildung 8/2: Faktoren, die eine starke Zielbindung bewirken .. 222

Abbildung 8/3: Schematischer Ablauf der Problemlösung .......... 230

Abbildung 8/4: Führung je nach Reife des Mitarbeiters ............. 241

Abbildung 8/5: Mögliche Gesprächsformen nach Neumann ........ 255

Abbildung 8/6: Typologie von Konflikten .............................. 261

Abbildung 8/7: Konfliktverhalten ........................................ 266

Abbildung 8/8: Lösungsstrategien ....................................... 269

Abbildung 8/9: Verhandlungslösung nach Schuh/Watzke .......... 272

# Stichwortverzeichnis

## A

ABC-Analyse 91, 93, 282
Abenteurer 13, 65, 66, 68, 71
Ablaufplan 187, 209, 211,
212, 213
ALPEN-Methode 91
Anforderungsprofile 51, 55
Angriffe 45, 185, 193
Angstgefühle 183, 184, 195,
232, 233
Anreizsysteme 42
Arbeitsgruppen 279
Arbeitsorganisation 85, 86,
250
Arbeitsstil 17, 62, 88
Arbeitszufriedenheit 35, 36
Argumentation 48, 147, 151,
161, 162, 163, 167, 171,
254, 283
Argumentationspläne 4, 141,
148, 152
Assessment-Center 11, 26,
69, 80, 81, 82, 83, 127,
128, 165, 168, 282
Ausklammerung 152, 158
Auswahlverfahren 68, 69, 79,
80
Autorität 29, 47, 256, 262

## B

Bedürfnispyramide 18
Beförderung 12, 15, 111
Befugnisse 236, 237, 238,
240, 243
Begeisterungsfähigkeit 233
Belastbarkeit 53, 247
Betriebsklima 23, 111, 224,
264
Beurteilungsgespräch 254
Beurteilungskriterien 248,
250, 254
Bindung 108, 221
Biorhythmus 95, 97, 282
Blitzlicht 208, 213
Botschaft 108, 129, 132, 137,
140, 144
Brainstorming 208, 212, 271

## C

Charakter 44
Contracting 210, 211, 213

## D

Defizitmotive 106, 112

Delegation 14, 16, 91, 161,
235, 236, 237, 238, 245,
254
Delegationsprinzip 245
Demotivatoren 109, 110, 113
Durchsetzungsvermögen 127

**E**

Effizienzverluste 263
Ein-Punkt-Abfrage 201, 202,
204, 214, 283
Einstellungsgespräche 80, 81
Ein-Weg-Kommunikation
138, 140
Eisenhower-Matrix 93
EMMA 169
Emotionen 102, 103, 104,
105, 148, 183, 230
Empathie 18, 121, 122, 276
Entscheidungsverhalten 19,
82, 232, 233, 253
Entwicklungs-Assessments
165
Erfolgsfaktoren 51, 170, 207
Erfolgskontrolle 253
Erfolgssucher 107, 222
Erwartungsabfrage 201, 283

**F**

Fachautorität 58
Fachlaufbahnen 12
Fachmann 3, 17, 57, 58, 67,
68
Fachwissen 52, 57, 250
Fadenkreuz 206, 212, 283

Feedback 14, 65, 69, 137,
138, 139, 140, 144, 165,
172, 214, 215, 245, 246,
247, 249, 259, 277
Feedback-Bogen 214, 215
Fehlertoleranz 233, 245
Folgerung 152, 153
Folie 175, 178, 179, 181,
182
Fragetechnik 193
Fremdbild 13, 18, 24, 84
Fremdmotivation 115
Frustration 49, 262
Führertyp 13, 61, 68, 71
Führertypen 61
Führung 3, 10, 21, 22, 23,
24, 25, 26, 29, 33, 34, 36,
43, 47, 49, 59, 70, 101,
123, 126, 135, 241, 279,
280, 283
Führungserfolg 21, 23, 25, 37
Führungsfehler 49
Führungsforschung 15, 21,
22, 23, 25, 49
Führungspersönlichkeit 3,
25, 26, 61, 69
Führungsstile 14, 23, 29, 32,
33, 49
Führungsverantwortung 13,
21, 29, 49, 58, 86
Führungsverhalten 14, 21,
28, 33, 51, 82, 112, 242,
253
Führungsverhaltensgitter 30,
282

## G

Gefühle 102, 103, 104, 122, 146, 151, 184, 195, 230, 234, 257, 274, 275
Genießertyp 66
Gesprächsverhalten 80, 254, 257
Glaubwürdigkeit 14, 18, 140, 174, 246
Gruppenarbeit 177, 189, 193
Gruppendiskussion 82
Gruppendynamik 189, 198, 278

## H

Haftung 37, 40
Harvard-Konzept 260, 272, 273, 277
Hintergrundmotive 144, 169, 171, 230
Hygienefaktoren 110, 111, 112

## I

Ich-Botschaften 144
Inhaltstheorien 109
Integration 123
Intelligenz 10, 18, 25, 57, 61, 62, 104
Intuition 229

## J

Johari-Fenster 137, 138, 283

## K

Karriere 4, 11, 22, 44, 56, 57, 61, 62, 63, 65, 66, 71, 72, 218, 270, 282
Karten-Abfrage 202, 211, 212
Kernkompetenzen 47, 60, 229
Kette 152, 155, 156
Kommunikation 9, 10, 14, 18, 23, 28, 43, 46, 48, 60, 127, 128, 129, 130, 131, 135, 137, 138, 140, 141, 145, 190, 213, 231, 252, 254, 263, 277, 279, 280, 283
Kompetenzen 26, 47, 51, 52, 53, 54, 55, 56, 58, 61, 69, 81, 119, 120, 127, 247, 260, 282
Kompromiss 152, 154, 226, 268
Konfliktniveau 263
Konfliktsymptome 260, 263
Konsens 116, 187, 191, 213, 215, 223
Kontaktpflege 96
Kontrolle 14, 16, 19, 39, 43, 47, 62, 73, 87, 161, 197, 238, 240, 242, 243, 245, 246, 247, 248, 249, 250
Konzentrationsfähigkeit 95
Kooperation 43, 82
Körpersprache 18, 144

## L

Laufbahnbilder 17, 55, 56, 83
Leadership 27, 277, 278, 280
Leistungsbereitschaft 14, 19, 103, 115, 116, 121, 147, 161, 183, 244
Leistungsbewertung 19, 246
Leistungsfähigkeit 54, 95, 103, 115, 183, 189, 219
Lösungsstrategien 260, 269, 283

## M

Managementausbildung 3, 31
Managementfunktionen 46
Marktanteil 23, 40
Mehr-Punkt-Abfrage 204, 205, 208, 283
Menschenverstand 119, 248, 274
Message 148, 152, 160
Metaplan-Methode 188
Mikropolitik 36, 279
Mission 3, 72, 78, 79, 86, 90, 282
Mitarbeitergespräch 258, 278, 279
Modell der vier Seiten 131, 134, 143
Moderation 48, 177, 187, 188, 192, 194, 195, 198, 199, 202, 213, 214, 252
Moderator 187, 190, 191, 193, 195, 196, 197, 198, 201, 202, 203, 204, 208, 209, 210, 211, 213, 214, 215, 283
Motivation 18, 32, 33, 53, 60, 86, 101, 102, 105, 109, 111, 115, 116, 118, 119, 126, 163, 167, 169, 183, 247, 278, 280, 282
Motivationsmodelle 102, 106, 109, 123
Motive 18, 54, 60, 71, 72, 73, 78, 101, 102, 104, 105, 106, 109, 110, 112, 118, 121, 122, 123, 124, 125, 135, 137, 161, 162, 163, 169, 170, 189, 244, 249, 271

## N

Netzwerke 39

## O

Organisation 15, 44, 92, 119, 123, 160, 227, 247, 262, 263, 278, 280
Overhead-Projektor 19, 172, 175, 176, 178, 179

## P

Pannen 170, 173, 185
Pareto-Prinzip 229
Personalarbeit 53
Personalentwicklung 11, 21, 22, 53, 65, 254

Personalmanagement 250
Persönlichkeit 14, 24, 27, 33,
54, 61, 72, 103, 108, 146,
161, 163, 238, 249, 278
Persönlichkeitsentwicklung
9, 53
Pinnwand 19, 172, 175, 177,
178, 200, 202, 203, 207
Planung 45, 47, 63, 88, 90,
91, 161, 217, 218, 224,
238, 239, 242, 251, 254
Planungsprozess 251
Politik 11, 13, 36, 38, 40, 42
Politik-Portfolio 42
Position 38, 168, 273
Präsentation 16, 19, 48, 83,
96, 138, 140, 142, 143,
148, 149, 150, 152, 160,
165, 166, 167, 168, 169,
170, 171, 174, 175, 176,
177, 179, 180, 183, 185,
252
Prioritätensetzung 91
Problemlösung 16, 26, 83,
122, 177, 187, 189, 191,
227, 229, 230, 233, 257,
267, 268, 269, 271, 283
Profit-Center 236
Projektion 25, 61

## Q

Qualifikationen 9, 10, 51,
52, 53, 55, 60, 81, 86, 165,
225, 237, 282
Qualifikationsunterschiede 42

## R

Rang 73, 75, 77, 124, 126,
130
Redundanz 140, 142
Reifegradmodell 32, 282
Rituale 196, 233
Rollen 46, 47, 129, 195, 196,
198, 199
Routine 35, 85, 95, 96, 229
Routineaufgaben 35, 70
Rückmeldung 83, 119, 220,
221
Rundgespräch 26

## S

Sachkompetenz 58, 143, 145
Schlüsselqualifikationen 9,
278
Schwächen 22, 51, 54, 69,
83, 120, 139, 166, 215
Seilschaften 22, 37, 39, 44,
262, 265
Selbstbild 18, 24, 125
Selbstmanagement 53, 54,
250
Selbstmotivation 53, 86
Selbstpräsentation 4, 165,
166, 167, 168
Selbstverwirklichung 108,
110, 244
Sicherheitstyp 63, 68, 71
Signalwirkung 42
Sinn 33, 60, 76, 79, 108,
162, 183, 196, 235, 245,
253

Sitzung 87, 98, 189, 191, 196, 197, 198, 211, 215
Soll-Ist-Abweichung 218, 240, 247
Soll-Ist-Vergleich 218
Stärken 22, 28, 45, 51, 54, 69, 83, 139, 166, 188, 215
Status 35, 73, 108, 111, 124, 126
Steuerungsinstrumente 193, 256
Stimmungsbarometer 208, 209, 213, 283
Stimulans 140, 143
Streitkultur 248, 260
Stress 41, 54, 86, 91, 97, 230, 262

**T**

Teamarbeit 190, 276
Themenspeicher 204, 205, 212, 283
Timing 38, 39, 172
Training 10, 120, 165, 184, 185, 234

**U**

Überzeugungen 237
Überzeugungskraft 14, 26, 143, 152, 168, 171, 225, 252
Unternehmenskultur 84, 233, 267
Unternehmensziele 101, 122, 218, 223

Unternehmer 13, 17, 47, 64, 68, 71
Unternehmertyp 64, 69

**V**

Verantwortung 9, 11, 12, 37, 42, 44, 47, 51, 61, 67, 70, 108, 111, 116, 119, 135, 227, 236, 237, 242, 253, 264, 282
Vergleich 24, 80, 112, 118, 150, 152, 159, 178, 217, 270, 282
Verhalten 10, 14, 16, 22, 24, 35, 39, 41, 42, 44, 69, 79, 81, 83, 109, 121, 122, 127, 137, 138, 139, 140, 147, 242, 249, 250, 258, 259
Verhaltenstraining 22
Verhaltenstypen 56, 67, 68, 71, 222, 223, 282
Verständlichkeit 140, 143
Vertrauen 34, 58, 60, 87, 120, 125, 237, 246, 248, 271, 273, 275
Vier-Augen-Prinzip 233
Vier-Felder-Tafel 206
VIP-Gesprächsregel 271
Vision 59, 64, 114
Visualisierung 173, 174, 178, 187, 188, 208, 283
Vorbild 58, 120, 235

**W**

Wahrnehmung 22, 139, 262

Weg-Ziel-Führungsmodell
36, 282
Weg-Ziel-Theorie 33, 34
Weisungen 235
Werte 54, 55, 69, 72, 76, 77,
78, 120, 232
Wertvorstellungen 14, 33,
62, 70, 86, 98, 125, 232,
244, 260

## Z

Zeitfallen 86, 89, 282
Zeitmanagement 16, 17, 84,
167, 190, 280

Zeitplanung 190
Zielbindung 220, 221, 222,
283
Zielvereinbarung 116, 226,
238, 242, 259
Zielvereinbarungsgespräch
225, 226
Zufriedenheit 23, 40, 75,
111, 118, 197, 211
Zuhören 169, 256, 275
Zwei-Faktoren-Theorie 109,
110
Zwei-Weg-Kommunikation
137

# Der Autor

## Waldemar Pelz

- Studium der Wirtschaftswissenschaften in Frankfurt am Main
- Promotion als Stipendiat der Krupp-Stiftung zum Thema „Ost-West-Kooperation im Energiebereich", Düsseldorf 1986
- Zehnjährige Praxiserfahrung in den Bereichen Unternehmensberatung, Marketing und Verkauf sowie zuletzt als Leiter der Managementausbildung bei der Hoechst AG (Aventis)
- Seit 1995 Professor für Betriebswirtschaftslehre und Unternehmensführung, zunächst in Leipzig und dann an der FH Gießen-Friedberg
- Lehr-, Forschungs- und Beratungstätigkeit in den Bereichen (Internationales) Marketing und Management, Kommunikations- und Führungsverhalten, Interkulturelle Kommunikation und Sozialkompetenz
- Seit 1999 Honorary Visiting Professor der Aston University (Birmingham)
- Insgesamt 40 Publikationen: Neben Fachaufsätzen gehören dazu Presseartikel, unter anderem für die FAZ, das Handelsblatt und die Wirtschaftswoche. Hinzu kommen mehrere Fachbücher, beispielsweise „Strategisches und Operatives Marketing" oder „Grundlagen der Betriebswirtschaftslehre".

Kontakt und weitere Informationen unter: www.wpelz.de

# Managementwissen: kompetent, kritisch, kreativ

## Die Kultur eines neuen Pluralismus

Auf der einen Seite immer neue Managementmoden und Machbarkeitswahn, auf der anderen die postmoderne Beliebigkeit konzeptloser Ich-AGs. Holger Rust zeigt pointiert, wie beide Positionen in Sackgassen geraten. Wem aber gehört die Zukunft? Den sanften Managementrebellen, die dabei sind, die Chefetagen aufzumischen. Eine originelle, provozierende, vor allem hoffnungsfrohe Lektüre.

Holger Rust
**Die sanften Managementrebellen**
Wie der Nachwuchs die Chefetagen aufmischen will
2003. 191 S.
Geb. EUR 34,90
ISBN 3-409-12394-6

## Konstruktiv mit Konflikten umgehen

Gerhard Schwarz, ausgewiesener Experte in Sachen Konfliktmanagement, vermittelt vielfältige Anregungen für den sinnvollen Umgang mit Konflikten und deren Lösung. Jetzt in der 6. Auflage mit aufschlussreichen Ergänzungen und zusätzlichen Beispielen. Eine spannende und inspirierende Lektüre!

Gerhard Schwarz
**Konfliktmanagement**
Konflikte erkennen, analysieren, lösen
6. Aufl. 2003. 386 S.
Geb. EUR 49,90
ISBN 3-409-69605-9

## Wie Sie wertvolle Mitarbeiter, Kunden, Lieferanten und Geldgeber ans Unternehmern binden

Wie kann man wertvolle Mitarbeiter, Kunden, Lieferanten und Geldgeber gewinnen und halten? Ganz einfach: Man muss ihnen das geben, was sie „wirklich" wollen. Und wie man das erfährt, zeigt diese Anleitung zu mehr Selbsterkenntnis.

Harald Geißler, Thomas Sattelberger
**Management wertvoller Beziehungen**
Wie Unternehmen und ihre Businesspartner gewinnen
2003. 242 S. Br. EUR 39,90
ISBN 3-409-12428-4

Änderungen vorbehalten. Stand: Januar 2004.
Erhältlich im Buchhandel oder beim Verlag.

Gabler Verlag · Abraham-Lincoln-Str. 46 · 65189 Wiesbaden · www.gabler.de

Printed by Publishers' Graphics LLC